STEFAN BARON
SPÄTE REUE

STEFAN BARON

SPÄTE REUE

JOSEF ACKERMANN
EINE NAHAUFNAHME

Econ

MIX
Papier aus verantwortungsvollen Quellen
FSC® C014889
FSC
www.fsc.org

Econ ist ein Verlag
der Ullstein Buchverlage GmbH

ISBN: 978-3-430-20154-4

Redaktionsschluss: 15. Juli 2013

Gesetzt aus der Melior
Satz: Pinkuin Satz und Datentechnik, Berlin
Druck und Bindearbeiten: Pustet, Regensburg
Printed in Germany

Für Guangyan und Lea Bowen

INHALT

EINFÜHRUNG
WIE ALLES BEGANN

Josef Ackermann lächelte sein berühmtes Joe-Lächeln, erhob sich, gab mir die Hand und sagte: »Dann auf Wiedersehen in Frankfurt.« Bevor der Mann, der mich gerade als neuen Kommunikationschef eingestellt hatte, die Cafébar im Parkhotel am Ende der Düsseldorfer Königsallee verließ, fragte er mich noch, ob ich die Rechnung übernehmen könne, er habe leider kein Bargeld dabei.

Glück gehabt, dachte ich, denn ich führe selbst auch nur selten Bares mit mir. Doch an diesem Morgen hatte mir eine innere Stimme geraten, ein paar Scheine einzustecken. Genug für die zwei Cappuccini und Croissants, die wir verzehrt hatten. »Ich erledige das«, erwiderte ich, und so konnte der Chef der Deutschen Bank ohne weitere Umstände die gepanzerte schwarze S-Klasse-Limousine ansteuern, die vor dem Eingang auf ihn wartete, um ihn zum nächsten Termin zu bringen.

Auf dem Weg in die *WirtschaftsWoche*-Redaktion über die schon leicht frühlingshafte »Kö« wurde mir langsam bewusst, was an diesem Morgen im März 2007 geschehen war: Mit 59 Jahren, einem Alter, in dem viele schon in den Vorruhestand wechseln, hatte ich mich auf das größte Abenteuer meines Berufslebens eingelassen. Fast drei Jahrzehnte war ich, mit Leib und Seele Journalist, gegenüber allen Lockrufen, die Seiten zu wechseln, standhaft geblieben. Und nun hatte ich mich binnen einer knappen Stunde anders entschieden und bereit erklärt, die Kommunikation für Deutschlands am meisten angefeindetes Unternehmen und umstrittensten Manager zu übernehmen.

Alles war rasend schnell gegangen. Nur zwei Tage zuvor war ich von einem alten Bekannten überraschend mit der Anfrage konfrontiert worden und hatte aus Neugier, ob das wirklich ernst gemeint war, grundsätzliches Interesse signalisiert. Wie ernst das Ganze war, merkte ich, als mich schon tags darauf die Bitte erreichte, am folgenden Morgen Josef Ackermann zum Frühstück zu treffen. Nun musste ich mir wirklich Gedanken machen.

Journalist zu sein war für mich (und ist es bis heute) der schönste Beruf der Welt. Aber nach 16 Jahren als Chefredakteur der *WirtschaftsWoche* war manches zur Routine geworden. Die strukturelle Krise der Printmedien ließ meine Arbeit überdies mehr und mehr zu einem Rückzugsgefecht werden – keine erfreuliche Aussicht für jemanden, der bisher immer nur die Offensive gekannt hatte. Schon vor diesem Hintergrund entfaltete die Perspektive eines Wechsels ihren Charme.

Dieser wurde durch die spezifische Anziehungskraft der Deutschen Bank noch beträchtlich verstärkt. Kein anderes Unternehmen zwischen Flensburg und Garmisch erfährt auch nur annähernd so viel öffentliche Aufmerksamkeit. Das Institut, 1870 auf »allerhöchsten Erlass Seiner Majestät des Königs von Preußen« in Berlin gegründet, ist nicht nur Deutschlands Geldhaus Nummer eins und dazu das einzige von Weltformat, sondern das wichtigste und mächtigste Unternehmen des Landes, eine nationale Institution, mehr noch: ein Mythos. Und sein Chef gilt als eine Art Schattenkanzler der Republik.

Als langjähriger Kunde und vor allem durch meine Zeit als Finanzkorrespondent des *Spiegel* in der zweiten Hälfte der 1980er Jahre fühlte ich mich der Bank zudem besonders verbunden. Trotz aller kritischen Distanz hatte ich einen kurzen Draht zu dem seinerzeitigen Vorstandssprecher, Alfred Herrhausen, gepflegt und wenige Wochen vor seiner Ermordung durch die linksterroristische Rote Armee Fraktion (RAF) noch eine Titelgeschichte (»Der Herr des Geldes«) über ihn verfasst. Nicht zuletzt auch deswegen war mir sein Tod sehr nahegegangen.

Mit der sich beschleunigenden Globalisierung sowie der forcierten Marktliberalisierung durch die britische Premierministerin Maggie Thatcher im Verein mit dem amerikanischen Präsidenten Ronald Reagan hatten damals die goldene Ära für die Finanzbranche und der Aufstieg der Investmentbanker zu den »Masters of the Universe« begonnen. Es waren spannende Jahre für einen jungen Wirtschaftsjournalisten, an die ich gerne zurückdachte. An sie anknüpfen zu können, machte einen Wechsel ebenfalls verlockend.

Dann war da natürlich die hervorragende Bezahlung und – Josef Ackermann. Seit seinem unseligen Victory-Zeichen zur Eröffnung des Mannesmann-Prozesses galt er vielen als »Buhmann der Nation« (*Stern*).

Im Frühjahr 2000 hatte der britische Telefonriese Vodafone die Mehrheit an dem Konkurrenten Mannesmann übernommen. Der Abwehrkampf war heftig, der Börsenwert des Düsseldorfer Unternehmens dadurch deutlich gestiegen. Zur Belohnung hatte der Deutsche-Bank-Chef als Mitglied des Aufsichtsratspräsidiums gemeinsam mit dem Vorsitzenden Joachim Funk und dessen Stellvertreter, dem IG-Metall-Funktionär Klaus Zwickel, Sonderprämien für Vorstandschef Klaus Esser, Funk selbst und andere Mitarbeiter in Höhe von insgesamt 57 Millionen Mark bewilligt.

Die drei Millionen davon für Funk kamen einer glatten Selbstbegünstigung gleich. Der Schweizer verspürte dabei offenbar selbst ein ungutes Gefühl, wie er mir später sagte, verdrängte es jedoch. Um einen »Affront« zu vermeiden, habe er der Bitte Funks nachgegeben. Er hätte sie abschlagen müssen.

Für Ackermann waren solche Zahlungen allerdings nichts Ungewöhnliches und auch die Beträge, um die es ging, eher klein. Allein Frank Newman, dem ehemaligen Chef der New Yorker Investmentbank Bankers Trust, hatte die Deutsche Bank nach der Übernahme des Geldhauses 1999 zuerst fürs Bleiben und später fürs Gehen insgesamt rund 100 Millionen Dollar bezahlt.

Die Staatsanwälte beeindruckten derartige internationale Gepflogenheiten jedoch nicht. Sie warfen dem Deutsche-Bank-Chef und den anderen Beteiligten »Untreue in besonders schwerem Fall« vor. Ein Delikt, auf das eine Gefängnisstrafe von bis zu zehn Jahren steht.

Am 21. Januar 2004, dem Eröffnungstag des Prozesses vor dem Düsseldorfer Landgericht, entstand das dem beteiligten Strafrechtsanwalt Rainer Hamm zufolge »wohl am meisten missdeutete Pressefoto« der deutschen Wirtschaftsgeschichte. Beim Warten auf die verspäteten Richter im Saal L111 des Gerichts vertrieben sich die Angeklagten mit Smalltalk die Zeit und kamen dabei auf den amerikanischen Popstar Michael Jackson zu sprechen. Nur fünf Tage zuvor hatte der bei der Eröffnung seines Prozesses wegen des Vorwurfs der Kindesmisshandlung das Gericht warten lassen und beim Verlassen des Gerichts auch noch das Victory-Zeichen gemacht. Josef Ackermann ahmte das im Spaß nach und wurde dabei von dem *dpa*-Fotografen Oliver Berg abgelichtet.

Der Schnappschuss ging um die Welt. Da der Hintergrund nicht bekannt war, wurde Ackermanns V-Zeichen von der deutschen Öffentlichkeit auf sein eigenes Verfahren bezogen. Ein Sturm der Entrüstung brach los. »Obszön«, kommentierte die *Süddeutsche Zeitung*. »Ackermann hat verloren, selbst wenn er den Prozess gewinnt«, schrieb der *Spiegel* in einer Titelgeschichte. Überschrift: »Die Arroganz der Mächtigen«.

Das fatale Missverständnis hätte sich mit einer raschen

persönlichen Erklärung vielleicht noch aus der Welt schaffen lassen. Die Äußerung des Schweizers beim Verlassen des Gerichtssaals, wonach Deutschland »das einzige Land« sei, »in dem diejenigen, die Werte schaffen, bestraft« würden, machte das jedoch unmöglich. Damit habe der Chef der Deutschen Bank, so die *Süddeutsche*, seine »Verachtung« auch gegenüber denen zum Ausdruck gebracht, »die für kleines Geld schuften und Werte schaffen«.

Von einem Tag auf den anderen war Josef Ackermann in Deutschland als Bösewicht abgestempelt und zum hässlichen Gesicht des Kapitalismus geworden. Daran hatte auch sein Freispruch gegen eine Geldauflage in Höhe von 3,2 Millionen Euro fast drei Jahre später nichts geändert.

Schlimmer konnte es kaum mehr kommen, dachte ich. Die Popularitätskurve des Schweizers besaß viel Aufwärtspotential.

Ein Artikel der *WirtschaftsWoche* im August 2000 war der Auslöser dafür, dass Josef Ackermann fast zwei Jahre vor dem planmäßigen Ausscheiden von Rolf-Ernst Breuer zu dessen Nachfolger gekürt worden war. Mein damaliger Kollege Dirk Schütz, heute Chefredakteur des Zürcher Wirtschaftsmagazins *Bilanz*, hatte darin beschrieben, dass im Vorstand der Bank auch Thomas Fischer Ambitionen auf den Spitzenplatz hegte.

Ackermann muss bei der Lektüre ein Déjà-vu-Erlebnis gehabt haben. Schon einmal, bei seinem vorherigen Arbeitgeber, der Schweizerischen Kreditanstalt, heute Credit Suisse, waren seine Hoffnungen kurz vor dem Ziel geplatzt. Er hatte seine Vorstellungen für eine Universal-Bank aus Privatkundengeschäft, Vermögensverwaltung und Investmentbanking nicht durchsetzen können und die Bank verlassen, in der er in wenigen Jahren vom Assistenten zum Präsidenten der Generaldirektion aufgestiegen war.

Der *WirtschaftsWoche*-Artikel ließ auch seine Londoner Deutsche-Bank-Kollegen um Edson Mitchell, den damaligen Leiter des wichtigen Wertpapierhandelsgeschäfts, unruhig werden. Sie wollten an der Spitze des Instituts jemanden haben, der sie verstand und unterstützte. Die Gewähr dafür bot in ihren Augen nur der Schweizer.

Nach dem Sommerurlaub forcierten sie die Diskussion über die Nachfolge Breuers und machten dabei keinen Hehl daraus, wo ihre Sympathien lagen. Die meisten im Führungsgremium der Bank seien der Meinung gewesen, dass das Haus jetzt »nicht zwei Jahre lang eine Nachfolgediskussion führen könne«, erinnert sich Ackermann. Auf Vorschlag seines dienstältesten Mitglieds, Tessen von Heydebreck, stimmte der Vorstand, einschließlich Fischer, für den Schweizer als nächsten Deutsche-Bank-Chef. Fischer übernahm später die Führung der WestLB.

Bis zu unserem gemeinsamen Frühstück in Düsseldorf waren Josef Ackermann und ich uns nur einige wenige Male begegnet: Ich erinnere mich an ein eher flüchtiges Zusammentreffen im November 2003, als sich Jean-Claude Trichet im Schlosshotel in Kronberg der deutschen Finanzelite als neuer Präsident der Europäischen Zentralbank (EZB) vorstellte. Etwas Smalltalk nach dem Abendessen – das war's.

Das nächste Mal sahen wir uns im Rahmen des jährlichen Führungstreffens der Verlagsgruppe Holtzbrinck, zu der die *Wirtschaftswoche* damals gehörte, an einem Wochenende im März 2005 im noch tiefverschneiten Kitzbühel. Der Deutsche-Bank-Chef war als Promi-Gast eingeladen. Ich weiß noch, wie verblüfft wir alle registrierten, dass er ohne jede Begleitung kam, am Abend in Rosi's Sonnbergstuben kräftig mitbecherte und sich – es ging schon gegen Morgen – ohne Berührungsängste zu »Anton aus Tirol« in die Abschluss-Polonaise einreihte.

Am intensivsten habe ich die Begegnung im September des gleichen Jahres bei einem Interview im A-Turm der Bank in Frankfurt in Erinnerung. Ackermann fand im Verlaufe des Gesprächs spontan Gefallen an dem Etikett »Let the good times roll«, das ich damals seiner opportunistischen Fokussierung auf die hochprofitable Investmentbank aufgeklebt hatte. Als das Mikrofon abgestellt war, unterhielten wir uns noch eine Weile über mein Ökonomie-Studium in Köln und die Jahre als Wirtschaftsforscher am Kieler Institut für Weltwirtschaft.

Josef Ackermann und ich haben vieles gemeinsam: Wir sind fast auf den Tag gleich alt (ich bin einen Tag älter), wuchsen beide in kleinen, einst prosperierenden Landgemeinden auf, in denen wir schon in unserer Jugend erleben konnten, wie die zunehmende Globalisierung einen tiefgreifenden Strukturwandel erzwang. Wir wurden von streng-fürsorglichen Eltern aus der katholischen Mittelschicht zu Leistungsbereitschaft, Selbstverantwortung und Weltoffenheit erzogen; auf dem humanistischen Gymnasium und im Studium der Volkswirtschaft haben wir schließlich auch dieselbe Ausbildung erfahren. Kurz: Wir verstanden uns ohne viele Worte. Das gab schließlich den Ausschlag für meine Bereitschaft, mit fast 60 beruflich noch einmal neu durchzustarten, die Seiten zu wechseln und aus der ersten Reihe wieder zurück ins Glied zu treten.

Als der Schweizer 2002 die Chefposition in Frankfurt übernahm, wollte er nur Banker sein. Sein Ziel: das Haus, das damals operativ kaum Geld verdiente und als Übernahmekandidat galt, auf Vordermann bringen und in die globale Spitzengruppe der Investmentbanken führen. Die weltweit wohl einmalige politische Rolle der Bank als Anführer der nationalen Wirtschaft und ihrer Chefs als Kanzlerberater sowie das damit verbundene besondere Medieninteresse auf ihrem Heimatmarkt waren ihm als erstem Ausländer an der Spitze des Geldhauses fremd. Zudem glaubte er, der erst mit fast 50 Jahren nach Deutschland gekommen war und dort über keinerlei persönliches Beziehungsnetzwerk verfügte, öffentlich besondere Zurückhaltung an den Tag legen zu müssen. Dies war ihm auch von Beratern empfohlen worden.

Im Verlauf des Mannesmann-Prozesses wurde dem Schweizer jedoch bewusst: Wenn er Erfolg haben und auch von den Deutschen geschätzt werden wollte, musste er die besondere politische und gesellschaftspolitische Rolle annehmen, die dem Chef der Deutschen Bank nun einmal zugeschrieben wurde. Er musste sein Netzwerk im Lande enger knüpfen sowie seine Kommunikation intensivieren und neu ausrichten. Auf dieser Basis fanden wir zusammen.

Einmal zum Wechsel entschlossen, wollte ich die neue Position möglichst schnell antreten. Mein Verleger, Stefan von Holtzbrinck, war jedoch alles andere als erfreut über die Abwanderungsabsicht und pochte zunächst vehement darauf, dass ich meinen noch über ein Jahr laufenden Vertrag einhielt. Das hätte das Aus für meine Zukunftspläne bedeutet. Erst einige Telefonate zwischen den Chefetagen in Frankfurt und Stuttgart, der Zentrale der Holtzbrinck-Gruppe, machten schließlich den Weg frei.

Und so nahm am 1. Juni 2007 das Abenteuer seinen Lauf, das dann noch viel größer werden sollte, als ich es mir selbst in den wildesten Träumen je hätte vorstellen können. Zu diesem Zeitpunkt ahnte ich nämlich noch nichts von dem Jahrhundert-Beben, das die Finanzbranche schon bald bis auf die Grundfesten erschüttern würde.

Wieder einmal erwies sich dabei aber, dass Krise immer auch Chance bedeutet. Josef Ackermann sah sich vor die Herausforderung seines Lebens gestellt – und er zeigte sich ihr gewachsen. Es war sein Rendezvous mit der Geschichte. Der Schweizer, der die Deutsche Bank mit ehrgeizigen Renditevorgaben in die Spitzengruppe der globalen Investmentbanken geboxt hatte, erkannte lange vor den meisten seiner Kollegen das Ausmaß der drohenden Gefahr, brachte sein Institut vergleichsweise unbeschadet durch die Krise und richtete es anschließend für die Zukunft neu aus.

Darüber hinaus zeigte er als erster Topbanker Reue über die Fehlentwicklungen in seiner Branche und auch in seinem Hause, übte öffentlich Selbstkritik und drängte als Präsident des Welt-Bankenverbands IIF auf umfassende Reformen. Er trat für eine konsequente Rückbesinnung auf den Kunden und auf die gesellschaftliche Verantwortung der Banken ein und wirkte selbst an vorderster Stelle bei der Bewältigung sowohl der großen Finanz- wie der anschließenden Staatsschuldenkrise in Europa mit.

Gewiss, Josef Ackermanns Reue kam erst, als der Schaden größtenteils bereits angerichtet war. Aber werden wir nicht alle meist erst aus Schaden klug? Was aus Sicht der Gesellschaft im Nachhinein als spät, vielleicht zu spät erscheinen mag – für einen führenden Banker war es sehr früh. Und: Die Umkehr war ehrlich gemeint, auch wenn sie dem Schweizer die Möglichkeit bot, sein arg ramponiertes Ansehen aufzupolieren, also nicht allein auf uneigennützige Motive zurückging.

Auf der Hauptversammlung am 31. Mai 2012 wurde Josef Ackermann trotz des absolut unbefriedigenden Aktienkurses, des Hickhacks um seine Nachfolge und zahlreicher hässlicher Rechtsstreitigkeiten von 7000 Aktionären mit stehendem Beifall verabschiedet. Er war im Verlaufe der Krise »vom Buhmann zum Popstar der Finanzbranche« (*Handelsblatt*) geworden.

Das vorliegende Buch soll diese bemerkenswerte Wandlung, ihre Hintergründe und Voraussetzungen, Begleitumstände und Folgen beschreiben. Es ist eine Geschichte von Kampf und Wettbewerb, Triumph und Enttäuschung, Ruhm und Schmach, Rampenlicht und Einsamkeit. Es ist das Porträt eines Menschen in seinen Zeitverhältnissen, einer ebenso vielschichtigen wie herausragenden Persönlichkeit, deren Ausstrahlung selbst seine Gegner immer wieder in ihren Bann zieht. Es ist ein Stück Finanzgeschichte. Und ein Stück Sittengeschichte der Geldbranche.

Ich bin Josef Ackermann nach wie vor eng verbunden und berate ihn weiter in Kommunikationsfragen. Dieses Buch ist gleichwohl keine autorisierte Biographie, sondern ein subjektiver Erfahrungsbericht aus meiner Zeit an seiner Seite, eine Nahaufnahme der bestimmenden Jahre seines beruflichen Lebens.

Als langjähriger Journalist weiß ich, wie wichtig es ist, bei aller Nähe zum und Sympathie für das Objekt der Beschreibung, kritische Distanz zu wahren. Diese habe ich auch in meiner Zeit bei der Deutschen Bank gehalten. Und es ist beiden Seiten, so denke ich, gut bekommen.

Inwieweit es mir in diesem Buch geglückt ist, den richtigen Abstand zu finden, bleibt dem Urteil des Lesers überlassen. »Jede Wirklichkeit besteht aus zwei Hälften, dem Subjekt und dem Objekt«, so der Philosoph Arthur Schopenhauer in seinen »Aphorismen zur Lebensweisheit«. »Bei völlig gleicher objektiver Hälfte, aber verschiedener subjektiver, ist daher die gegenwärtige Wirklichkeit eine ganz andere.«

Dieses Buch ist meine Wirklichkeit von Josef Ackermann.

Köln, im Sommer 2013

KAPITEL 1
TANZEN SOLANGE DIE MUSIK SPIELT

Meine Taufe als Kommunikationschef der Deutschen Bank gerät zur Feuertaufe. Ich bin gerade einige Wochen in den blauen Doppeltürmen in Frankfurt, als die größte Finanzkrise seit den 30er Jahren des vorigen Jahrhunderts ausbricht. Später zieht sie die Staatsschuldenkrise in Europa nach sich. Unter beiden leidet die Welt noch heute.

Der Ausbruch der Krise verbindet sich in Deutschland mit dem Beinahe-Zusammenbruch der Industriekreditbank (IKB) Ende Juli 2007, die bis dahin als grundsolider, ja geradezu langweiliger Mittelstandsfinanzier betrachtet worden war. Die Zentrale des Instituts, das 1924 zur Abwicklung deutscher Reparationsleistungen aus dem Ersten Weltkrieg gegründet worden war, befand sich bis zur Mitte des vergangenen Jahrzehnts in der Kasernenstraße in Düsseldorf, genau gegenüber dem Verlagshaus der *Handelsblatt*-Gruppe, zu der auch die *WirtschaftsWoche* gehört. Die Bankmitarbeiter, die wir dort ein- und ausgehen sahen und denen wir in der Mittagszeit in den umliegenden Lokalen begegneten, wirkten auf uns Journalisten so bieder, dass niemand auf die Idee kam, in diesem Hause könnte ein großes Rad gedreht werden.

Dennoch war genau dies der Fall. Direkt vor unsere Nase. Zwar hatte die Bundesanstalt für Finanzdienstleistungsaufsicht (BaFin) in Bonn auch nichts gemerkt, aber das macht die Sache nicht besser. Ich gräme mich noch heute darüber, dass wir nicht entdeckten, was in dem Rundbau auf der anderen Straßenseite vor sich ging und wie wir uns von Äußerlichkeiten und Klischees täuschen ließen.

Schon im Februar 2004 hatte das Fachmagazin *Risk* in einem dreiseitigen Artikel mit der Überschrift »The Great German Structured Credit Experiment« die Warnflagge gehisst: »Der konservative Mittelstandsfinanzier IKB«, so die Zeitschrift, »hat sich in Deutschlands größten Anleger für strukturierte Kreditprodukte verwandelt – mit einer Neigung zu riskanteren Geschäften«. Das hätte eigentlich genügen müssen, um hellhörig zu werden, unsere Nachbarn mit anderen Augen zu betrachten, sie und die ganze Branche stärker zu hinterfragen.

Auch dem Jahresabschluss und Lagebericht 2006 / 2007 der Bank selbst war zu entnehmen, welches Risiko sie eingegangen war. Man musste nur genau hinschauen. »In dem Posten ›Andere Verpflichtungen‹ sind Kreditzusagen über insgesamt 8,1 Milliarden Euro Gegenwert an Spezialgesellschaften enthalten«, heißt es dort auf Seite 57. Das Eigenkapital der Düsseldorfer dagegen: ganze 1,2 Milliarden Euro.

Als langjähriger Wirtschaftsjournalist habe ich mich später in der Krise, als ein Erdbeben nach dem anderen das Finanzsystem erschüttert und es fast zum Einstürzen bringt, immer wieder gefragt, wie so vielen Wirtschaftsmedien rund um die Welt die größte Geschichte des Jahrhunderts durchgehen konnte. Wie wir, von wenigen Ausnahmen abgesehen, als Profession kollektiv so versagen, ja für die gigantische Finanzblase, die sich vor unseren Augen aufblähte, insgesamt »mehr als Cheerleader denn als Bremser« agieren konnten. So sieht es jedenfalls Wirtschaftsnobelpreisträger Joseph E. Stiglitz in einem Beitrag zu dem Sammelband »Bad News – How America's Business Press Missed the Story of the Century«, den Anya Schiffrin von der New Yorker Columbia University herausgegeben hat.

Lag es vielleicht auch daran, dass die Branche schon seit

Jahren in einem tiefgreifenden Strukturwandel steckt und viele Medien in einem teilweise ruinösen Wettbewerb ums nackte Überleben kämpfen müssen? Für gründliche Recherche und entsprechende Urteilsbildung daher vielfach keine Zeit mehr bleibt?

Wo die Ressourcen fehlen, selbständig Fakten herbeizuschaffen, liegt die Flucht in die schnelle Meinung nahe, die leicht und billig zu produzieren ist, aber ebenso schnell auch wieder vergessen wird. Oder die Verlockung, sich vom Objekt seiner Beobachtung »einbetten« zu lassen, die aber Glaubwürdigkeit kostet. Beides hat schwerwiegende Folgen für die Rationalität und Effizienz unserer Gesellschaft. Demokratie und Marktwirtschaft, Wahlfreiheit und Konsumentenhoheit basieren darauf, dass sich Staatsbürger und Marktteilnehmer ein einigermaßen zutreffendes Bild von der Wirklichkeit machen können.

Das war in den Jahren vor der Finanzkrise nicht der Fall. Dabei hatte es an Warnzeichen keineswegs gefehlt. Da waren die zunehmenden Ungleichgewichte in den Leistungsbilanzen, allen voran das Riesendefizit der USA und der gigantische Überschuss Chinas; die enormen Kapitalzuflüsse nach Amerika und das billige Geld; das explosive Wachstum des Finanzsektors, speziell von neuartigen, weitgehend intransparenten Kreditinstrumenten und Schattenbanken; die durch Schulden aufgeblähten Bankbilanzen und Staatshaushalte; das schwindende Risikobewusstsein infolge der Verbriefung von Krediten; die Immobilienblase, hohe private Verschuldung und dürftige Qualitätsstandards für Hypothekenkredite in den USA und manches mehr.

Aber alle Warnsignale wurden in den Wind geschlagen. Von Bankmanagern, aber auch von denen, die sie kontrollieren sollen: von Aufsichtsräten und Aufsichtsbehörden, Wirtschaftsprüfern und Ratingagenturen – und eben auch, bis auf wenige Ausnahmen, von den Medien.

Anfang Februar 2007 fragt Maria Bartiromo (Spitzname: »Money Honey«), Starmoderatorin des US-Börsensenders *CNBC*, auf dem Weltwirtschaftsforum im Schweizer Bergstädtchen Davos prominente Unternehmenschefs wie immer nach dem wichtigsten Thema für das gerade begonnene Jahr. Nur ein einziger von ihnen, so berichtet sie später in ihrem Buch über die Finanzkrise (»The Weekend That Changed Wall Street«), nennt die zu hohe Verschuldung auf dem US-Immobilienmarkt: Josef Ackermann.

Aber nicht etwa, weil er das drohende Unheil ahnt. Als Bartiromo später nach Ausbruch der Krise von dem Deutsche-Bank-Chef wissen will, ob er das Unglück damals schon herannahen sah, gibt er ehrlich zu: »Wir wussten etwas, aber nicht viel. Ich habe die Finanzkrise nicht vorausgesehen.« In einer boomenden Wirtschaft seien Immobilienblasen und zu hohe Verschuldung immer ein Problem. »Blasen sind besonders gefährlich, wenn sie mit einer hohen Verschuldung verbunden sind«, so lautet auch eine der zentralen Schlussfolgerungen von Carmen M. Reinhart und Kenneth S. Rogoff aus ihrer Analyse von Finanzkrisen in den letzten 800 Jahren (»This Time is Different – Eight Centuries of Financial Folly«).

Nach dem traumatischen Terroranschlag auf das World Trade Center in New York am 11. September 2001 war es den Amerikanern so leicht wie nie gemacht geworden, auf Pump ein Haus zu kaufen. Ohne Sicherheiten, vielfach auch ohne Einkommen. Die Darlehen hießen dann Ninja-Kredite für »No income, no job, no assets«.

Präsident George W. Bush hatte die »Ownership Society«, eine Gesellschaft von Eigentümern, ausgerufen, um das Volk trotz Terrorattacken und Irak-Kriegs bei Laune zu halten. Solange die Immobilienpreise stiegen und die Zinsen bei einem Prozent blieben, waren die laxen Standards kein Problem, die Häuser bezahlten sich quasi von selbst. 2006 aber hörten die Preise wegen des wachsenden Überangebots auf zu steigen. Dann begannen sie, vor allem im sogenannten Subprime-Segment finanzschwacher Käufer, hier und da zu fallen, die Zinsen zogen dagegen an. Zwangsversteigerungen häuften sich, die Blase drohte zu platzen.

Noch aber ist es nicht so weit, als ich bei der Deutschen Bank anfange. Und auch für meinen Chef gilt, was sein damaliger Citibank-Kollege Chuck Prince so trefflich auf den Punkt gebracht hatte: »Solange die Musik spielt, muss man aufstehen und tanzen.« Anders ausgedrückt: Wer sich zu früh aus einem gut laufenden Geschäft zurückzieht, verzichtet auf Profit, riskiert den Verlust von Marktanteilen und womöglich sogar die Eigenständigkeit.

Die Musik spielt im Juni 2007 noch. Im ersten Vierteljahr hatte die Deutsche Bank mit 3,2 Milliarden Euro Gewinn vor Steuern gerade einen neuen Rekord in ihrer langen Geschichte aufgestellt. Ein Detail war dabei allerdings weithin unbeachtet geblieben: 200 Millionen Euro des Ergebnisses gingen allein auf Greg Lippmann zurück, den in New York tätigen Chefhändler für sogenannte forderungsunterlegte Wertpapiere, im Fachjargon Asset-Backed Securities (ABS). Dessen Kollege Eugene Xu, ein promovierter Mathematiker aus Schanghai, hatte als Analyst schon im September 2005 einen rapiden Anstieg der Pleiten von Hauskäufern im Subprime-Segment vorausgesagt. Damit verbunden, so seine Prognose, käme es zu einem Preisverfall der mit Hypothekenkrediten an Schuldner minderer Qualität unterlegten Papiere. Seitdem war Lippmann zur »Kassandra der Finanzkrise« (*New York Times*) geworden und hatte auf das Platzen der Blase gewettet, während Kollegen diese immer noch weiter aufpusteten.

Bankchef Josef Ackermann ist beim Blick auf den US-Subprime-Markt zwar schon eine Weile unwohl, er rechnet aber nicht mit dessen Kollaps und schon gar nicht mit einer Krise des weltweiten Finanzsystems. Auf Baisse will sein Haus insgesamt deswegen nicht setzen.

Es läuft ja auch alles so blendend. Am Freitag, dem 3. Juni 2007, erreicht der deutsche Aktienindex Dax 8000 Punkte und damit fast seine historische Bestmarke bis dahin. Der Kurs der Deutschen Bank klettert auf das Rekordniveau von 118 Euro.

In den ersten beiden Wochen in Frankfurt bekomme ich meinen Chef überhaupt nicht zu Gesicht: Er ist unterwegs. Von Athen, wo der Weltbankenverband International Institute of Finance (IIF), dessen Präsident er ist, seine Frühjahrstagung abgehalten hatte, geht es um die halbe Welt. Zuerst nach Kapstadt, von da nach Paris und St. Petersburg, weiter nach New York und Washington bis an die US-Westküste.

Josef Ackermann ist im Flugzeug zu Hause. Morgens Chicago, mittags Houston, gegen Abend Las Vegas und am späten Abend Los Angeles. Zum Abendessen im Restaurant Borchardt in Berlin mit Journalisten ein Wiener Schnitzel oder Rindertartar essen, danach ins Flugzeug und am nächsten Morgen Frühstück mit einem Notenbanker in New York, Regierungsmitglied in Mexiko City oder Großkunden in São Paulo – das ist Alltag für den Deutsche-Bank-Chef, wie ich später erleben sollte. Auf einer Südamerika-Reise etwa sieht er in einer Woche en suite die Regierungschefs von Peru, Argentinien und Brasilien.

Auch am Wochenende ist der Schweizer sehr oft auf Reisen. Einmal fliegt er für eine Sitzung des internationalen Beirats der Stadt Shanghai Freitagnacht von Frankfurt nach China und ist Montagmorgen wieder pünktlich im Büro zurück. Ein anderes Mal geht es am Wochenende nach Seoul und zurück, um vor Ort im Gespräch mit südkoreanischen

Behörden ein größeres Problem für die Bank wieder einzurenken. »Manchmal weiß ich, wenn ich morgens im Hotel aufwache, nicht mehr, wo ich gerade bin«, bekennt Ackermann selbst. Der Chef der Deutschen Bank ist »rastlos im Auftrag des Kapitals unterwegs«, so der preisgekrönte Filmemacher Hubert Seipel in seinem vielbeachteten Porträt »Die Welt des Josef Ackermann« für die *ARD*. Kein Wunder: Das Geschäft des Geldhauses, früher einmal zu 80 Prozent im Inland, findet längst weit überwiegend im Ausland statt.

Vor allem in der Boom-Region Asien ist das Institut in den zurückliegenden Jahren schnell gewachsen und wie zuvor schon in Europa und den USA zu einem der führenden Geldhäuser aufgestiegen. In 17 asiatischen Ländern unterhält es eigene Niederlassungen. Kamen 2008 noch zwei Milliarden Euro Erträge aus Fernost (ohne Japan), sind es inzwischen schon mehr als doppelt so viel. Die Bank ist an vielen der größten Börsengänge in der Region beteiligt. Das setzt Präsenz des Chefs vor Ort voraus.

Der vielreisende Vorstandsvorsitzende wohnt denn auch nicht wie die meisten Topmanager der Frankfurter Finanzszene in einer eigenen Villa am Taunushang, sondern zur Miete in einer Vierzimmer-Wohnung nahe dem Palmengarten im Westend. Ackermann ziehe »den Kosmos einer multinationalen Stadtgesellschaft« einem abgeschirmten Leben hinter hohen Hecken und Mauern vor, schreibt Hilmar Hoffmann, langjähriger Kulturdezernent der Mainmetropole, in der Neuauflage seines Buches »Die großen Frankfurter«, das auch ein Kapitel über den Schweizer enthält.

Die Entscheidung hatte jedoch vor allem praktische Gründe. Was soll Josef Ackermann mit einer Villa in Kronberg? Schon wer ihn in seiner Stadtwohnung besucht, stellt fest: Hier lebt niemand. Hier hat jemand eine Bleibe, ein pied-à-terre, wie es die Franzosen so treffend nennen. Die Einrichtung ist unauffällig, quadratisch-praktisch-gut. Das Einzige, was irgendwie heraussticht, ist ein Schweizer Landschaftsgemälde von Ernst-Ludwig Kirchner im Flur.

Der Bewohner hält sich an seiner Frankfurter Privatadresse in der Siesmayerstraße ebenso selten auf wie in seinem Büro auf der 32. Etage im A-Turm der Bank an der Taunusanlage. Dort ist der Schreibtisch immer aufgeräumt und bis auf ein paar Unterschriftenmappen leer. Das Nullacht-fünfzehn-Mobiliar, Glastische und schwarze Ledersessel, könnte auch zu einem Sparkassendirektor passen. Im Wandregal steht allerhand Krimskrams: Ein Dreimast-Schoner in der Flasche zur Erinnerung an einen Besuch beim Übersee-Club in Hamburg, eine Statuette der griechischen Göttin Nike als Andenken an die Verleihung der Ehrendoktorwürde durch die Universität von Thrakien und weitere Reise-Mitbringsel. Außer den Fotos von seiner finnischen Ehefrau Pirkko, mit der er seit über 35 Jahren verheiratet ist, sowie seiner Tochter Catherine, einer studierten Schauspielerin und Filmproduzentin, ist in dem Raum nichts wirklich Persönliches zu finden.

Ins Auge springen dem Besucher allein eine lackierte Zigarrenbox aus feinem Wurzelholz und ein schwerer kristallener Aschenbecher. Eigentlich gilt in den Türmen überall striktes Rauchverbot. Die einzige Ausnahme ist das Büro des Chefs. Um zu verhindern, dass er beim Rauchen einer Zigarre die Sprinkleranlage auslöst, ist dort die Empfindlichkeit des Rauchdetektors deutlich reduziert.

Josef Ackermann hat sich in der Zentrale seiner Bank nie wohnlich oder repräsentativ eingerichtet. Warum auch, er ist ja sowieso kaum da und legt auf Äußerlichkeiten ohnehin keinen großen Wert. Von dem Imponiergehabe und der Gockelei so vieler Banker hat er jedenfalls nichts an sich. Seine Dienstuniform besteht aus gut geschnittenen, aber unauffälligen dunkelblauen Einreihern ohne Einstecktuch.

Dazu ein uni-farbiges oder fein gestreiftes hellblaues oder weißes Hemd mit Manschettenärmeln und konventionellem Kragen. Uhr (Marke: Omega), Krawatte und Manschettenknöpfe sind edel, aber ebenfalls dezent.

Das Auftreten des Deutsche-Bank-Chefs ist unprätentiös. Seine schwarze Kalbsledertasche trägt er selbst, er reist ohne Schleppe von Assistenten, zahlt nicht mit schwarzer oder platinfarbiger Kreditkarte, die goldene Mastercard tut's auch. Plagt ihn nach getaner Arbeit spätabends noch eine Hungerattacke, weil er den ganzen Tag nicht richtig zum Essen gekommen ist, bestellt er in der Hotelbar am liebsten ein Glas offenen Rotwein und eine Currywurst mit Pommes frites. Im Büro sorgt sein Sekretariat dafür, dass für Notstände genügend Toblerone-Schokolade in der Schublade liegt.

Josef Ackermanns Interesse, Ehrgeiz und Eitelkeit richten sich auf anderes. Sein hervorstechendstes Merkmal: Er will immer mehr wissen als die anderen, ihnen stets voraus und überlegen sein. Und er will alles ganz genau wissen.

Sosehr dies die unmittelbar Betroffenen zu nerven vermag, so sehr sorgt es zugleich dafür, dass der Schweizer, anders als so viele in solchen Positionen, das Zuhören nicht verlernt hat. Für meine Entscheidung, zur Deutschen Bank zu wechseln, war diese Eigenschaft jedenfalls von zentraler Bedeutung. Wie sich schon bald herausstellen sollte, hatte ich mich darin nicht getäuscht.

Wenige Wochen nach meinem Dienstantritt in Frankfurt nimmt Ackermann an einer Podiumsdiskussion des Schweizer Industrieverbands in Zürich teil. Dabei fährt er einer Mitdiskutantin für meinen Geschmack wiederholt etwas zu ungeduldig und prononciert in die Parade. Als ich ihm dies hinterher sage und empfehle, seine intellektuelle Überlegenheit weniger deutlich zu zeigen, wischt er die Kritik nicht einfach unwirsch beiseite, sondern beginnt eine Diskussion mit mir. Dabei stellt sich heraus: Die Argumentation der Frau hat ihn gelangweilt. Mit Langeweile kann er schlecht umgehen. Dann lassen Konzentration und Disziplin nach – und er macht Fehler.

Die Gier des Bankers Josef Ackermann heißt Neugier. Sie zielt vor allem auf Menschen. Je bedeutender sie sind, desto besser. Die Treffen mit ihnen schmeicheln seinem Ego, hier kann er sich mit den Erfolgreichsten messen und erfahren, wie gut er selbst ist, das Terrain für große Geschäfte und Mandate vorbereiten und sich mit Informationen vollsaugen, die sich zum Nutzen der Bank verwerten lassen. Josef Ackermann setzt darauf, durch die Vielfalt der Perspektiven, die sich aus seinen zahlreichen Begegnungen mit Aktionären, Kunden und Regulierern, aber auch mit vielen Mitarbeitern auf seinen Reisen um die Welt ergeben, zu höherer Erkenntnis zu gelangen. Kein Weg ist dem Schweizer dafür zu weit, nichts zu viel oder zu anstrengend. Nirgends, so stelle ich auf vielen gemeinsamen Reisen mit ihm später fest, ist er mehr bei sich als »on the road«, im Gespräch mit Kunden und Kollegen, Aktionären und Anlegern, Regierenden und Regulierern. Der Oberst der Reserve der eidgenössischen Armee zieht die Front der Etappe vor.

Unter seiner Führung erst ist die Deutsche Bank ein wahrhaft globales, multikulturelles Institut geworden, vertreten in über 70 Staaten und mit Mitarbeitern aus fast 150 Ländern, zusammengehalten durch die englische Sprache und das Motto »Passion to Perform«, zu Deutsch: »Leistung aus Leidenschaft«. Als er in Frankfurt angefangen habe, erzählt er mir zu meinem Einstieg, sei auf der jährlichen Konferenz der Führungskräfte nur Deutsch gesprochen worden, die Schauspielerin Hannelore Elsner habe deutsche Gedichte vorgetragen.

Ackermanns internationales Netzwerk sucht seinesgleichen. Er gehört dem Stiftungsrat des Davoser Weltwirtschaftsforums und dem Lenkungsausschuss der Bilderberg-Konferenz an und sitzt dem Wirtschaftsbeirat des Goethe-Instituts vor. In der Wirtschaft kennt er rund um den Globus alle, die Rang und Namen haben. Auch in der Politik ist er bestens vernetzt. Von diversen US-Präsidenten bis zu den Staats- und Regierungschefs Russlands und Chinas, von den Ölscheichs Arabiens bis zu den Herrschern der Königshäuser Europas.

Er diskutiert mit George W. Bush im Oval Office über das Rechtssystem der USA und mit Wladimir Putin in seiner Residenz in Nowo-Ogarjowo vor den Toren Moskaus über das bestmögliche Finanzsystem für Russland. Dem spanischen König Juan Carlos erläutert er im Königspalast in Madrid die Gefahren, die von der europäischen Staatsschuldenkrise ausgehen. Auf der Farm des steinreichen Prinzen und Großinvestors Al-Walid ibn Talal al Saud in der Wüste Saudi-Arabiens kickert der begeisterte Tischfußballspieler so lange mit dessen Frau, bis er mit Blasen an den Händen aufgeben und sich von einem Arzt verbinden lassen muss. Der ehemalige Pekinger Oberbürgermeister und heutige Vize-Premier Wang Qishan macht auf seiner Europareise in Frankfurt Station. Josef Ackermann lässt ihm in der Villa Sander, dem Gästehaus der Deutschen Bank, sein westliches Lieblingsgericht Ossobuco servieren.

Als ich den Schweizer einmal frage, wer ihn von den vielen Promis, die er kennt, am meisten beeindruckt hat, nennt er nach kurzem Nachdenken den ehemaligen chinesischen Staatschef Jiang Zemin. Dessen profunde Kenntnis der abendländischen Kultur habe ihn regelrecht beschämt: »Welcher westliche Staats- oder Regierungschef oder Unternehmensführer kann ein chinesisches Gedicht rezitieren oder Volkslied singen?« Westliche Politiker und

Wirtschaftsvertreter müssten viel mehr über die Kultur des Riesenreichs lernen, um den Chinesen auf Augenhöhe begegnen zu können. »Die Chinesen kennen uns viel besser als wir sie«, so Josef Ackermann.

Wo immer in der Welt die Kanzlerin oder der Außenminister hinkommen – der Deutsche-Bank-Chef war schon da. Und nicht selten geben ihm seine Gesprächspartner eine Botschaft für die Regierung in Berlin mit auf den Weg. Für sein Haus sind dieses Netzwerk und die Wahrnehmung als Vertreter Deutschlands ein unschätzbarer Vorteil – sein Ansehen in der Welt ist dadurch weit größer als sein Gewicht an der Börse. Auch für die Bewältigung der Finanzkrise und ihre Aufarbeitung sollte es sich als großes Plus erweisen.

Spätestens nach der Rückkehr von seinen Reisen speist der Deutsche-Bank-Chef seine Beobachtungen und Anregungen systematisch in die Organisation ein. Meistens tut er dies jedoch schon von unterwegs. Sein Büro aus zwei Sekretärinnen und zwei Assistenten bleibt immer auf Trab, auch wenn der Chef nicht da ist. Umgekehrt taktet es ihn Tag für Tag meist auf Monate voraus so eng durch, dass für den Hausherrn in Frankfurt routinemäßig ein Aufzug in die Tiefgarage blockiert wird, sobald er sich auf den Weg zum nächsten Termin macht. Zurück gilt dasselbe. Es soll nur ja keine Minute verlorengehen. Mathias Fluck, Ackermanns Fahrer in den letzten drei Jahren, bewundert an seinem Chef dessen »absolute Verlässlichkeit«. Er sei »immer pünktlich – wie ein Schweizer Uhrwerk«.

Josef Ackermann kommuniziert nahezu ausschließlich mündlich, entweder im persönlichen Gespräch oder per Telefon. Schriftliches von ihm gibt es so gut wie gar nicht. E-Mail ist tabu. Ein kurzes »o.k.«, »pls discuss!« oder »pls call!« auf Papier oder als SMS, das ist alles.

Die Bank führt der Schweizer über Zahlen. Stets ist er

bestens im Bilde, wie die Geschäfte laufen. Jeden Tag gegen 16 Uhr Mitteleuropäischer Zeit bekommt er den sogenannten Flash, eine Seite mit den wichtigsten aktuellen Kennziffern aus den einzelnen Geschäftsbereichen. Nichts Wesentliches entgeht seinem Röntgenblick. Entdeckt er eine Schwachstelle, greift er sofort zum Telefon, um direkt und notfalls auch hart gegenzusteuern.

Läuft dagegen alles, lässt Josef Ackermann lange Leine. Er ist kein Mikromanager, aber ein Perfektionist, der sich nur mit dem Besten zufriedengibt, gleichgültig wie viele Runden dafür zu drehen sind. Er ist kein Workaholic, aber jemand, der seine Rolle voll auslebt. Hinzu kommen ein messerscharfer Verstand, ein Elefantengedächtnis und eine Bärenkonstitution.

Freizeit ist für den Deutsche-Bank-Chef ein Fremdwort. Drei Wochen Sommerurlaub im August. Hin und wieder mal ein Besuch in der Oper, einem Kunstmuseum oder dem Frankfurter Fußballstadion, seit die Eintracht wieder erstklassig geworden ist. Am Wochenende zu Hause in Zürich eine stramme Wanderung durch den Wald oder unterwegs in fernen Ländern ein schneller Marsch um den Block müssen als Ausgleich reichen für nahezu pausenlose 80- bis 100-Stunden-Wochen, unregelmäßiges Essen, wenig Schlaf und den ständigen Wechsel zwischen verschiedenen Zeitzonen. Private Abstecher, wie der Wochenend-Ausflug zum Kap der Guten Hoffnung Ende Juni 2010, sind die absolute Ausnahme.

Der Deutsche-Bank-Chef ist für eine Stippvisite bei der Fußballweltmeisterschaft nach Südafrika gereist, um gemeinsam mit Kunden das Vorrunden-Spiel Brasilien gegen Portugal im Moses-Mabhida-Stadion in Durban zu besuchen. Anschließend nimmt er an dem Fortune 500 Global Forum teil, bei dem sich jedes Jahr zahlreiche CEOs der größten

Unternehmen der Welt treffen. Aufgrund des Fußballturniers haben die Organisatoren dieses Mal Kapstadt als Veranstaltungsort gewählt.

Am Freitagnachmittag bei einem gemeinsamen Cappuccino auf der lauschigen Park-Terrasse des traditionsreichen Mount Nelson Hotels am Fuße des Tafelbergs schlägt Ackermann spontan vor, am nächsten Tag einen privaten Ausflug zu machen. Zuerst will er ein Wildtierreservat besuchen, um die Big Five zu sehen, von Großwildjägern so genannt, weil es besonders schwierig und gefährlich ist, sie zu erlegen. Anschließend soll es noch kurz zum Kap der Guten Hoffnung gehen. Am Samstagabend steht schon wieder die Abschlussveranstaltung der Konferenz auf dem Programm.

Mitten in der Nacht fahren wir im Hotel los, um den Wildpark einige Autostunden von Kapstadt entfernt im Morgengrauen zu erreichen, wenn die Chancen am größten sind, die Tiere in freier Wildbahn zu erleben. Das frühe Aufstehen hat sich gelohnt, und das Glück ist uns hold: Wir bekommen Büffel, Elefant, Löwe und Nashorn aus nächster Nähe zu Gesicht. Nur ein Leopard ist weit und breit nicht zu entdecken. Dafür lassen sich zwei Giraffen beim Frühstück zuschauen.

Anschließend geht es weiter zum Kap der Guten Hoffnung. An den Felsklippen, die über die Jahrhunderte so manchem Segelschiff auf dem Weg nach Indien zum Verhängnis wurden, können wir die Folgen der Piraterie am Horn von Afrika beobachten: Am Horizont ziehen wie auf einer Perlenkette aufgereiht die Containerschiffe vorbei. Der weite Weg um Afrika herum, der jahrelang nahezu verwaist war, macht sich ganz offensichtlich wieder bezahlt.

In Südafrika ist stets ein Bodyguard an Ackermanns Seite, ansonsten reist er im Ausland meist ohne Personenschutz.

Im Inland dagegen begleiten ihn auf Schritt und Tritt immer zwei Leibwächter. Seit dem Mannesmann-Prozess zählt er zu den am stärksten gefährdeten Personen der Republik. Seine Dienstlimousine, ein Mercedes der S-Klasse, ist gepanzert. So dick und schwer, dass ich immer beide Arme brauche, um beim Ein- und Aussteigen die linke hintere Tür zu öffnen.

Aus Sicherheitsgründen, aber auch um das enorme Pensum zu schaffen, nimmt der Deutsche-Bank-Chef für Flüge in der Regel die Dienste von NetJets in Anspruch. Der Privatflugzeugverleiher gehört zum Imperium von Warren Buffett, dem Star-Investor aus Omaha im US-Bundesstaat Nebraska. Die Zeit in der Luft, wenn er in seinem Gulfstream- oder Falcon-Jet ganz für sich ist und sein Telefon stillsteht, nutzt Ackermann ebenso wie längere Autofahrten, um Schlaf nachzuholen, ungestört nachzudenken, Unterlagen zu studieren oder selbst einmal in die eine oder andere Zeitung oder Zeitschrift zu schauen. Als Erstes greift er dabei meist zur *Financial Times*.

Damit mein Chef stets aktuell über alles Wichtige in den Medien informiert ist, schicke ich ihm jeden Morgen vor acht Uhr Mitteleuropäischer Zeit (am Wochenende eine Stunde später) per SMS zunächst eine Zusammenfassung der nationalen und internationalen Berichterstattung über die Deutsche Bank. Im Laufe der Zeit hat sich dabei ein deutsch-englisches Kürzel-Mischmasch herausgebildet, das bald nur noch wir beide verstehen.

Anschließend telefonieren wir fünf bis zehn Minuten über den Inhalt. Am Wochenende auch länger. Im Laufe des Tages erhält Ackermann Updates und wir telefonieren erneut – auch über aktuelle Anfragen von Journalisten. Vor Terminen meldet er sich meist selbst noch mal, um sich nach den letzten News zu erkundigen: »War noch etwas?«

So ist der Deutsche-Bank-Chef stets auf dem Laufenden

und weiß immer, wofür die Medien sich gerade besonders interessieren. Umgekehrt ist die Kommunikationsabteilung des Hauses immer zeitnah über alle relevanten Fakten und Positionen der Führung zu aktuellen Themen im Bilde und kann entsprechend schnell handeln.

In meinen Briefings spare ich negative Botschaften nicht aus oder packe sie in Watte. Im Gegenteil, ich gewichte sie von Anfang an bewusst höher als die positiven und sage ganz unverhohlen meine Meinung. Ackermann schätzt Klartext – er pflegt ihn selbst. Beschönigung, Unehrlichkeit und Winkelzüge sind ihm verhasst. Eine offene Streitkultur, Rede und Gegenrede betrachtet der Schweizer als wichtiges Führungsprinzip. Es sorgt nach seiner Überzeugung für bessere Resultate. »Bei mir gilt der Grundsatz ›Don't shoot the messenger‹«, hatte er mir schon vor meinem Arbeitsbeginn gesagt.

Wie ich später feststellen konnte, wird der Überbringer schlechter Nachrichten zwar nicht erschossen, aber gegrillt: Er muss die Gründe dafür plausibel machen können und tunlichst auch schon Lösungen parat haben, wie sich solche Nachrichten in Zukunft vermeiden lassen. Josef Ackermann die Wahrheit zu sagen – und in Zeiten der Finanzkrise heißt das oft genug eine unangenehme Wahrheit – ist zwar erwünscht, aber anstrengend. Wenn es mal wieder besonders anstrengend war, frage ich mich so manches Mal, wie viele in der Bank dem Stress wohl gezielt aus dem Wege gehen.

Nach meinem Amtsantritt in Frankfurt treffe ich meinen Chef zum ersten Mal für ein Interview mit Dieter Jepsen-Föge, Chefredakteur des *Deutschlandradio*, das am Sonntag, dem 17. Juni, ausgestrahlt werden soll. Drei Tage vor jedem Termin mit Journalisten bekommt Josef Ackermann regelmäßig ein umfangreiches schriftliches Briefing, das ihn nicht nur auf alle möglichen Fragen vorbereitet, sondern auch auf den jeweiligen Gesprächspartner und das Medium, das er vertritt. Unmittelbar vor dem Termin setzen wir uns dann in der Regel noch einmal auf eine Viertelstunde zusammen, um letzte Entwicklungen aufzunehmen sowie die endgültige Marschroute und zentralen Botschaften abzustimmen. Der Schweizer, so stelle ich bald dankbar fest, nimmt Kommunikation wirklich ernst.

Im Gespräch mit Journalisten hört er aufmerksam zu, antwortet frei heraus und ohne Girlanden, zeigt sich umgänglich und gewinnend. Fast alle, die ihm persönlich begegnen, schwärmen hinterher, wie normal, unkompliziert, zugewandt und frei von dem üblichen Chefgehabe Ackermann doch sei.

»Buhmann« und »Reizfigur« ist Josef Ackermann ohnedies immer mehr für Politiker und Journalisten gewesen als für normale Bürger. Nicht ein einziges Mal in fünf Jahren habe ich jedenfalls eine unschöne Situation erlebt, wenn sie auf das »Gesicht des Kapitalismus« treffen. Im Gegenteil. Wo immer der Schweizer auftritt, sind die Menschen freundlich. Wird er auf der Straße, im Hotel oder Restaurant erkannt, wollen auch Sparkassenkunden ein Autogramm von ihm haben oder ein Foto mit ihm machen. Bei Veranstaltungen drängen sich anschließend regelmäßig zahlreiche Zuhörer nach vorne. Unter ihnen sind besonders viele Frauen. Auf sie übt der Deutsche-Bank-Chef offenkundig eine besondere Anziehungskraft aus.

Josef Ackermann geht auf einfache Bürger genauso zu wie auf Prominente. Auf Finanzlaien ebenso wie auf Finanzanalysten. Nur wenn er sich langweilt – und das tut er schnell – und sich nicht im Zaume hält, blitzt bei ihm durch, was ich in den ersten Wochen bei der Bank auf der Veranstaltung mit ihm in Zürich erlebt habe. Die *Süddeutsche Zeitung* beschreibt es als »Mischung aus Überheblichkeit und Oberlehrerattitüde«. Man könnte es auch intellektuelle Arroganz nennen. »Mit eleganter Beiläufigkeit«, so der *Spiegel* bei einer anderen Gelegenheit über den Deutsche-Bank-Chef, »kann er die halbe Welt zu Trotteln erklären, eher drei Viertel.«

Es ist kein Zuckerschlecken, für Josef Ackermann zu arbeiten. Wie an sich selbst stellt er auch an seine Umwelt höchste Anforderungen und gibt sich nur mit erstklassigen Ergebnissen zufrieden. Schon 1b ist ihm zu wenig. Mit tödlicher Sicherheit entdeckt er selbst die kleinsten Schwachstellen in einer Argumentation oder Vorlage und dringt so lange auf Verbesserung, bis er alles perfekt findet. Redemanuskripte für Pressekonferenzen, Hauptversammlungen oder sonstige wichtige Auftritte durchlaufen leicht ein halbes Dutzend Versionen.

Für Ackermann gibt es weder bei sich noch bei anderen feste Essens- oder Ruhezeiten, er kann zu jeder Tages- oder Nachtzeit anrufen. Die Woche hat für ihn grundsätzlich sieben Arbeitstage. Der Arbeitstag wenn nötig 24 Stunden. Der Schweizer ist ungeduldig und will schnell Resultate sehen. Auf ein Dankeschön nach durchgearbeiteter Nacht braucht niemand zu zählen. Er hält es mit der schwäbischen Devise: Net g'schimpft isch scho g'lobt.

Fehler verzeiht der Deutsche-Bank-Chef durchaus, aber nur, wenn man sich dazu bekennt und nicht herumdruckst. Für alles andere bringt er kein Verständnis auf. Sein Markenzeichen, das ewig jungenhafte Lächeln, kann dann schlagartig gefrieren, Blick und Stimme können eiskalt werden. Seine notorische Freundlichkeit, so die *Süddeutsche* einmal, sei »eine Art Dienstwaffe«. Jean-Claude Juncker, der langjährige Premierminister von Luxemburg, der als Vorsitzender der Eurogruppe der Finanzminister viel mit dem obersten Deutschbanker zu tun hatte und sich gut mit ihm versteht, nennt es »knallharten Charme«.

Wenn jemand seine Hausaufgaben nicht gemacht habe, schlecht vorbereitet sei und herumschwadroniere, nicht liefere, was er von ihm erwarte, könne er »sehr unangenehm werden«, gesteht Ackermann in dem erwähnten Film-Porträt der *ARD* sogar öffentlich selbst ein. Er straft dann nicht mit Predigten, sondern mit Missachtung. Er würdigt die Betroffenen kaum noch eines Blickes, bis sie ihren Fehler wiedergutgemacht haben.

Zehn Jahre führt er die Bank so mit nahezu demselben Team – und hinterlässt im Laufe der Zeit dabei so manche persönliche Verletzung. In den letzten Jahren, in denen er zunehmend in den Regierungszentralen und Palästen der Mächtigen rund um die Welt ein- und ausgeht und seine Kollegen weit überstrahlt, kommt wechselseitig eine gewisse Entfremdung hinzu. Als ihn der *Focus* kurz nach seinem Ausscheiden danach fragt, was er im Nachhinein am meisten bedaure, sagt er: »Ich war wohl etwas zu dominant.« So kann man es auch nennen.

Josef Ackermann duzt sich mit allen Mitgliedern des operativen Führungsgremiums der Bank, dem Group Executive Committee (GEC), einer Art erweitertem Vorstand. Zur Festigung des Gemeinschaftsgefühls lässt er jedes Jahr ein gemeinsames Wochenende mit Partnerinnen organisieren. Einmal ist die Gruppe zu Gast bei der Schweizer Armee. Im Kampfanzug übt sie im Berner Oberland Schießen mit dem Sturmgewehr, fährt im Panzer mit und isst aus dem Feldgeschirr. In einem anderen Jahr steht Elefanten-Polo in Indien auf dem Programm.

Trotz des beträchtlichen Charmes, den er mobilisieren kann, ist Josef Ackermann kein Kumpeltyp. Er bewahrt stets eine gewisse Distanz, entwickelt zu keinem seiner Kollegen eine private Freundschaft. Seine Probleme macht er am liebsten mit sich selbst aus. So offen er seine Meinung als

Manager sagt, so verschlossen ist er außerhalb der Familie und dem allerengsten Freundeskreis als Mensch.

Nach außen »Zurückhaltung, keine Gefühle zeigen«, Probleme »niemanden merken lassen«, das habe er schon als kleiner Junge »eingebläut« bekommen, so Hanspeter Danuser, langjähriger Kurdirektor von St. Moritz, über seinen ehemaligen Schulkameraden. Als Banker kommt ihm das zugute. Ein Unternehmensführer darf keine Launen zeigen – und erst recht keine Schwächen oder Ängste.

Andererseits ist der Schweizer ein Chef, der zu seinen Mitarbeitern steht, gute Arbeit nicht unbedingt lobt, aber auch nicht vergisst und, etwa in der Bonusrunde, honoriert. Heuern und Feuern ist nicht seine Art. Selbst wenn er mit jemandem mal unzufrieden ist, lässt er ihn nicht einfach fallen. Kritiker werfen ihm deswegen sogar übertriebene Treue vor.

So hält er etwa bis zum Schluss an den GEC-Mitgliedern Kevin Parker und Pierre de Weck fest, obwohl deren Bereiche, Asset Management und Private Vermögensverwaltung, nie die Erwartungen richtig erfüllen können. Als in der Krise viele Chefs der Investmentbanking-Sparte von großen Banken nach schweren Verlusten gehen müssen, steht er unbeirrt auch zu Anshu Jain, dessen Handelsbereich ebenfalls tief in die roten Zahlen geraten ist, und gibt ihm eine »zweite Chance«, wie er selbst es ausdrückt.

Außenstehende erleben den intellektuell hochmütigen, den extrem fordernden, verschlossenen, abweisenden, ja kalten Josef Ackermann nur selten. Er weiß, dass ihm diese Seite bei anderen keine Sympathiepunkte einbringt.

In dem »Sonntags-Interview« mit dem *Deutschlandradio* zeigt sich der Chef der Deutschen Bank denn auch gut gelaunt wie fast immer im Umgang mit Medienleuten. Von einer herannahenden globalen Finanzkrise will er nichts wissen: »Alle sagen, irgendwann wird die Musik aufhören zu spielen. Aber niemand weiß, wann und wodurch das ausgelöst wird. Ich bin da eigentlich optimistischer.«

Ackermann beurteilt die wirtschaftliche Großwetterlage wie der langjährige Chef der US-Notenbank Fed, Alan Greenspan, und der Internationale Währungsfonds IWF. Dieser hatte noch im April 2007 in seinem World Economic Outlook festgestellt, dass die Risiken für die Weltwirtschaft extrem gering geworden seien und es momentan keinen Grund zu Befürchtungen gebe. Greenspan, der später auch die Deutsche Bank beraten sollte, verweist darauf, durch die Globalisierung seien »mehr als eine Milliarde Arbeitskräfte, viele gut ausgebildet, alle schlecht bezahlt, aus den lange vom globalen Wettbewerb isolierten Planwirtschaften auf den internationalen Markt« geströmt. Dies sorge weltweit anhaltend für einen »Rückgang von Löhnen, Inflation, Inflationserwartungen und Zinsen«.

Kaum war das Interview mit Josef Ackermann jedoch ausgestrahlt, kracht es vernehmlich im Gebälk des Finanzsystems. Am 21. Juni melden zwei Fonds der amerikanischen Investmentbank Bear Stearns, die in sogenannten Subprime-Papieren engagiert sind, schwere Wertverluste. Das Mutterhaus muss mit über drei Milliarden Dollar zu Hilfe eilen.

Am selben Abend gastiert Josef Ackermann im Willy-Brandt-Haus, der Berliner Parteizentrale der SPD – nicht gerade ein Heimspiel für einen Deutsche-Bank-Chef. Von der Krise auf dem amerikanischen Immobilienmarkt und davon ausgehenden Gefahren für die Weltwirtschaft ist bei den Genossinnen und Genossen, unter ihnen der amtierende Finanzminister Peer Steinbrück, kaum die Rede. Warnungen sind nur im Hinblick auf Hedge- und Staatsfonds zu vernehmen. Angesichts der Tatsache, dass Letztere schon bald als Geldgeber von in Not geratenen Banken hochwillkommen sein würden, mutet das im Nachhinein geradezu gespenstisch an.

Josef Ackermann ist kein mitreißender Redner, kein Volkstribun, der Schweizer »Ricola-Ton« (*Stern*) tut ein Übriges. Aber der Chef der Deutschen Bank strahlt Glaubwürdigkeit aus, vor allem wenn er sein Manuskript beiseitelegt und frei und spontan spricht. Das tut er allerdings nur selten. Die Gefahr, dass eine spontane Formulierung unerwünschte Irritationen auf den Finanzmärkten oder in der Politik auslöst, ist zu groß.

Die unter der überlebensgroßen Statue ihres Parteiidols Willy Brandt versammelten Sozialdemokraten schlucken an dem Abend jedenfalls bereitwillig die Beruhigungspillen des Schweizers. Das Risiko-Management der Banken sei in den zurückliegenden Jahren deutlich besser und das Finanzsystem durch die Verbriefung von Krediten, deren Weiterverkauf sowie die damit verbundene breite Risikostreuung erheblich stabiler geworden. Die Stimmung beim anschließenden Umtrunk ist entsprechend gelöst, die Sozialdemokraten können gar nicht genug bekommen von dem seltenen Gast aus dem Lager des Großkapitals, der Spätburgunder fließt bis spät in die Nacht.

Wenige Tage danach kommt der nächste Warnschuss: Die Bank für Internationalen Zahlungsausgleich (BIZ) in Basel, eine Art Zentralbank der Zentralbanken, konstatiert in ihrem Jahresbericht einen »irrationalen Überschwang« auf den Finanzmärkten, kritisiert die lockeren Kreditvergabestandards vor allem in den USA, plädiert für eine straffere Geldpolitik und warnt vor Wertpapieren, »die immer komplexer und undurchsichtiger werden«.

Doch auch diese Mahnung verhallt, die Tanzfläche bleibt voll. Klaus Martini, damals Chefanlagestratege für Privatkunden bei der Deutschen Bank, hebt seine Dax-Prognose bis zum Jahresende auf 8500 Punkte an. Josef Ackermann bricht gut gelaunt zum zweiten Mal binnen zwei Wochen nach Berlin auf. Ziel ist diesmal das Sommerfest der *Bild*-Zeitung, auf dem sich Jahr für Jahr nahezu die gesamte politische Prominenz und auch eine Reihe von Unternehmenschefs einfinden.

Am Eingang zu dem Springer-Gelände steht der Riesenstrandkorb, in dem die Regierungschefs des G8-Gipfels in Heiligendamm wenige Tage zuvor für das traditionelle Abschlussfoto abgelichtet worden waren. Bei dem Treffen in dem Ostseebad hatte Gastgeberin und Ratspräsidentin Angela Merkel schärfere Regeln für die Finanzmärkte durchsetzen wollen. Amerikaner und Briten, die Gralshüter der globalen Geldbranche, hatten den Vorstoß der Deutschen allerdings kühl abgeblockt.

Gesprächsthema ist das an diesem Abend bei *Bild* allerdings nicht. Josef Ackermann plaudert mit Ex-Kanzler Helmut Kohl im VIP-Zelt über Gott und die Welt. Zwischendurch schaut auch die amtierende Regierungschefin vorbei. Als der Deutsche-Bank-Chef sich nach etwa zwei Stunden vom Altkanzler verabschieden will, um eine Runde auf dem Gelände zu drehen und andere Gäste zu treffen, lässt Kohl ihn nicht weg: »Bleiben Sie, wer weiß, welcher Armleuchter sich sonst zu mir setzt!« Deutschlands mächtigster Wirtschaftsführer folgt der Bitte und hält dem alten Kanzler der Einheit und des Euro brav den Teller mit den Häppchen.

Derweil verfolge ich das Kommen und Gehen der Mächtigen und Möchtegerne, stelle Charakterstudien an, die mit fortschreitender Zeit immer unvorteilhafter ausfallen, und bewundere im Stillen Sitzfleisch und Gleichmut meines Chefs. Als wir, inzwischen ist es schon spät am Abend und Helmut Kohl hat sich gerade verabschiedet, endlich zu dem geplanten Rundgang aufbrechen, fühle ich mich ausgelaugt. Josef Ackermann dagegen scheint so munter, als wäre er gerade erst gekommen. Die Menschen, auf die wir an den diversen Ständen treffen, sind erstaunt und angenehm überrascht, dem Chef der Deutschen Bank hier erstmals zu begegnen und bei Wurst und Wein zwanglos bis in den frühen Morgen plaudern zu können.

Bis dahin hatte sich der Schweizer auf derartigen Festen nie blicken lassen. Nicht etwa weil ihm nicht daran gelegen wäre oder er sich dort nicht wohl fühlen würde. Er ist durchaus gesellig. Und er genießt die Aufmerksamkeit und Bewunderung anderer Menschen. Es hatte ihn schlicht und einfach niemand ermuntert und ihm plausibel gemacht, wie nützlich es gerade für seinen Ruf, aber auch den der Bank sein kann, sich bei solchen Gelegenheiten sehen zu lassen.

Vertrauen, das Banker in besonderem Maße brauchen, setzt auch Vertrautheit voraus. Die Kommunikation des Hauses war bis dahin allerdings weitgehend auf den Kapitalmarkt und Finanzmedien fixiert, auf Frankfurt, London und New York. Berlin, Politik und Massenmedien hatten darin kaum Platz.

Weil es in der Hauptstadt, wo Tochter Catherine neuerdings arbeitet, gerade so schön ist, taucht Josef Ackermann am Abend danach unangemeldet gleich auch noch auf dem Sommerfest des *Focus* auf. Der damalige russische Botschafter Wladimir Kotenew, mit dem er unmittelbar zuvor ein Gespräch hatte, überredet ihn kurzerhand mitzukommen. Der Schweizer fühlt sich auch hier pudelwohl, wie das später oft gedruckte Foto mit Sonnenbrille zeigt, auf dem er aussieht wie ein griechischer Reeder. Und er spürt sich in seiner Hoffnung bestärkt, für die Deutschen doch kein hoffnungsloser Fall zu sein.

Josef Ackermanns Zuneigung zu Deutschland ist echt und hat tiefe Wurzeln in Bildung und Erziehung. Der Mannesmann-Prozess und die öffentliche Begleitmusik dazu hatten ihm nicht zuletzt auch deswegen so heftig zugesetzt, weil er sich durch sein Gastland zurückgewiesen sah. So kam es zu der zornigen Bemerkung beim Verlassen des Gerichtssaals in Düsseldorf.

Umso größer ist später dann seine Genugtuung, etwa bei den Feierlichkeiten zum 20-jährigen Jubiläum des Mauerfalls am 9. November 2009 in Berlin, mit Helmut Kohl, George Bush und Michail Gorbatschow am Prominententisch mit dabei zu sein. Die Freude darüber steht ihm ins Gesicht geschrieben. Noch Wochen danach kommt er immer wieder auf diesen Tag zurück. »Ich glaube nicht, dass ein Nicht-Schweizer in der Schweiz zu einem solchen Anlass einen solch prominenten Platz bekäme«, sagt er.

Während Josef Ackermann im Sommer 2007 sichtbar die lange vermisste öffentliche Hinwendung zu seinem Gastland vollzieht und bei den Deutschen dafür Sympathiepunkte sammelt, häufen sich die Warnsignale vor kommendem Unheil auf den Finanzmärkten: Ratingagenturen fangen an, mit Hypothekenkrediten unterlegte Wertpapiere herabzustufen, und die Prämien für Kreditversicherungen, im Fachjargon: Credit Default Swaps (CDS), steigen.

Doch auch das tut der guten Stimmung keinen Abbruch. Dax und Dow-Jones-Index erklimmen Mitte Juli neue historische Höchststände. Henning Gebhardt, Fondsmanager bei der Deutsche-Bank-Tochter DWS, sieht den deutschen Aktienindex für 2010 bereits bei 10 000 Punkten.

Anshu Jain, damals Co-Chef des Investmentbankings der Deutschen Bank und heute zusammen mit Jürgen Fitschen Co-Chef der Gesamtbank, lässt bei einer Konferenz in Barcelona zur Unterhaltung seiner Kunden für ein Millionen-Honorar die Rolling Stones aufspielen. Die weltberühmte Rock-Gruppe hatte dafür eigens ihre Tournee mit dem sinnigen Namen »The Bigger Bang« unterbrochen. »Big Bang« hieß seinerzeit der Startschuss für die Markt-Liberalisierung von Maggie Thatcher. Im Nachhinein kommt einem zu dem Stones-Konzert natürlich sofort die Bordkapelle auf der Titanic in den Sinn, aber damals dachte auch ich: Wow, was für ein Unternehmen!

Josef Ackermann erzählt später immer wieder von einem Mittagessen in exklusiver Runde Ende Juni in New York. Die Teilnehmer, der amerikanische Finanzminister Hank Paulson, dessen späterer Nachfolger und damalige Chef der New Yorker Fed, Timothy Geithner, die Chefs der wichtigsten Banken des Landes und er als einziger Nicht-Amerikaner, hätten dabei die Entwicklung der Finanzmärkte diskutiert und sich auch gefragt, wo Gefahren lauern. Alle Anwesenden seien sich der hohen Verschuldung bewusst, darüber aber nicht wirklich beunruhigt gewesen. Die Verbriefungspraxis habe ja dafür gesorgt, dass die Schulden weit verstreut waren, und alle seien davon ausgegangen, dass sich jeder nur so viel auflade, wie er tragen kann.

Ein fataler Irrtum! Einen Monat später bringen die Probleme auf dem amerikanischen Immobilienmarkt, die in Deutschland bis dahin als regionale Angelegenheit betrachtet worden waren, die scheinbar so biedere und konservative IKB in Düsseldorf ins Wanken. Am 20. Juli 2007 werden Marktgerüchte laut, wonach die Bank durch die zunehmenden Probleme mit Subprime-Hypotheken in Schwierigkeiten zu geraten drohe. Von 100 Millionen Euro Wertberichtigungsbedarf ist die Rede.

Das Institut dementiert umgehend und hart, bestätigt seine Gewinnprognose für das Jahr und erklärt, durch die »Unsicherheiten im US-Hypothekenmarkt« nur »mit einem einstelligen Millionenbetrag betroffen« zu sein. »Viel Lärm um nichts«, konstatiert daraufhin ein Analyst der nur einige Hundert Meter entfernten WestLB.

Auch die Ratingagentur Moody's gibt in diesen Tagen Entwarnung. In einer Untersuchung darüber, ob von der Subprime-Krise in den USA eine Gefahr für das Weltfinanzsystem ausgehe, kommt sie zu dem Ergebnis: »Vielleicht haben die Banken noch nie so gut dagestanden wie jetzt.« Das größte Risiko bestehe »nicht darin, dass das System zusammenbrechen, sondern darin, dass sich aus dieser Episode eine Gefühl der Unverwundbarkeit ergeben könnte, sobald die Verluste verkraftet sind«.

Eine geradezu groteske Fehleinschätzung! Zwei Tage darauf kippen die Weltbörsen und treten eine jahrelange Talfahrt an. In den darauffolgenden Wochen und Monaten stellen sich zahlreiche Banken in Europa und den USA als höchst verwundbar heraus – allen voran die IKB, mein so brav erscheinender früherer Nachbar in der Düsseldorfer Kasernenstraße.

KAPITEL 2
BIEDERMÄNNER UND BRANDSTIFTER

Am Montag, dem 30. Juli – anderthalb Wochen, nachdem die IKB bestritten hatte, irgendwelche Probleme zu haben –, erfährt die erstaunte Öffentlichkeit, dass der Mittelstandsfinanzierer übers Wochenende vor dem Zusammenbruch gerettet werden musste.

Außerhalb der Bilanz hatten die Biedermänner, die sich jetzt als Brandstifter herausstellen, über sogenannte Zweckgesellschaften mit Namen wie Rhinebridge oder Rhineland Funding (Sitz im US-Bundesstaat Delaware, Eigenkapital: 500 Dollar) mehr als 20 Milliarden Euro in mit US-Hypothekenkrediten unterlegte strukturierte Wertpapiere investiert, vornehmlich in sogenannte Collateralized Debt Obligations, kurz: CDOs.

CDOs sind eine Weiterentwicklung von einfachen mit Hypothekenkrediten unterlegten Wertpapieren, sogenannten Residential Mortgage-Backed Securities (RMBS). Man kann sich diese wie ein Hochhaus vorstellen: In den unteren Etagen sind die gebündelten Kredite von schwachbrüstigen Subprime-Schuldnern untergebracht. Diese sind am stärksten ausfallgefährdet und von den Ratingagenturen, einer Art TÜV der Finanzbranche, entsprechend niedrig bewertet, mit BBB oder noch schlechter, werfen dafür aber auch die höchsten Zinsen ab. In der Mitte sind die sogenannten Mezzanine-Tranchen angesiedelt, ganz oben an der Spitze des Turms die Kreditbündel, für die es die geringsten Zinsen gibt, die aber eine sehr geringe Ausfallwahrscheinlichkeit haben und daher wie deutsche Staatsanleihen das höchste Gütesiegel AAA tragen. Genau das, was Pensionsfonds, Versicherungen usw. für ihre Anlage-Portfolios brauchen.

Um Wachstum und Gewinne zu steigern, sind die Banken, darunter an vorderster Front auch die Deutsche Bank, auf die Idee mit den CDOs verfallen. Dazu nehmen sie die unterste Risikoklasse mit viel Subprime aus den RMBS heraus und bauen damit neue Schuldentürme, in denen es – o Wunder! – ebenfalls Mezzanine- und AAA-Etagen gibt: Die Banken können die von ihnen bezahlten Ratingagenturen davon überzeugen, dass Subprime-Kredite für Häuser in New York oder in Los Angeles, in Miami oder Pittsburgh zwar jeweils für sich gesehen stark ausfallgefährdet sein mögen, alle zusammen gleichzeitig aber nicht. Beweis: Die Häuserpreise in den einzelnen Städten und Regionen haben sich historisch betrachtet nicht im Gleichschritt entwickelt. So entsteht aus BBB und niedriger zu sage und schreibe 80 Prozent neues AAA-Material, im Nachhinein könnte man auch sagen: aus Schrott Gold.

Als auch das irgendwann nicht mehr reicht, um die Geldmaschine weiter in Schwung zu halten, bringen die Banken schließlich hybride, also teilsynthetische oder vollständig synthetische CDOs auf den Markt. Letztere verkörpern in Reinkultur den Zustand weiter Teile des Investmentbankings zu dieser Zeit. Denn für diese Produkte sind überhaupt keine neuen Hypothekenkredite mehr erforderlich. Es reicht, Kreditausfallpapiere, handelbare Versicherungspolicen für Gläubiger gegen den Zahlungsausfall von Schuldnern, sogenannte Credit Default Swaps (CDS), auf ausgewählte Subprime-Kredite zu bündeln.

Auch hier erhalten große Teile den Stempel AAA. Da sich auf jeden Kredit beliebig viele Ausfallwetten abschließen lassen, sind nun die allerletzten Schranken gefallen, die die reale Welt bis dahin noch bereitgehalten hatte. Die Banken scheinen das Perpetuum Mobile erfunden, das finanzielle Nirwana erreicht, alle Risiken sich in Luft aufgelöst zu haben.

An dieser schönen neuen Welt will auch die Mittelstandsbank IKB teilhaben. Sie kauft fleißig CDOs, unter anderem von der Deutschen Bank. Da sie vor allem höherwertige Tranchen abnimmt, wähnt sie sich auf der sicheren Seite. Mit dem zunehmenden Preisverfall am amerikanischen Subprime-Markt kommen jedoch auch diese Papiere immer mehr ins Rutschen. Und mit ihnen das ganze Geschäftsmodell. Denn die Düsseldorfer haben die langfristigen Investitionen mit kurzfristigen Schuldverschreibungen am Geldmarkt refinanziert – für Banker eigentlich eine Todsünde. Die Papiere müssen spätestens alle drei Monate erneuert werden.

Das Kalkül dabei: Liquidität scheint unendlich vorhanden zu sein. Geld kostet nicht viel. Für Kredite mit einer Laufzeit von unter einem Jahr muss zudem gemäß dem damals noch gültigen Aufsichtsrecht (Basel I) kein teures Eigenkapital als Absicherung vorgehalten werden. Basel II, das unter anderem auch diese Lücke stopfen soll, tritt erst zu Beginn des Jahres 2008 in Kraft.

Im Sommer 2007, als die Subprime-Krise auf die Kreditmärkte überzugreifen beginnt, lassen sich die Geldmarktpapiere der IKB jedoch nicht mehr wie gewohnt platzieren. Die amerikanische Investmentbank Goldman Sachs und die Deutsche Bank sind die Ersten, die nicht mehr mitmachen. Wie Charles D. Ellis in seinem großen Goldman-Porträt (»The Partnership«) schreibt, hatten die Amerikaner bereits Ende April das Ruder bei Hypothekengeschäften herumgeworfen, keine neuen CDOs mehr aufgelegt und damit begonnen, das eigene Lager zu räumen sowie auf einen Verfall der Preise zu wetten.

Derweil ist die IKB noch voll in die entgegengesetzte

Richtung unterwegs. Vorstandssprecher Stefan Ortseifen verkündet mit stolzgeschwellter Brust, das Geschäft mit strukturierten Krediten weiter ausbauen zu wollen. Auf seiner großen Reise bekommt Josef Ackermann im Juni von Investoren in Kalifornien Erstaunliches zu hören, wie er mir nach seiner Rückkehr erzählt. Vor ihm seien Vertreter einer anderen deutschen Bank da gewesen. Diese, so habe man ihm gesagt, sei drauf und dran, seinem Institut den Rang abzulaufen. Auf die Frage, um wen es sich bei diesem famosen Konkurrenten denn handle, habe er die Antwort erhalten: AI-KEI-BI.

Der Deutsche-Bank-Chef ist hellhörig geworden. Als die Gerüchte über Schwierigkeiten auftauchen, vertraut er dem Dementi der IKB nicht. Die Frankfurter unterhalten mit den Düsseldorfern zu der Zeit eine informelle Kreditlinie für deren Handelsaktivitäten. Daneben besteht eine fest vereinbarte sogenannte Liquiditäts-Linie für die Zweckgesellschaft Rhineland. Insgesamt hat diese solche Linien im Umfang von fast 14 Milliarden Euro, gut die Hälfte davon mit dem Mutterhaus, der Rest mit anderen Banken. Die Deutsche Bank evaluiert die ihr für die Liquiditäts-Linie überlassenen Sicherheiten und kommt zu erheblichen Abschlägen auf den aktuellen Marktwert. Am Donnerstag, dem 26. Juli, hebt sie die Handelslinie der IKB auf.

Später kommt es zu einem Strafverfahren vor dem Düsseldorfer Landgericht wegen des Verdachts, mit dem Dementi vom 20. Juli seien die Öffentlichkeit irregeführt und der Kurs manipuliert worden. Dabei behauptet der angeklagte ehemalige IKB-Chef Ortseifen, die Suspendierung der Kreditlinie durch die Deutsche Bank habe am Kapitalmarkt wie ein »Fanal« gewirkt, »eine Vertrauensstörung ausgelöst« und sein Institut in Schieflage gebracht.

Als die Frankfurter ihre Entscheidung trafen, war die Schieflage jedoch schon eingetreten, die IKB bereits »klinisch tot«, so BaFin-Chef Jochen Sanio. Nach der eigenen Bewertung der Rhineland-Papiere, erklärt Ackermann am 12. Mai 2010 als Zeuge vor Gericht, »wussten wir, die IKB ist nicht zu halten. Und wir wollten schlechtem Geld nicht noch gutes hinterherwerfen.«

Am Freitagmorgen bittet Ortseifen Ingrid Matthäus-Maier, die Chefin der Frankfurter Kreditanstalt für Wiederaufbau (KfW), mit 38 Prozent Hauptaktionär seiner Bank, bei dem Deutsche-Bank-Chef ein gutes Wort einzulegen und ihn zur Rücknahme des Stornos zu bewegen. Matthäus-Maier, gerade in der russischen Republik Tatarstan unterwegs, ruft den Schweizer daraufhin an. Der sagt ihr, er vermute, bei der IKB gebe es »eine Schieflage«. Die KfW-Vorstandsvorsitzende muss heftig schlucken: »Wenn Sie das sagen, glaube ich Ihnen das.«

Anschließend telefoniert Ackermann mit BaFin-Chef Jochen Sanio. Der, so der Deutsche-Bank-Chef in seiner Zeugenaussage, sei darüber »sehr dankbar« gewesen. Auch Matthäus-Maier bescheinigt später: »Ich sehe nicht, dass man hätte warten können.« Sanio veranlasst sofort eine Sonderprüfung bei dem Mittelstandsinstitut. Diese kommt zu demselben Ergebnis wie die Risikomanager der Deutschen Bank: Die IKB kann ohne Hilfe von außen nicht weitermachen. Es ist Samstag, der 28. Juli 2007, und die erste Rettungsaktion für eine Bank, der bald noch viele weitere folgen sollten, beginnt.

Josef Ackermann ist an diesem Tag in Leipzig. Am Vormittag nimmt er dort an der Graduierungsfeier des 20. Absolventenjahrgangs der örtlichen Handelshochschule teil. Nach einem ökumenischen Festgottesdienst in der St. Trinitatiskirche hält er im Ballsaal des Westin-Hotels die Festrede. Der Schweizer lässt sich nicht das Geringste anmerken, dass sich ein paar hundert Kilometer weiter im Westen ein Drama abspielt. Scheinbar unbeschwert plaudert und lacht er mit den jungen Leuten und stellt sich mit ihnen zum Gruppenfoto vor die alte Handelsbörse. Zum ersten Mal wird mir bewusst, wie kaltblütig mein Chef sein kann, wenn es brenzlig wird.

Am Nachmittag fliegt Ackermann nach Frankfurt zurück. Es gilt, den ersten Bankenkollaps in Deutschland seit der Pleite der Kölner Herstatt-Bank im Jahre 1974 und eine Panik auf den Finanzmärkten zu verhindern.

Die Rettungsaktion koordiniert Peer Steinbrück (SPD), damals Bundesfinanzminister und Vorsitzender des Verwaltungsrats der KfW. Sein Vorgänger Oskar Lafontaine wirft ihm später vor, den »Schrotthandel« in Deutschland groß gemacht und damit die IKB in die Pleite getrieben zu haben. Steinbrücks zuständiger Abteilungsleiter und Vertreter der Bundesregierung im IKB-Aufsichtsrat, das heutige EZB-Präsidiumsmitglied Jörg Asmussen, hatte ihn am Samstag zu Hause in Bad Godesberg angerufen und darüber informiert, dass die BaFin am Montag ein Moratorium über die Bank verhängen müsse, falls dieser nicht sofort neues Kapital zugeführt werde. »Es begann das erste von mehreren Wochenenden«, so der Minister in seinem Buch über die Finanzkrise (»Unterm Strich«), »die wir später die regulatorischen Wochenenden nennen sollten.«

Den Beteiligten an der Telefonkonferenz zur Rettung der IKB am letzten Juli-Sonntag des Jahres 2007 habe er »die Frage gestellt«, erinnert sich der SPD-Politiker, »ob ein Ende mit Schrecken nicht besser sei als ein Schrecken ohne Ende«. Die Antwort von Josef Ackermann, Jochen Sanio, Ingrid Matthäus-Maier, Jörg Asmussen, dem Präsidenten des deutschen Sparkassen- und Giroverbands Heinrich Haasis, Bankenpräsident Klaus-Peter Müller und Bundesbank-Präsident Axel Weber sei einmütig gewesen: Mit einer Insolvenz könnten sich nicht nur »unkalkulierbare

Übersprungsrisiken und Dominoeffekte auf dem gesamten Bankensektor« ergeben, Deutschland würde auch »als Finanzplatz schweren Schaden erleiden, wenn ausgerechnet wir als Erste eine Bank an die Wand fahren ließen«. BaFin-Chef Sanio habe sogar vor der »größten Finanzkrise seit der Wirtschaftsdepression in den dreißiger Jahren« des vorigen Jahrhunderts gewarnt, wenn die IKB umfalle.

Um das zu verhindern, übernimmt Großaktionär KfW Liquiditätsgarantien in Höhe von über acht Milliarden Euro für die Düsseldorfer. Hinzu kommen 2,5 Milliarden Euro Kapitalhilfe aus einem frisch aufgelegten Rettungsfonds, zu dem auch private Banken, Landesbanken, Sparkassen und Genossenschaftsbanken eine Milliarde beisteuern. IKB-Chef Ortseifen muss mit sofortiger Wirkung die Bank verlassen. Für ihn kommt Günther Bräunig aus dem Vorstand der KfW.

Doch das sollte nur der Anfang sein. Der zunehmende Wertverfall der Papiere ihrer Zweckgesellschaften macht die IKB zu einem Fass ohne Boden. Sie reißt auch ihr Mutterhaus tief in die Verlustzone, dessen Chefin tritt entnervt zurück. Am Ende wird die Düsseldorfer Bank, »Heuschrecken« hin oder her, an den amerikanischen Finanzinvestor Lone Star verscherbelt. Und selbst dafür muss der Staat noch einmal Hunderte von Millionen Euro drauflegen. Summa summarum verschlingt die vermeintliche Biedermann-Bank am Ende fast elf Milliarden Euro, mehr als neun davon aus der Steuerkasse.

Dass es so schlimm kommen würde, ahnt allerdings noch niemand, als die Nachricht von der Stützungsaktion Ende Juli bekannt wird. Dennoch schlägt sie ein wie eine Bombe. Wenn selbst eine kleine und allem äußeren Anschein nach grundsolide Spezialbank wie die IKB für die langfristige Finanzierung gehobener mittelständischer Firmen aus der deutschen Provinz, außerhalb der Bilanz und ohne dass die Kontrollgremien Alarm schlugen, sich mit CDOs im

Milliarden-Umfang so überheben konnte, wie mag es dann woanders aussehen? Wer ist als Nächster an der Reihe? Wie viel Risiko schlummert unerkannt in außerbilanziellen Zweckgesellschaften? Wie aussagekräftig sind Bankbilanzen eigentlich noch? Und was ist von Ratings zu halten, wenn die IKB bis zum Schluss nur eine Stufe schlechter als die Deutsche Bank eingestuft wurde?

Die auch von Josef Ackermann geteilte Annahme, dass das Finanzsystem durch Verbriefung sicherer geworden sei und jeder nur so viele Risiken aufnehme, wie er tragen kann, hatte einen schweren Schlag bekommen. Misstrauen hält zunehmend Einzug in die Bankenwelt, die doch wie keine andere Branche auf Vertrauen angewiesen ist.

Schon damals, ein Jahr vor der Pleite von Lehman Brothers, hätte die große Finanzkrise ausbrechen können. Für die meisten Akteure wäre sie zu diesem Zeitpunkt völlig überraschend gekommen. Dass der große Knall erst ein Jahr später erfolgt und so manches Geldhaus dadurch wertvolle Zeit gewinnt und seine Verwundbarkeit reduzieren kann, ist nicht zuletzt der Aufmerksamkeit der Deutschen Bank und dem Alarmruf ihres Chefs bei der BaFin zu verdanken. Und natürlich, nicht zu vergessen, dem deutschen Steuerzahler.

Statt Lob dafür zu ernten, wird dem Schweizer und seinem Institut jedoch vorgeworfen, am Niedergang der Mittelstandsbank mitschuldig zu sein. Die Frankfurter hätten der IKB eine Menge der Papiere angedreht, deren Wert kurz darauf so dramatisch verfallen sei – und zwar als sie selbst bereits auf einen Preisverfall gesetzt hätten.

Als Beleg dient den Kritikern unter anderem das Buch »The Big Short« des amerikanischen Finanzjournalisten Michael Lewis. Darin gibt dieser einen Dialog zwischen dem Chef-CDO-Händler der Deutschen Bank, Greg Lippmann, und dem Hedgefonds-Manager Steve Eisman wieder, die beide schon 2006 den Einsturz des Marktes für strukturierte Hypothekenpapiere erwarten. Eisman fragt Lippmann im Sommer jenes Jahres, wer denn den »Schrott« immer noch abnehme. Lippmanns Antwort: »Düsseldorf. Dumme Deutsche. Sie nehmen Ratingagenturen ernst. Sie glauben an die Regeln.«

Kaum etwas beschreibt die Einstellung zu Kunden, die in der Bankenbranche damals um sich gegriffen hatte, besser als diese Episode: Ein Teil der Bank verkauft Produkte, die ein anderer Teil für Müll hält und gegen die er massiv wettet. Das Argument, dies sei gängige Praxis und nicht illegal gewesen, die Wette auf Baisse müsse als Absicherung (im Fachjargon »Hedge«) für die vielen anderen Geschäfte betrachtet werden, die auf eine positive Marktentwicklung setzten und mit denen man am Ende ja bekanntlich selbst Milliarden verloren habe, kann die meisten Menschen nicht überzeugen. Sie betrachten ein solches Verhalten, zumindest im Nachhinein, als »unethisch und unverantwortlich«, wie es EU-Binnenkommissar Michel Barnier formuliert.

Im Falle der IKB verurteilen auch Josef Ackermann und die Deutsche Bank Lippmanns Sprache und die darin zum Ausdruck gebrachte Einstellung gegenüber Kunden. Sie verteidigen sich aber in der Sache damit, dass es im eigenen Hause nun einmal unterschiedliche Markteinschätzungen gegeben habe. Diese seien auch nach außen deutlich geworden. Im Übrigen habe es sich bei der IKB um professionelle Geschäftspartner gehandelt. Von diesen dürfe man erwarten, dass sie wissen, was sie tun, und die von ihnen eingegangenen Risiken verstehen. Tatsächlich schwärmt die US-Investmentbank Morgan Stanley in einer Investoren-Präsentation für Rhinebridge vom Januar 2007 geradezu von einem »erfahrenen Vermögensverwalter« mit

»überlegenen Analyseinstrumenten« und einer »führenden Einrichtung zur Evaluierung und Überwachung von CDOs«.

Gleichwohl schließt die Deutsche Bank mit den auf der britischen Kanalinsel Jersey beheimateten IKB-Fondsgesellschaften, auch Loreley-Gesellschaften genannt, Jahre später, im Februar 2012, einen Vergleich. Indirekt bekommen die KfW und damit der deutsche Steuerzahler auf diesem Wege einen dreistelligen Millionenbetrag zurück. Josef Ackermann macht wenige Monate vor seinem Abschied Hausputz und will eine hässliche gerichtliche Auseinandersetzung vermeiden, bei der auf der anderen Seite letztlich der deutsche Staat steht.

Im Oktober zuvor hatten die Loreley-Gesellschaften der IKB gegen die Deutsche Bank in New York eine Betrugsklage eingereicht und Schadenersatzforderungen in Höhe von fast 570 Millionen US-Dollar plus Zinsen aus Anteilen an sechs CDOs geltend gemacht, die ihnen in den Jahren 2006 und 2007 verkauft worden waren. Die fraglichen CDOs seien »zum Scheitern bestimmt – ja dafür gebaut« gewesen, so der Vorwurf der Kläger. Teilweise habe die Deutsche Bank dabei auch besonders riskante Papiere aus dem eigenen Bestand zu überhöhten Preisen abgeladen und überhaupt bewusst falsche bzw. irreführende Angaben gemacht – hinsichtlich der Qualität der CDOs wie der Identität und Interessenlage derer, die bei der Auswahl des Inhalts mitgewirkt haben. So sei nicht nur etwa verschwiegen worden, dass ihr Chefhändler Lippmann die Produkte weithin für Schrott gehalten habe, sondern auch die Mitwirkung des Groß-Investors John A. Paulson. Der habe teilweise die Kreditpakete ausgesucht, die in zwei CDOs mit dem Namen START eingeflossen waren, um dann mit CDS auf deren Wertverfall zu wetten und daran zu verdienen.

Die Kläger stützen sich dabei auch auf eine Studie zur

»CDO-Maschine« der Deutschen Bank, die der Ständige Unterausschuss für Untersuchungen des US-Senats im Rahmen eines Reports über die Finanzkrise Mitte April 2011 veröffentlicht hatte. Der Bericht basiert auf Zeugenaussagen und internen E-Mails. Er kommt zu dem Schluss, das Geldinstitut habe »minderwertige Produkte« verkauft und »in hohem Maße zur Finanzkrise beigetragen«.

Dort ist allerdings auch nachzulesen, dass Lippmann in der Deutschen Bank nur eine Minderheitsposition vertreten hat. So hätten die Bank und ein mit ihr verbundener Londoner Hedgefonds namens Winchester Capital noch Ende März 2007 mit Eigenhandelspositionen in Hypothekenpapieren von über 25 Milliarden Dollar auf weiter steigende Preise gesetzt. Bis weit ins Jahr 2007 hinein, so CDO-Chefhändler Lippmann vor dem Untersuchungsausschuss, habe er Anshu Jain, das für das weltweite Handelsgeschäft zuständige GEC-Mitglied, sowie dessen Schulfreund Rajeev Misra, den Leiter des weltweiten Kredithandels, wiederholt vor einem Zusammenbruch des Marktes gewarnt und dazu geraten, die sogenannten Long-Positionen der Bank abzubauen. Vergeblich. Er sei schon froh gewesen, seine eigenen Short-Positionen aufrechterhalten zu dürfen.

Diese betragen im März des Jahres insgesamt an die fünf Milliarden Dollar. Am Ende bringen sie der Bank 1,5 Milliarden Dollar an Gewinn und tragen so wesentlich mit dazu bei, die über sechs Milliarden Dollar Verluste aus den Long-Positionen der Bank zu verringern, die durch den Preisverfall auf den Märkten 2007 und 2008 anfallen.

Am 1. Februar 2007 bittet Lippmann laut Senatsbericht einen Kunden darum, mit seinen E-Mails an ihn diskret umzugehen. Er wolle von seinen Kollegen »nicht dafür verantwortlich gemacht werden«, dass er »ihr Geschäft zerstöre«. Diese Kollegen um Michael Lamont legen zu der Zeit weiter fleißig CDOs auf, obwohl auch ihnen selbst offenbar schon bange ist. Am 8. Februar schreibt Lamont etwa in einer E-Mail: »Wir müssen das Ding jetzt verkaufen, solange es noch geht.«

Das »Ding« ist ein CDO namens Gemstone VII (»Edelstein sieben«) mit einem Nominalwert von über einer Milliarde Dollar. Davon kann die Bank, wie dem Senatsbericht zu entnehmen ist, nur noch knapp zwei Drittel losschlagen. Den Rest muss sie zusammen mit einem Hedgefonds in die eigenen Bücher nehmen. Dennoch legt das Institut danach noch neun weitere CDOs auf. Am 19. März investiert die IKB 87 Millionen Dollar in Gemstone VII. Gut ein Jahr später ist die Investition nichts mehr wert.

Die öffentliche Diskussion über die Rolle der Deutschen Bank beim Niedergang der IKB hatte Heinrich Haasis, damals Präsident des Sparkassen- und Giroverbands, schon im September 2007 vom Zaun gebrochen. Kurz nach der Beinahe-Pleite des Düsseldorfer Geldhauses wirft er der Deutschen Bank auf der *Handelsblatt*-Bankentagung vor, zuerst reichlich »Brennholz gesammelt«, daran »ordentlich verdient« und sich dann als »Brandschutzberater« aufgespielt zu haben.

Die Kritik von Haasis, mit dem er sich persönlich gut versteht, weist Ackermann als »total daneben« zurück. Ein Brennholz-Verkäufer sei kein Brandstifter. Und wenn er nicht am Freitag »auf die Problematik bei der IKB hingewiesen hätte«, so sagt er, wäre Deutschlands Finanzsystem am Montag »massiv erschüttert« worden.

Die drei Buchstaben IKB markieren den Anfang einer Serie von Erdbeben auf den Finanzmärkten, die ein Jahr später mit dem Zusammenbruch von Lehman Brothers in den USA und dem Beinahe-Zusammenbruch der Hypo Real Estate (HRE) in Deutschland ihren Höhepunkt erreichen sollten. Die seit Monaten schwelende Unruhe wegen der

Immobilienkrise in den USA weicht zunehmend einer weltumspannenden Angst. Die Musik auf den Finanzmärkten spielt zwar noch eine ganze Weile weiter, aber sie klingt immer dissonanter, die Tänzer lassen schon mal den einen oder anderen Tanz aus, die Tanzfläche leert sich allmählich.

KAPITEL 3
ZERSTÖRERISCHE SCHÖPFUNG

Einer der Ersten, der sich zurückzieht, ist Josef Ackermann. Er beginnt, den bis dahin gültigen Glaubenssatz in Frage zu stellen, dass durch Verbriefung und Atomisierung der Kredite das Finanzsystem stabiler geworden sei. Das Problem besteht dabei nicht in der Verbriefung als solcher und auch nicht in der Verteilung der Papiere um die ganze Welt. Auch hier gilt: Viele Schultern können mehr tragen als wenige. Das Problem liegt in der Unkenntnis darüber, wer sich wie viel aufgeladen hat, also in mangelnder Transparenz.

Der Fast-Kollaps der IKB und die Entwicklung der Finanzmärkte in den darauffolgenden Monaten wecken in dem Schweizer, der die Deutsche Bank in den Jahren zuvor mit aller Kraft in die Spitzengruppe der globalen Investmentbanken geboxt hatte, darüber hinaus zunehmend Zweifel, ob seine Branche nicht teilweise auf die schiefe Bahn geraten ist. Die Kernaufgaben der Banken – ein effizienter Zahlungsverkehr und die Transformation der Ersparnisse in möglichst produktive Investitionen – sind immer mehr in den Hintergrund gerückt. Die Banken beschäftigen sich weithin nur noch mit sich selbst. »Das System ist teilweise selbstreferenziell geworden«, bekennt Josef Ackermann später auch öffentlich. Am deutlichsten zeigt dies das explosive Wachstum von Derivaten.

Binnen nur anderthalb Jahrzehnten hat der Umfang des globalen Derivatemarkts am Nominalwert gemessen quasi von null auf 350 Billionen, also 350000 Milliarden US-Dollar zugenommen. 2006 beträgt das weltweite Volumen der Finanzanlagen das Vierfache der realen Wirtschaftsleistung. In den USA entfallen 40 Prozent aller Unternehmensgewinne auf die Finanzbranche, die nur fünf Prozent der Beschäftigten im Privatsektor stellt. Zum Schluss, so der Berliner Kulturwissenschaftler Joseph Vogl in seinem vielbeachteten Essay »Das Gespenst des Kapitals« über die Hyper-Inflation der Derivate, sei es den Banken »nicht mehr um den ›realen‹, ›wahren‹ oder ›fundamentalen Wert‹ der Dinge gegangen, sondern darum, wie sich Wertschätzungen aus Meinungen formieren, die die Meinung über Meinungen spiegeln.«

Das Investmentbanking erinnert immer stärker an den alchemistischen Prozess der Geldschöpfung, den Josef Ackermanns Lieblingsdichter Johann Wolfgang von Goethe im zweiten Teil seines »Faust« beschrieben hat. Es ist in Teilen zu einem Geschäft der wundersamen Geldvermehrung geworden, dessen Protagonisten aus Geld Geld machen, indem sie die Risiken von den Krediten abtrennen, zu Wertpapieren umrubeln, x-mal aufteilen, immer wieder neu zusammenpacken und in der ganzen Welt verteilen. Ein Paradigmenwechsel hat stattgefunden, der auch einen Kulturwandel zur Folge hatte.

Von Treuhändern sind die Banken weithin zu Händlern geworden. Die Gewinne aus ihren Deals fließen in Form von Boni zu einem großen Teil in die eigenen Taschen. Dies wiederum zieht eine spezielle Sorte Menschen an – Zocker und Bonus-Nomaden, die nur ein Ziel kennen: möglichst schnell möglichst viel Geld zu verdienen.

In »Tod eines Investmentbankers – Sittengeschichte der Finanzbranche« vergleicht der Autor Nils Ole Oermann diese Menschen mit den Konquistadoren des 16. Jahrhunderts. Beide seien von der Aussicht getrieben gewesen, »Eldorado zu finden« und »unglaublich reich zu werden«. Während viele Investmentbanker dieses Eldorado zu Beginn des

21. Jahrhunderts tatsächlich entdecken, verlieren viele brave Bank-Aktionäre viel Geld. Man könnte das Ganze auch als eine spezielle Art des Bankraubs betrachten.

Greg Smith, der im März 2012 in einem Beitrag für die *New York Times* spektakulär seinen Job als Derivatehändler bei Goldman Sachs kündigt und danach in einem Buch »Die Unersättlichen« mit den Praktiken seiner Zunft abrechnet, sieht nicht nur die Aktionäre als die Dummen: »Früher haben wir unsere Kunden als Partner betrachtet, heute sieht die Bank den Kunden als ein Objekt, aus dem man Wert herauszieht. Wir haben sogar gegen unsere Kunden gewettet.« Und sie intern als »Muppets«, auf Deutsch: Trottel, bezeichnet.

Die Schlüsselbranche der Wirtschaft hat sich von ihrer dienenden Funktion für die Realwirtschaft und ihren Kunden entfernt, sie ist weithin gesellschaftlich nutzlos, teilweise sogar schädlich geworden. Die »schöpferische Zerstörung«, wie der österreichische Ökonom Joseph Schumpeter die Kräfte des Wettbewerbs so zutreffend beschrieben hat, ist in der Finanzbranche partiell zu einer zerstörerischen Schöpfung entartet.

Josef Ackermann hat seinen Teil zu dieser Entwicklung beigetragen. Als er zur Deutschen Bank kommt, knüpft er da an, wo er bei der Schweizerischen Kreditanstalt (SKA), heute Credit Suisse, aufgehört hatte. In der ersten Hälfte der 90er Jahre war er dort für den Aufbau des Derivategeschäfts verantwortlich gewesen. Den Aufstieg der Frankfurter in die Spitzengruppe der globalen Investmentbanken gründet der Schweizer Bankchef auf Verbriefung, strukturierte Produkte, Derivate sowie einen großen Schuldenhebel – und erzielt damit strahlende Erfolge. Die Bilanzsumme seines Hauses, die Summe aus Sachwerten, Finanzanlagen und Krediten, vervierfacht sich zwischen 1997 und 2007 von rund einer Billion Mark auf etwa zwei Billionen Euro. Damit ist sie rund siebenmal größer als der Bundeshaushalt und fast so groß wie das gesamte deutsche Bruttoinlandsprodukt.

Unter Ackermanns Führung verlagert sich das wirtschaftliche Gravitätszentrum der Deutschen Bank von der Zentrale an der Frankfurter Taunusanlage in die Handelssäle ihrer Niederlassungen an der Londoner Great Winchester und New Yorker Wall Street. Bereits drei Jahre nachdem er sein Amt an der Spitze des Instituts angetreten hatte, steuern die dort angesiedelten Investmentbanker 70 Prozent der Erträge bei. Der Löwenanteil davon stammt aus dem Wertpapierhandel. Das zuvor international als behäbig und altmodisch betrachtete größte deutsche Geldhaus wächst zu einer führenden Investmentbank angelsächsischer Prägung heran.

Genau dafür hatte der frühere Vorstandssprecher Hilmar Kopper den Schweizer, den er aus dem Aufsichtsrat von Bayer und von diversen Bankertreffen kannte und schätzte, geholt. »Binnen Tagen«, so Ackermann, nachdem er bei der SKA im Juli 1996 ausgeschieden war, habe Kopper ihm ein Angebot gemacht: »Wenn du dich langweilst, komm nach Frankfurt.« Als er mit seiner Frau zu einem ersten Gespräch aus Zürich einfliegt, holt der Deutsche-Bank-Chef die beiden am Flughafen ab und fasst auch beim Tragen des Gepäcks mit an.

Das Angebot erscheint Ackermann wie gerufen. Mit dem nahezu nahtlosen Wechsel kann er die erste Bruchstelle in seiner bis dahin so glatt verlaufenen Karriere rasch vergessen machen. Von Anfang an darf er damit rechnen, in einigen Jahren die Nummer eins in Frankfurt zu werden. Die Deutsche Bank ist eine erstklassige Adresse, operiert wirtschaftlich aber weit unter ihren Möglichkeiten. Das will er ändern. Er will im »großen Kanton«, wie die Schweizer ihr Nachbarland im Norden auch nennen, erfolgreich sein und seinem früheren Arbeitgeber in Zürich zeigen, welch schweren Fehler sie gemacht hatten, seinen Vorstellungen nicht zu folgen.

Josef Ackermann selbst erklärt seinen Umzug von der Limmat an den Main so: »Ich bin gerne bei großen Dingen dabei. Die europäische Dimension hat mich schon immer gereizt. Mir geht es anders als Julius Cäsar, der lieber in Gallien der Erste sein wollte als in Rom der Zweite.« Nicht ohne ehrlicherweise dann doch noch hinzuzufügen: »Aber am liebsten bin ich natürlich der Erste in Rom.«

Am 1. November 1996 tritt der Schweizer seinen Dienst in den Doppeltürmen im Frankfurter Bankenviertel an und bezieht gleich Koppers Büro in der 32. Etage des A-Turms – ein Akt mit hoher Symbolkraft und Zeichen dafür, was beide vorhaben. Sein Mentor siedelt in das frühere Büro des legendären ehemaligen Deutsche-Bank-Chefs Hermann-Josef Abs um.

Im Führungsgremium des Geldhauses ist Ackermann zunächst für das Management der Kreditrisiken zuständig, danach bis zur Übernahme der Chefposition im Jahr 2002 an zentraler Stelle für das Investmentbanking. Dem neutralen Schweizer gelingt es, die Brücke zwischen den traditionellen deutschen Deutschbankern und den inzwischen hinzugekommenen angelsächsischen Investmentbankern zu schlagen – die Grundvoraussetzung für alle späteren Erfolge.

Seine erste große Aufgabe bei der Deutschen Bank ist die Integration von Bankers Trust. Das achtgrößte US-Geldinstitut war Ende November 1998 vom damaligen Vorstandsvorsitzenden Breuer für fast 10 Milliarden US-Dollar erworben worden. Bereits ein Jahrzehnt zuvor hatten Alfred Herrhausen und Hilmar Kopper mit der Übernahme des britischen Bankhauses Morgan Grenfell für 950 Millionen Pfund (2,7 Milliarden Dollar) den Grundstein für den Einstieg ins globale Investmentbanking gelegt. Mit dem Kauf von Bankers Trust wurde diese Strategie unumkehrbar. Das selbst an der Wall Street als aggressiv und risikofreudig bekannte Investmenthaus sollte zudem einen prägenden Einfluss auf die Kultur der Deutschen Bank ausüben. Im Guten wie im Bösen.

Zwei Tage vor Weihnachten des Jahres 2000 stürzt Edson Mitchell, Vorstandsmitglied und Leiter des aufblühenden Handelsgeschäfts der Bank in London, mit seiner zweimotorigen Beechcraft King Air auf dem Flug in den Skiurlaub zu Hause im US-Bundesstaat Maine tödlich ab. Josef Ackermann muss schnell handeln. Weil er in Derivaten großes Potential sieht, macht er Anshu Jain, Spezialist in diesem Geschäft, zum neuen Chef des Handelsbereichs. Jain war mit Mitchell einst von Merrill Lynch, wo er sich um Hedgefonds gekümmert hatte, zur Deutschen Bank gekommen.

Mit Ackermanns Segen treibt der gebürtige Inder in den Jahren darauf das Derivate-Geschäft massiv voran. Ihm zur Seite steht dabei Rajeev Misra, für manche damals »das Gehirn« der Bank in London. Was die beiden gerne als Produkte mit »intellektuellem Kapital« bezeichnen, ist für den US-Ökonomen Robert Shiller, der in seinem Buch »Irrational Exuberance« die Finanzkrise vorhergesagt hat, teilweise das »finanzielle Äquivalent von Schlangenöl«. Der amerikanische Star-Investor Warren Buffett von Berkshire Hathaway hatte Derivate schon in einem Aktionärsbrief vom März 2003 als »finanzielle Massenvernichtungswaffen« bezeichnet.

Als die Fachzeitschrift *Euromoney* im Juli 2010 der Deutschen Bank die Auszeichnung »Investmentbank des Jahres« verleiht, macht sie ihr ein zweischneidiges Kompliment: Anshu Jain habe das Geldhaus »zur klaren Nummer eins in den komplexesten Handelsgeschäften gemacht«.

Diese Innovationen hätten die Bank »in die vorderste Linie einer Finanzindustrie gebracht, die ständig die Grenzen des Möglichen, ja sogar des Erlaubten getestet habe«.

Wenige Wochen nach den Terroranschlägen vom 11. September 2001 unterstreichen die Frankfurter mit der Zweitnotierung ihrer Aktie an der New Yorker Börse und dem Einzug in den ehemaligen Büroturm von JP Morgan in der Wall Street Nummer 60 ihre Ambitionen als globale Investmentbank. Und sie kommen gerade rechtzeitig zum größten Immobilien- und Finanzboom, den die USA je erlebt haben. Verbriefte Immobilienkredite werden für die Banken zum Produkt des Jahrzehnts.

Die Deutsche Bank ist bei dem Geschäft bald weit vorne mit dabei. Von Platz zwölf im Jahr 2003 geht es über Platz acht 2005 bis auf Position drei Ende 2007 steil nach oben. Nur die beiden US-Institute Bear Stearns und Lehman Brothers liegen damals noch vor ihr. Im Geschäft mit CDOs rangieren die Deutschen 2007 auf Platz vier. Allein zwischen Dezember 2006 und Dezember 2007 legen sie 15 CDOs im Umfang von fast zwölf Milliarden US-Dollar auf.

Zugleich forciert die Bank den Eigenhandel mit Wertpapieren, 2004 macht er fast ein Drittel des gesamten Wertpapierhandels aus. Die Verlockung ist groß: Teures Eigenkapital ist dafür nur relativ wenig erforderlich, Fremdkapital ist billig. So lässt sich der Kapitaleinsatz gewinnbringend »hebeln« und die Eigenkapitalrendite nach oben treiben. Für den Londoner *Economist* unterscheidet sich Deutschlands größtes Geldhaus, das nicht allzu lange Zeit davor noch braver Kreditgeber der Deutschland AG war, bald nicht mehr viel von einem »riesigen Hedgefonds«.

Die Bilanzen vieler großer europäischer Banken »ähneln hochgradig kreditgehebelten Hedgefonds«, schreibt auch die OECD in einer im Januar 2010 veröffentlichten Untersuchung, »obwohl wir uns kaum einen Hedgefonds vorstellen können, der eine Leverage Ratio von fast 50 hat, wie das bei der Deutschen Bank der Fall ist«.

In seiner traditionellen jährlichen Mansion-House-Rede geißelt Sir Mervyn King, der Gouverneur der britischen Zentralbank, im Juni 2007 die »exzessiven Schuldenhebel« bei Banken. Diese seien »der gemeinsame Nenner« vieler Finanzkrisen der Vergangenheit. Und fragt dann: »Sind wir wirklich so viel cleverer als die Finanzleute früher?«

Die Zweifel kommen zu spät. Nachdem die internationalen Banken-Regulierer 1988 im Rahmen von Basel I die Risikogewichtung von Vermögenswerten eingeführt hatten, transformieren die Finanzalchemisten der Banken immer mehr Hypothekarkredite, die mit hohen Risikogewichten versehen sind und entsprechend viel Eigenkapital binden, in weniger kapitalbelastende Wertpapiere wie RMBS oder CDOs und schaffen so Spielraum für neue Geschäfte – und eine höhere Rendite. Die Auslagerung des Risikos für diese Papiere, soweit sie überhaupt in den eigenen Büchern bleiben, durch den Kauf von Kreditversicherungen (CDS) vor allem beim damals weltgrößten Versicherungsunternehmen AIG tut ein Übriges. »Das moderne Finanzsystem«, so Nobelpreisträger Stiglitz dazu, »hat die Risiken nicht reduziert, sondern neue Risiken geschaffen.« Sie sind nur lange unsichtbar geblieben.

Hatte der Markt für CDOs 1996 erst ein Volumen von fünf Milliarden US-Dollar, war dieser Wert zehn Jahre später auf das 200-Fache angestiegen. Da CDOs und CDS nicht an Börsen gehandelt werden, sondern im Direktverkehr der Marktteilnehmer untereinander, im Fachjargon Over The Counter (OTC), weiß bald niemand mehr, wer welches Risiko hat oder wer bei wem gegen welches Risiko wie hoch versichert ist. Teilweise kaufen Hedgefonds einen kleinen Anteil der am stärksten ausfallgefährdeten Papiere der Tranche und wetten dann unbemerkt von den anderen Käufern mit Hilfe von CDS große Summen darauf, dass dieser Fall tatsächlich eintritt. Schon 2005, über zwei Jahre vor der Krise, hatte sich die Bank für Internationalen Zahlungsausgleich (BIZ) in Basel in ihrem Jahresbericht besorgt über die Komplexität dieser Produkte und die Intransparenz ihrer Märkte außerhalb der Kontrolle der Aufsichtsbehörden geäußert. Ohne Folgen.

Dieser neuen Welt des Investmentbankings gilt von Anfang an das Hauptaugenmerk von Josef Ackermann als Chef der Deutschen Bank. Bereits auf der obersten Führungskräftekonferenz in Dublin wenige Tage vor seiner offiziellen Amtsübernahme im Mai 2002 macht er unmissverständlich klar, was er vorhat: Deutschlands Traditionsinstitut auf Augenhöhe mit den Wall-Street-Größen Goldman Sachs, JP Morgan und Morgan Stanley sowie den Schweizer Konkurrenten UBS und Credit Suisse zu bringen.

Um dieses ehrgeizige Ziel zu erreichen, muss der neue Bankchef die Profitabilität seines Hauses, das damals weithin von den Dividenden seiner zahlreichen Industrie-Beteiligungen lebte, auf das Niveau seiner Hauptwettbewerber steigern. Deren Eigenkapitalrendite lag schon seit Jahren bei mindestens 25 Prozent vor Steuern. Diese Marke hatte auch sein Vorgänger Breuer schon vorgegeben, aber nie erreicht. Ackermann dagegen wird bald zum »Mister 25 Prozent«.

Als Erstes etabliert er eine neue Führungsstruktur. Der Vorstand wird verkleinert und auf den Vorsitz sowie die Querschnittsfunktionen Finanzen, dazu Recht, Compliance und Riskomanagement sowie Personal und IT beschränkt. Die Bank wird fortan faktisch von einem sogenannten Group Executive Committee (GEC) geführt, in dem neben den Mitgliedern des Vorstands auch die Chefs aller operativen Bereiche vertreten sind.

Hinzu kommt eine neue Leistungskultur. Dazu gehört unter anderem auch ein Ausschuss, der besonders bei deutschen Mittelständlern vernehmliches Murren auslöst. Er soll dafür sorgen, dass künftig jeder Kredit der Bank einen international üblichen Standards entsprechenden Preis bekommt und jede Kundenbeziehung insgesamt eine Vorsteuerrendite auf das Eigenkapital von 25 Prozent abwirft. Ergebnis: ein deutlicher Rückgang des traditionellen Unternehmenskreditgeschäfts hierzulande, in dem die Frankfurter vorher nur wenig verdient hatten.

In den ersten beiden Jahren an der Spitze der Bank senkt Ackermann zudem die Kosten um über fünf Milliarden Euro, 14 000 Stellen weltweit fallen weg. Um in vergleichsweise renditeschwachen Industriebeteiligungen gebundenes Kapital freizusetzen, stößt er diese – beflügelt von einer Gesetzesänderung der damaligen rot-grünen Regierung, die Veräußerungsgewinne steuerfrei stellt – nach und nach ab. So leitet er auch das Ende der Deutschland AG ein, jenes aus heutiger Sicht ebenso gemütlichen wie im Zeitalter der Globalisierung überkommenen Miteinanders der einheimischen Großunternehmen. Die Erlöse aus den Beteiligungsverkäufen, brutto insgesamt fast 15 Milliarden Euro, fließen vornehmlich in Aktienrückkäufe, um Eigenkapitalrendite und Marktkapitalisierung zu steigern sowie das renditeträchtige Investmentbanking auszubauen.

Dem Spätankömmling Deutsche Bank bietet sich in diesem Geschäftsbereich vor allem der Wertpapierhandel an. Dieser fußt weniger auf langjährigen Kundenverbindungen als das klassische Beratungsgeschäft bei Übernahmen, Fusionen und Börsengängen und verspricht deshalb schnellere Erfolge – vor allem beim Handel mit Zinspapieren, da dieser Markt weniger reguliert ist als der Aktienmarkt.

Die Strategie trägt bald Früchte – nicht zuletzt dank des Immobilienbooms in den USA und der lukrativen Geschäfte mit verbrieften Hypothekenkrediten. Das Fachmagazin *International Financial Review* zeichnet die Deutsche Bank 2003 und dann erneut 2005 als »Bank of the Year« aus. 2011 kann Josef Ackermann den begehrten Preis, der so etwas wie eine olympische Goldmedaille für Investmentbanken ist, aus der Hand von Princess Anne sogar zum dritten Mal in seiner Amtszeit entgegennehmen. Von den gut 20 Geldhäusern, die Ende der 90er Jahre in die Phalanx der besten Investmentbanken der Welt vorstoßen wollten, hat die Deutsche Bank als einzige das Ziel erreicht.

Zwei Jahre nach dem Amtsantritt des Schweizers ist die Eigenkapitalrendite seines Instituts vor Steuern von gut vier Prozent bereits auf 16 Prozent gestiegen, ein Jahr später erreicht sie 24, 2006 dann 33 Prozent. Damit war die Bank nicht nur auf dem Niveau ihrer internationalen Hauptkonkurrenten angelangt, sie lag im Schnitt sogar darüber. Für 2007, das im zweiten Halbjahr bereits von den Anfängen der großen Krise geprägt war, kann Ackermann ebenfalls noch stolze 29 Prozent verkünden. Alles in allem ein enormer betriebswirtschaftlicher Erfolg, der ihm international höchste Anerkennung einbringt.

Nicht so in Deutschland. »Mr. 25 Prozent« ist hier kein Ehrentitel. Ganz im Gegenteil. Die Zahl steht für Gier und unverantwortliche Risiken, kurz: für das Verhalten, das in den Augen der Mehrheit in die große Krise geführt hat.

Sparkassen und Genossenschaftsbanken prägen das Bild der Deutschen vom Geldgeschäft. Sie machen zwei Drittel des einheimischen Finanzsektors aus. Da sie nicht im internationalen Wettbewerb stehen, brauchen sie auch keine entsprechende Kapitalrendite. Damit unterscheidet sich der deutsche Geldsektor fundamental von anderen großen Branchen wie etwa der Autoindustrie oder dem Maschinenbau. Was hier allgemein fast selbstverständliche Anerkennung findet, gilt dort schnell als gierig. Zumal wenn sich die 25-Prozent-Marke im kollektiven Gedächtnis mit Arbeitsplatzabbau verbindet.

Letzteres hat sich Josef Ackermann zu einem guten Teil selbst zuzuschreiben. Im Februar 2005 – die Arbeitslosigkeit in Deutschland war gerade über die Rekordmarke von über fünf Millionen hinaus gesprungen – führt er trotz eines ansehnlichen Gewinns das noch nicht ganz erreichte 25-Prozent-Ziel als Begründung dafür an, weitere Arbeitsplätze in der Bank abzubauen. Es ist die Sturm-und-Drang-Phase des Schweizers an der Spitze der größten deutschen Bank, und die politische Sensibilität für sein Gastland ist noch unterentwickelt. Obwohl nicht einmal 2000 der 6400 Arbeitsplätze, die gestrichen werden sollen, auf das Inland entfallen und es keine Kündigungen geben soll, bricht ein Sturm der Entrüstung los.

Die Schelte kommt von rechts wie von links. Der damals amtierende BDI-Präsident Jürgen Thumann moniert: »Wir können als Unternehmer nicht immer nur über maximale Eigenkapitalverzinsung reden und uns am Ende noch mit Extra-Boni belohnen lassen, wenn wir möglichst viele Menschen entlassen.« Der bayrische Ministerpräsident Edmund Stoiber (CSU) findet das 25-Prozent-Ziel »geschmacklos«. IG-Metall-Chef Jürgen Peters bezeichnet Ackermann als »sozialen Autisten«. SPD-Chef Franz Müntefering prägt den Gattungsbegriff der »Ackermänner« und schimpft über deren »mangelnde Unternehmerethik«, die »zu Lasten der Zukunftsperspektiven des ganzes Landes« gehe.

Finanzminister Peer Steinbrück will seinem Parteioberen nicht nachstehen und behauptet kühn, »kein einziges Unternehmen aus dem produzierenden oder dem Dienstleistungssektor käme auf die Idee, eine Eigenkapitalrendite von 15, 20 oder 25 Prozent anzustreben.« Eine solche Rendite könne »auf Dauer kein Schwein verdienen«. Auch für seinen Nachfolger Wolfgang Schäuble (CDU) ist eine solche Rendite für produzierende Unternehmen unerreichbar. Er nimmt das gleich auch als Beleg dafür, »dass der Finanzmarkt sich nur noch um sich selbst dreht, statt seine Aufgabe zu erfüllen und eine vernünftige, nachhaltig wachsende Wirtschaft zu finanzieren«.

Finanzinstitute wie die Sparkasse Spree-Neiße meint Sparkassenfreund Schäuble damit sicher nicht. Dabei hat das kleine Geldhaus im strukturschwachen Cottbus etwa für das Jahr 2011 eine Eigenkapitalrendite von 34 Prozent vermeldet. Und den Statistiken der Bundesbank lässt sich entnehmen, dass die Unternehmen der gewerblichen Wirtschaft das Ackermann-Renditeziel zwischen 1994 und 2008 sogar im langjährigen Durchschnitt erreicht haben.

Viele kleine und mittelständische Unternehmen, die ähnlich wie Banken mit relativ wenig Eigenkapital wirtschaften, schneiden noch besser ab. Große Industrieunternehmen mit in der Regel hohen Eigenkapitalquoten von oft mehr als 30 Prozent erwirtschaften darauf üblicherweise zwar nur sechs bis sieben Prozent Rendite. Das ist aber ähnlich ehrgeizig wie 25 Prozent auf die rund acht Prozent Eigenkapital bei Banken.

Vielen Kritikern ist offenbar nicht klar, dass die Eigenkapitalrendite ein Quotient ist. Je geringer also das Eigenkapital ausfällt, desto leichter lässt sich nach Adam Riese eine hohe Rendite schaffen – und umgekehrt. »Da muss man ein bisschen Dreisatz rechnen können«, so Ackermann.

Der versteht sich auf diesen Dreisatz bestens: Die Rendite seines Hauses hat er nicht zuletzt auch deswegen so schnell auf ein international wettbewerbsfähiges Niveau bringen können, weil er das Eigenkapital so knapp wie möglich gehalten und mit einem hohen Schuldenhebel (im Fachjargon: Leverage Ratio) operiert hat. Was der Bank dann ja auch den Vorwurf einbrachte, wie ein großer Hedgefonds zu operieren und ein hohes Risiko zu laufen.

Der Deutsche-Bank-Chef kann die Kritik an seinem Eigenkapitalrendite-Ziel, die ihn in Deutschland bis zu seinem Ausscheiden aus dem Amt verfolgt, nicht nachvollziehen. Immer wieder sprechen wir über die 25 Prozent und die Möglichkeit, in der Gesellschaft mehr Verständnis dafür zu wecken.

Josef Ackermann ist in der kleinen Schweiz aufgewachsen, wo die Menschen stolz sind auf ihre großen Banken, die es mit der internationalen Konkurrenz aufnehmen können. Umso mehr, meint er, sollte die größte Wirtschaftsmacht in Europa und eine der größten weltweit doch froh sein, wenigstens noch eine einzige Bank zu haben, die mit den führenden Finanzinstituten mithalten und ihre eigenen Industrieunternehmen rund um den Globus begleiten kann. »Deutschland hat eine Industrie, die Weltklasse ist«, so der Schweizer, »als Finanzstandort aber ist es nur Mittelmaß«.

In Ackermanns Augen zeugt die Kritik auch von einem grundlegenden Mangel an marktwirtschaftlichem Verständnis. »In einer Wettbewerbsgesellschaft werden Renditeziele nicht im gesellschaftlichen Konsens, ja nicht einmal vom Management festgelegt, sondern vom Markt.« Unternehmen stünden »im Wettbewerb um die Gunst der Anleger, sie müssen daher eine mit den Besten der Branche vergleichbare Rendite erzielen«, sonst seien sie vom Untergang bedroht. Gewinn sei zwar »nicht alles«, aber ohne ausreichenden – und das heißt für ein globales Unternehmen global wettbewerbsfähigen – Gewinn »kann es auf Dauer auch keine wettbewerbsfähigen Produkte und Dienstleistungen anbieten, die bestehenden Arbeitsplätze nicht erhalten, geschweige denn neue schaffen, keine Risiken übernehmen und Wachstum fördern, keine Steuern zahlen und so insgesamt seine Zukunft nicht sichern und seiner gesellschaftlichen Aufgabe nicht gerecht werden«. Er könne daher, so der Deutsche-Bank-Chef, »nicht erkennen, was an einer solchen Rendite unmoralisch sein soll«.

In der Debatte werde schließlich völlig außer Acht gelassen, klagt Ackermann, dass sich ein globales Unternehmen nicht nur nach den sozialen Vorstellungen des Heimatlandes richten könne, sondern eine Verantwortung allen Ländern gegenüber habe, in denen es tätig ist. »Was in Deutschland gesellschaftlich erwünscht ist oder gefordert wird, muss es deswegen woanders noch lange nicht sein.«

Ich teile die Argumente meines Chefs, erinnere ihn jedoch daran, dass Deutschland nun mal eine Industrie- und keine Finanznation ist. Dass die Soziale Marktwirtschaft nicht zufällig von Deutschen erfunden wurde und diese Wettbewerb und Gewinn mehrheitlich nur in Maßen akzeptieren und deshalb auch manch unangenehme Begleiterscheinung der Globalisierung verdrängen oder offen ablehnen.

Dies gilt umso mehr, wenn es um eine nationale Ikone wie die Deutsche Bank geht, die auch noch den Namen des Landes führt: Wo deutsch draufsteht, soll auch deutsch drin sein. Sosehr der Bank ihr Heimatstandort und Name gerade in den Wachstumsregionen der Welt wie Asien und Südamerika zum Vorteil gereicht, hier zeigt sich, dass er auch mit Nachteilen verbunden ist. Alles hat eben seinen Preis.

Alles schön und gut, sagt Josef Ackermann dazu. Doch er will sich nicht einfach damit abfinden. Die Bank, so sein Auftrag an mich, müsse den Bundesbürgern ihre Position besser erklären. Auch einen Chef mit offenem Ohr zu haben, hat seinen Preis. Es artet leicht in Mehrarbeit aus.

Die verspätete Aufklärungsoffensive der Bank in Sachen 25 Prozent hat nur bescheidenen Erfolg. Auch die Tatsache, dass viele brave Mittelständler diese Marke erreichen und sogar übertreffen, demnach eigentlich ebenso als gierig gelten müssten, vermag die Kritiker nicht zum Schweigen zu bringen. Sie wechseln einfach die Argumentation und wenden nun ein, dass Mittelständler ja nicht systemrelevant seien und deshalb auch nicht vom Steuerzahler vor der Pleite gerettet werden müssten, wenn sie zu viel riskieren.

Das ist zwar richtig, unterstellt jedoch, dass sich 25 Prozent von Banken nur mit unvertretbar hohem Risiko erzielen lassen – was nicht zutrifft. Im relativ risikoarmen weltweiten Zahlungsverkehrsgeschäft etwa oder in der Vermögensverwaltung, wo nur wenig Eigenkapital nötig ist, lässt sich weit mehr verdienen. Außerdem lässt es außer Acht, dass die Deutsche Bank genau wegen ihrer so guten Rendite nicht vom Steuerzahler gerettet werden musste.

Josef Ackermann ist jedenfalls alles andere als ein Hasardeur. Er hält es eher mit Murphys Gesetz: Alles, was schiefgehen kann, wird auch schiefgehen. Der Schweizer überlässt nichts dem Zufall, er geht gerne auf Nummer sicher. Das gilt für seinen Umgang mit Journalisten und der Öffentlichkeit. Und das gilt auch – und vor allem – in Gelddingen. Verglichen mit dem Durchschnitt seiner Zunft ist er eher risikoscheu.

Lange wagt sich der Deutsche-Bank-Chef etwa nicht an große Zukäufe im Privatkundengeschäft heran – der Preis und das Risiko sind ihm zu hoch. Eine Bank zu führen, so erklärt er immer wieder, erfordere »ständig ein schwieriges Abwägen zwischen Ertrag und Risiko«. Einerseits habe, wer alle Risiken vermeide, »bald keine Risiken mehr zu vermeiden, denn er ist aus dem Geschäft«. Andererseits dürfe man aber auch »nie mehr Risiken eingehen, als man im schlimmsten Fall tragen kann«.

So ehrgeizig die Ziele sind, die sich der Schweizer gesteckt hat, so bewusst sind ihm die damit verbundenen

Gefahren, etwa infolge des hohen Schuldenhebels. Und deshalb will er sie so genau wie möglich kennen. Seinen Vorstandskollegen Hermann Josef Lamberti, einen ehemaligen IBM-Manager, lässt er Milliarden in eine Informationstechnologie investieren, die schnell Auskunft darüber gibt, wo das Institut steht. Jeden Tag bekommt er so einen zeitnahen Überblick über die finanzielle Lage seines Hauses. Für das relativ gute Abschneiden in der großen Finanzkrise sollte dies von größter Bedeutung sein.

Seinem Risikochef und Landsmann Hugo Bänziger, wie er früher bei der Credit Suisse tätig, räumt Josef Ackermann eine besonders starke Stellung im Vorstand ein. Er ist dort faktisch die Nummer zwei und in der Finanzkrise der wichtigste Berater des Vorsitzenden. Wann immer Bänziger Bedenken äußert, schließt sich der Vorstandsvorsitzende seinem Votum an. Nicht ein einziges Mal, so sagt er, habe er in Risikofragen gegen den Kollegen entschieden.

Josef Ackermann ist auf möglichst hohen Gewinn aus, aber er steht für Shareholder Value, nicht für Sharehopper Value. In einem Aufsatz in der *Neuen Zürcher Zeitung* hatte er schon Anfang Januar 2003 deutliche Kritik daran geübt, dass das Shareholder-Value-Konzept von manchen »in zu stark vereinfachender, kurzfristiger Art und Weise verfolgt« werde und eine »Rückbesinnung auf dessen Kerngedanken«, die »nachhaltige Steigerung des Unternehmenswerts«, als »oberstes Ziel der Unternehmensführung« gefordert.

Der Schweizer ist auch keiner von den Menschen, die »für Geld jeden Preis« zahlen, wie es der Philosoph Arthur Schopenhauer ausdrückte. Geld macht den Geldmann nicht glücklich. In einer Branche, in der es das Maß aller Dinge ist, sucht er sein Glück woanders: »Als ehrgeiziger Mensch bin ich glücklich, wenn ich mit dem, was ich tue, erfolgreich bin«, sagt er.

Wäre er vor allem auf Geld erpicht, hätte Ackermann es etwa leicht einrichten können, sein Gehalt nicht in Deutschland zu versteuern. Natürlich lässt ihn Geld auch nicht völlig kalt, als Anerkennung seiner Bedeutung und Garant seiner Unabhängigkeit ist es ihm durchaus willkommen und wichtig: »Geld, das habe ich beim Mannesmann-Prozess erlebt, heißt für mich Sicherheit und Unabhängigkeit. Ich kann den Weg gehen, den ich für richtig halte. Das gibt unglaublich viel Souveränität. Und das ist Reichtum.« Josef Ackermanns Reichtum ist vor allem Freiheit, die Freiheit, »der eigenen Natur gemäß« und »nur der Sache« leben zu können, wie der Soziologe Georg Simmel in seinem Standardwerk »Die Philosophie des Geldes« dessen schönsten Nutzen beschreibt.

Auf die Frage, ob dafür ein zweistelliges Millionensalär pro Jahr erforderlich ist, erkennt der Deutsche-Bank-Chef an, dass »der Normalbürger« ein zweistelliges Millionengehalt »natürlich nicht nachvollziehen kann«. Aber macht wie zur Entschuldigung zugleich darauf aufmerksam, dass er sich seine Vergütung ja nicht selbst genehmige. Zudem verdienten seine Kollegen an der Spitze von US-Banken locker das Dreifache. Ohne einen gewissen »Marktwert« würde er in der Branche, aber auch im eigenen Haus »jeden Respekt verlieren«.

Auf der jüngsten Liste der 300 reichsten Schweizer des Wirtschaftsmagazins *Bilanz* rangiert Josef Ackermann auf Platz 275 – mit geschätzten 150 Millionen Franken (gut 120 Millionen Euro) Vermögen. Er könnte also in Saus und Braus leben. Aber Prassen und Prunken ist nicht seine Sache. »Alles Abgehobene mag ich überhaupt nicht. Ich mache mir nichts aus Luxus«, sagt er.

Jedenfalls nichts aus Luxus in seiner vulgären Form. Der Schweizer pflegt lieber das Understatement, lebt für seine Verhältnisse eher sparsam und bescheiden. »Als ich nach dem Studium mit umgerechnet 20000 Mark im Jahr angefangen habe«, sagt er, »habe ich mich sehr reich gefühlt. Heute verfüge ich über ein Vielfaches davon. Brauche ich das? Nein. Gebe ich das aus? Auch nicht.«

Ein modernes, aber keineswegs imposantes, mit viel Kunst ausgestattetes Haus in bester Lage nahe dem Grand Hotel Dolder am Hang des Zürichbergs mit Blick auf Stadt, See und Berge, ein rustikales Ferienhaus im wildromantischen Tessiner Centovalli-Tal und ein schickes Apartment im Wohn-Turm des Museum of Modern Art in Midtown Manhattan, das sind seine wesentlichen Besitztümer. Viel für einen einfachen Bürger gewiss, sehr viel. Aber wenig im Vergleich zu den meisten seiner Kollegen rund um die Welt. Selbst mancher Zahnarzt kann da stattlichere Trophäen vorzeigen.

Ackermann hat keine Yacht in St. Tropez, kein Weingut im Bordelais, keinen Aston Martin in der Garage. Stattdessen einen BMW X6 für die Autobahn, einen Fiat Cinquecento für die Stadt und einen schon betagten 911er Porsche für eine gelegentliche Spaß-Ausfahrt. Ein guter Roter zum Essen, danach eine Havanna oder Cohiba, gelegentlich mal in die Tasten des schwarzen Steinway-Flügels zu Hause greifen und La Traviata schmettern oder im Konzerthaus einer Verdi-Oper lauschen – das ist sein Luxus.

Von den Millionen auf seinem Konto spendet er beträchtliche Summen, etwa für die Sanierung des Münchner Cuvilliés-Theaters oder die Erweiterung des Frankfurter Städel-Museums. Zudem hilft er privaten Bittstellern, deren Briefe fast täglich auf seinem Schreibtisch landen, immer wieder mit kleineren Beträgen. Wie ich selbst feststellen kann, berühren Josef Ackermann besonders Schicksale, bei denen Menschen unverschuldet in Not geraten und sich trotz größter Anstrengungen nicht daraus zu befreien vermögen.

Kaum etwas kränkt den Schweizer denn auch mehr als der Vorwurf, aus Geldgier ein Tempo vorgelegt zu haben, das andere Banken, wie etwa die IKB, nicht bewältigen konnten, und auch deswegen Mitschuld an der Finanzkrise zu tragen. Dass er seinem Ehrgeiz gefolgt und ein anspruchsvolles Gewinnziel für die Bank angestrebt hat, um mit ihr erfolgreich zu sein, dass er Fehler gemacht und so manches falsch eingeschätzt hat – d'accord. Aber Geldgier? Nein! »Ich hätte doch auch ein weniger ambitioniertes Ziel als die 25 Prozent nennen können«, sagt er, »dann hätte ich einen noch höheren Bonus bekommen«.

Selten habe ich Josef Ackermann so aufgebracht erlebt wie in den Weihnachtstagen des Jahres 2008. Am Pool des Sofitel-Hotels im thailändischen Seebad Hua Hin, wo ich mit meiner Familie Urlaub mache, erreicht mich Heiligabend auf meinem Blackberry die Nachricht, dass der Ratsvorsitzende der Evangelischen Kirche Deutschlands, Bischof Wolfgang Huber, das Renditeziel des Deutsche-Bank-Chefs als »eine Form des Götzendienstes« bezeichnet hat, die ihn an den »Tanz ums Goldene Kalb« erinnere. Es zeige, dass »Geld zum Gott« geworden sei. In dem Moment wusste ich: Fröhliche und friedliche Weihnachten würden das nicht mehr werden.

Ich gebe die Nachricht sofort per SMS an meinen Chef weiter, der die Feiertage zu Hause in Zürich verbringt. Bald darauf habe ich ihn am Telefon. Der Schweizer, den Linken-Chef Lafontaine kurz zuvor bereits mit einem »Boss der Drogenmafia« verglichen hatte, sieht sich in die schlimmsten Zeiten des Mannesmann-Prozesses zurückversetzt und ein neues Kesseltreiben gegen sich im Gang. Seine Stimmung, ohnedies schon seit Wochen angespannt, weil der Bank der erste Verlust in seiner Amtszeit droht, nähert sich dem Gefrierpunkt. Trotz der tropischen Temperaturen am Golf von Thailand beginne ich zu frösteln.

Wir sind uns schnell einig, dass der scharfe Angriff des Kirchenmanns nicht unwidersprochen bleiben kann, und verabreden eine kühle und kurze Stellungnahme: »Die Deutsche Bank betrachtet die persönliche Attacke von Bischof Huber auf ihren Vorstandsvorsitzenden sowohl in der Sache wie in der Form als unangebracht.« Die Veröffentlichung verschieben wir jedoch auf den zweiten Feiertag. Das Kalkül dabei: Die Menschen goutieren Streit über Weihnachten nicht. »Solche Debatten«, kommentiert die *Bild*-Zeitung, beginne man »nicht, indem man Weihnachten einen einzelnen Banker öffentlich ans Kreuz nagelt«.

Bischof Huber muss bald erkennen, dass er überzogen hat, und entschuldigt sich für seinen »persönlichen Angriff«. Beim Abschied des Deutsche-Bank-Chefs findet der Kirchenobere sogar ausgesprochen lobende Worte für den Mann, den er einmal als Götzendiener bezeichnet hatte: »Josef Ackermann hat eine systemrelevante Bank geleitet. Der öffentlichen Verantwortung, die sich damit verbindet, hat er sich gestellt. Dafür gebührt ihm Dank. Gerade die, die sich mit ihm gestritten haben, werden ihn noch sehr vermissen.«

Fest steht: Wäre der Schweizer mit der Deutschen Bank nicht ehrgeizig und konsequent den Weg ins Investmentbanking gegangen, wären ihm zwar die Vorwürfe erspart geblieben, mit zur Finanzkrise beigetragen zu haben. Europas größte Volkswirtschaft stünde heute aber ohne ein einziges Geldinstitut von internationaler Bedeutung da. »Ist es Gier« fragt der Schweizer, »wenn man möglichst erfolgreich sein will? Das will doch jeder im Leben, davon lebt doch unser System!«

25 Prozent sind für Josef Ackermann im Übrigen »kein Wert an sich«. Wenn für alle Spieler andere Regeln gelten, darf es durchaus auch weniger sein. »Ich kann aber nicht aus Solidarität mit den Schlechten langsamer laufen als die

Besten, dafür werde ich nicht bezahlt«, so der Bankchef. Und: »Hätten wir diese Profitabilität nicht gehabt, hätten wir die Krise nicht ohne Geld vom Steuerzahler gemeistert.«

Für die Debakel bei anderen Geldinstituten fühlt er sich nicht verantwortlich, jeder müsse selbst wissen, was er sich zumuten könne, niemand dürfe auf der Jagd nach Rendite mehr Risiken eingehen, als er tragen könne. Und: »Natürlich muss der Wettstreit sauber und fair sein, niemand darf die gültigen Regeln und Gesetze verletzen oder sich unethisch verhalten. 25 Prozent Eigenkapitalrendite lassen sich aber auf absolut saubere Weise erreichen, wie ja auch viele deutsche Mittelständler beweisen.«

So richtig das ist – die Krise und insbesondere die lange Liste von Rechtsstreitigkeiten und Reputationsproblemen, mit denen das Institut vor allem seit dem Jahr 2011 zu kämpfen hat, verfestigen die Kritik an Ackermanns Renditemarke und werfen dunkle Schatten auf die strahlenden wirtschaftlichen Erfolge in den Jahren zuvor.

Zwar hat auch die Konkurrenz mit mehr oder weniger denselben Schwierigkeiten zu kämpfen. Und bekanntlich sind gerade Amerikaner eifrige Kläger. In ihrem Rechtssystem können sie sich gute Chancen auf einen Vergleich ausrechnen, um so zumindest einen Teil des verlorenen Geldes zurückzubekommen. Außerdem ist, wer klagt, damit noch längst nicht auch schon im Recht. Wenn allerdings zu den Klägern neben Einzelpersonen, Geldinstituten, Versicherungen, Kommunen und Pensionsfonds auch das US-Justizministerium und die Bankenaufsichtsbehörde FDIC zählen; wenn die Klagen sich rund um den gesamten Erdball erstrecken; wenn Prozessrisiken Milliarden an Rückstellungen erfordern und ihre Aufzählung im Geschäftsbericht der Bank mehrere Seiten füllt; wenn jenseits von rechtlichen Auseinandersetzungen auch immer wieder ethisch fragwürdiges

Verhalten zum Thema öffentlicher Debatten wird – dann wirft das schwerwiegende Fragen auf: Wurde der Erfolg auf unsaubere Weise erkauft? Was ist schiefgelaufen? Und: Wer ist dafür verantwortlich?

Diese Fragen hat sich auch Josef Ackermann gestellt. Zunächst noch zögernd, dann aber, als sich die Rechts- und Reputationsprobleme häufen, immer dringlicher.

Das Sünden-Register beginnt 2007 mit den sogenannten Zinsswaps, hochspekulativen, komplexen Derivaten, die es zahlreichen deutschen Kommunen – unter ihnen Städte wie Würzburg und Ravensburg, Pforzheim und Hagen – sowie Hunderten von mittelständischen Unternehmen im ganzen Land erlauben sollen, ihre Zinslast zu verringern. Dabei tauschen die Käufer im Kern feste gegen variable Zinsen und setzen darauf, dass die langfristigen Zinsen stärker steigen als die kurzfristigen. Als es im Vorfeld der Finanzkrise anders kommt und sich Millionenverluste auftürmen, fühlen Stadtkämmerer und Firmenchefs sich plötzlich falsch beraten und klagen auf Schadenersatz.

Obwohl zwei Drittel der Swaps auf Anregung der Kommunen selbst zustande gekommen waren und viele damit Gewinn erzielt hatten, entwickelt sich das scheinbar so smarte Produkt für die Bank zum Rohrkrepierer. Es kostet nicht nur viele Millionen an Schadenersatz, sondern fügt auch der Ambition der Bank, bevorzugter Partner des deutschen Mittelstands zu sein, erneut schweren Schaden zu.

Zudem wirft es die grundsätzliche Frage auf, wie weit die Beratungs- und Fürsorgepflicht einer Bank gegenüber ihren Kunden reicht. Die Ansichten dazu gehen weit auseinander. Die einen, wie die *Frankfurter Allgemeine*, erinnern daran, dass ein Metzger seinen Kunden ja auch Fleisch und Wurst verkaufe, ohne »erst einmal einen Cholesterintest« zu verlangen. Ein Geldinstitut, so dagegen etwa der Jura-Professor Matthias Lehmann unter Verweis auf den »unkörperlichen

Charakter« von Finanzprodukten, unterliege besonderen Informationspflichten.

In den folgenden Jahren schließt die Bank zahlreiche Vergleiche. Unterschiedliche Gerichte entscheiden in verschiedenen Instanzen zu ihren Gunsten und gegen sie. Offenbar war die Information der Kunden nicht in allen Fällen gleich gut oder zumindest gleich gut dokumentiert. Im März 2011 entscheidet der Bundesgerichtshof in Karlsruhe, das Geldhaus sei in dem von ihm zu entscheidenden Fall als »Wettgegnerin« ihres Kunden aufgetreten, ihr Gewinn »der spiegelbildliche Verlust der anderen Seite«. Zudem habe sie »die Risikostruktur des Geschäfts bewusst zulasten des Kunden und zu ihrem Vorteil gestaltet, um das Risiko gewinnbringend weiterzuverkaufen«. Als Beraterin sei sie jedoch verpflichtet, die Interessen ihrer Kunden zu wahren.

In ihrer Urteilsbegründung verlangen die Richter, die Bank müsse ihren Kunden »in verständlicher und nicht verharmlosender Weise« vor Augen führen, dass das für sie nach oben unbegrenzte Verlustrisiko »nicht nur ein theoretisches ist, sondern real und ruinös sein kann«. Es müsse ferner eine »eindeutige Aufklärung darüber« geben, »dass das Chance-Risiko-Profil zwischen den Teilnehmern der Zinswette unausgewogen ist«. Die *Frankfurter Allgemeine* sieht Deutschlands größtes Geldinstitut durch das Urteil des höchsten deutschen Gerichts gar abgekanzelt »wie eine halbkriminelle Bande von Lausbuben«.

Die ersten Klagen um die Zinsswaps Jahre zuvor hatte Josef Ackermann noch heruntergespielt: »Jeder, der Geld verloren hat, wird sagen, er wurde schlecht beraten.« Dies sei zwar menschlich, er finde das aber »abscheulich«. Umgekehrt sei niemand, der Geld verdient habe, jemals zu ihm gekommen und habe gesagt, er gebe es zurück, es stehe ihm nicht zu, er habe das Produkt nicht verstanden.

Mit den sich häufenden Rechtsstreitigkeiten wird der

Schweizer jedoch immer nachdenklicher, schlägt andere Töne an und zieht Konsequenzen. Zum Zeitpunkt des BGH-Urteils etwa hatte die Bank längst ihre internen Richtlinien für den Verkauf von komplizierten Derivaten verschärft.

Den letzten, entscheidenden Schub in diesem Bewusstwerdungsprozess des Schweizers bringt ein Vorgang in Südkorea. Am 10. November 2010 versammeln sich die Staats- und Regierungschefs der G20-Staaten in Seoul. Auf Einladung der Regierung des Landes treffen sich aus diesem Anlass erstmals auch Top-Manager internationaler Unternehmen zu einem G20-Wirtschaftsgipfel. Josef Ackermann sitzt gerade mit dem Gastgeber, Staatspräsident Lee Myung-Bak, am Haupttisch beim Dinner, als sich die Nachricht verbreitet, die Börse des Landes sei in den letzten Minuten des Handels abgestürzt. Grund: ein Derivate-Geschäft der Deutschen Bank.

Der Schweizer sieht sich von seinen eigenen Leuten vor aller Welt bloßgestellt. Vor Ort beim Dinner macht er noch gute Miene zum bösen Spiel und bewahrt Haltung. Doch ins Hotel zurückgekehrt, lässt er ordentlich Dampf ab. So erbost habe ich meinen Chef seit der weihnachtlichen Attacke des Bischofs Huber zwei Jahre zuvor nicht mehr erlebt. Er fragt sich, ob die zunehmenden Rechtsstreitigkeiten nur auf wenige schwarze Schafe, die es in Großorganisationen immer gibt, zurückzuführen oder aber Ausfluss eines Ungeistes seien, der sich in den Jahren vor der Krise in der Branche ausgebreitet und auch in manchen Ecken seines Hauses eingenistet hat. An diesem Abend in Seoul, so scheint mir, ist in ihm etwas zerbrochen. Er ist tief enttäuscht, fühlt sich hintergangen. Zum ersten Mal spricht Josef Ackermann mir gegenüber von einer »schädlichen Geldkultur« und »Verantwortungslosigkeit« auch in den eigenen Reihen.

Im Februar 2011 untersagt die südkoreanische Börsenaufsicht der Deutschen Bank für sechs Monate den Handel mit Derivaten, die höchste Strafe, die an der Börse des Landes je verhängt wurde. Später wird das Institut von der örtlichen Staatsanwaltschaft angeklagt, den Markt manipuliert zu haben.

Beim Führungskräfte-Briefing zu den Ergebnissen des ersten Quartals 2011 Ende April fragt ein Mitarbeiter den Bankchef, was er denn zu der steigenden Klageflut zu sagen habe. Dem kommt die Frage offenbar wie gerufen. Während es in dem Konferenzraum mucksmäuschenstill wird, macht Ackermann minutenlang seinem Ärger Luft. Die Menschen draußen hätten »die Nase voll« von manchen Verhaltensweisen. Die Bank müsse die richtige Balance zwischen Geldverdienen und moralisch und rechtlich tadellosem Verhalten finden. »Deshalb«, so der Schweizer, »fordere ich Sie auf, bitte ich Sie, ermutige ich Sie, in Ihrem Bereich alles zu tun, dass Verstöße nicht nur nicht geduldet, sondern verhindert werden«.

Sicher könne nicht der den höchsten Bonus bekommen, der der Bank kein Geld bringe, aber dafür ein netter Mensch sei. Genauso wenig jedoch dürfe der den höchsten Bonus bekommen, der am aggressivsten operiere und sich stets »in Grauzonen« bewege.

In seiner vierteljährlichen Video-Botschaft an alle Mitarbeiter ebenso wie in seinem Editorial für das Mitarbeitermagazin *Forum* geht der Bankchef ebenfalls auf das Thema ein, das ihn seit Seoul umtreibt wie kein zweites: »Sosehr wir uns darauf konzentrieren, unser Gewinnpotential voll auszuschöpfen, dürfen wir darüber doch nicht vergessen, wie wichtig es ist, immer mit absoluter Integrität und sozial verantwortungsbewusst zu handeln.« Die Bank könne »erfolgreich sein – und zugleich alle Regeln einhalten sowie ein Verhalten an den Tag legen, das über jeden Zweifel erhaben ist. Das ist ›Leistung aus Leidenschaft‹ im besten Sinn.«

Doch begangene Sünden lassen sich nicht mehr ungeschehen machen. Vor allem in den USA hagelt es Rechtsklagen. Im Mai 2011 zerrt sogar die Regierung der Vereinigten Staaten von Amerika das größte deutsche Geldinstitut vor das Bundesgericht in New York und fordert Schadenersatz in Höhe von mehr als einer Milliarde Dollar. Der Vorwurf: Mortgage IT, der amerikanische Hypothekenfinanzierer der Deutschen, soll auf grob fahrlässige Weise, wenn nicht gar vorsätzlich, falsche Angaben zur Bonität von Kreditnehmern gemacht und so unberechtigt von staatlichen Fördermitteln profitiert haben. Während das Institut beim Weiterverkauf staatlich garantierter Hypotheken beträchtliche Gewinne erzielt habe, sei der amerikanische Staat für darauf ausgestellte Garantien in Höhe von Hunderten Millionen Dollar in Anspruch genommen worden.

Die Bank hatte den Immobilienfinanzierer im Januar 2007 für 430 Millionen Dollar erworben, um sich eine vermeintlich »stetige Produktquelle« für die CDO-Maschine zu sichern. In der später ergänzten Klageschrift der Regierung heißt es: »Obwohl die Deutsche Bank von dem unrechtmäßigen Verhalten von Mortgage IT wusste, hat sie den Kauf getätigt und damit ausdrücklich alle bestehenden Rechte und Pflichten des Unternehmens erworben.« Die Verfehlungen seien nach dem Kauf sogar »noch schlimmer geworden«.

Mortgage IT sollte sich, nicht nur wegen der Klage der US-Regierung, als schlimme Fehlinvestition herausstellen. Josef Ackermann ärgert sich noch heute darüber, dass er »trotz eines unguten Gefühls«, wie er sagt, der Akquisition am Ende zugestimmt hat. »Aus unserer Sicht bietet der US-Immobilienmarkt«, so das zuständige GEC-Mitglied Anshu Jain beim Erwerb, »signifikantes Geschäftspotential«. Im Juli des Vorjahres hatte er schon erklärt: »Wir glauben, dass die vertikale Integration eines führenden Hypothekenfinanzierers wie Mortgage IT signifikante Wettbewerbsvorteile bieten wird.«

Zu dem Zeitpunkt steigen die Ausfallraten für Hypothekenkredite aber bereits kräftig an, das Ende des Immobilienbooms zeichnet sich ab. Schon in ihrem ersten Jahr im Besitz der Deutschen macht die Firma rund 300 Millionen Dollar Minus, Ende 2008 muss sie abgewickelt werden. Und obwohl die Deutsche Bank jedes Fehlverhalten bestreitet, endet die Klage der US-Regierung, wie so viele, mit einem Vergleich. Er kostet das Institut weitere 200 Millionen Dollar.

Viel Aufsehen erregt auch die Klage von Los Angeles gegen die Deutsche Bank, die über eine Tochterfirma in Kalifornien Treuhänder für etwa eine Million private Immobilien im Lande ist. Carmen Trutanich, die zuständige Staatsanwältin in Los Angeles, wirft dem Geldhaus vor, der »größte Slumlord« der Stadt zu sein. Es lasse Tausende widerrechtlich geräumter Häuser verwahrlosen und habe einen Schaden in Höhe von mehreren Hundert Millionen Dollar angerichtet.

Die Bank wehrt sich. Sie sei der falsche Adressat. Als sogenannter Trustee halte sie die Eigentumstitel auf die Häuser nur für Rechnung der Investoren (Pensionsfonds, Versicherungen und andere) und zahle diesen die Zins- und Tilgungsleistungen der Kreditnehmer aus. Für Zwangsräumungen und Erhalt der geräumten Häuser seien andere Dienstleister, sogenannte »Loan Servicer«, verantwortlich.

Das Trustee-Geschäft hatte die Bank seinerzeit mit Bankers Trust geerbt. Es schien eine nicht besonders lukrative, dafür aber risikoarme und verlässliche Einnahmequelle zu sein. Doch in der großen Immobilienkrise zeigt sich der Pferdefuß. Unter dem Eindruck der heftigen öffentlichen Schelte wünscht sich Josef Ackermann, er hätte das Geschäft, eine Randaktivität für die Bank, verkauft: »Wer hätte geahnt, dass wir jemals in eine solche Situation kommen würden?«

Zwei Jahre lang haftet dem Institut das Slumlord-Etikett an, zahllose Medienbeiträge beschäftigen sich immer wieder mit dem Thema. Als die Bank im Sommer 2013 von allen Vorwürfen freigesprochen wird, ist das den meisten Medien dagegen nur eine kurze Notiz wert. Die Deutsche Bank muss keinen Cent zahlen, der Reputationsschaden, der durch die Berichterstattung eingetreten ist, lässt sich jedoch nicht beziffern.

Mit der steigenden Klageflut schwillt die öffentliche Kritik generell an: Die Bezichtigungen, schreibt etwa die *Börsenzeitung*, seien für die Bank »von kolossaler Tragweite, in juristischer wie in finanzieller und nicht zuletzt in moralischer Hinsicht. Fehlt es am Unrechtsbewusstsein? Oder vielleicht am Rechtsbewusstsein?«

Josef Ackermann schmerzt die Kritik – ob sie zu Recht oder zu Unrecht erfolgt. Er muss sich vorkommen wie der Zauberlehrling in Goethes berühmter Ballade: Die Geister, die er gerufen hat, wird er nun nicht mehr los. Ihm ist zu diesem Zeitpunkt längst klar, dass der Boom neuer Finanzinstrumente wie Derivate und die Möglichkeit zum Auslagern von Risiken mittels Verbriefung eine Kultur gefördert haben, die teilweise unverantwortliches Handeln mit sich brachte. Er sei nach wie vor davon »überzeugt, dass die allermeisten Produkte und Dienstleistungen des Investmentbankings gerade in der globalen Welt von heute großen Nutzen stiften können«, sagt er. »Eine Reihe von Produkten und Aktivitäten« aber habe »keinen wirklichen Nutzen gestiftet«, ja sie seien »teilweise sogar schädlich gewesen«. Dieser Kritik müsse sich die Branche stellen, »und dieser Kritik stelle auch ich mich«.

Der Nutzen eines Produktes lasse sich »nicht immer im

Vorhinein mit Sicherheit beurteilen«, sondern stelle sich oft erst in der Praxis heraus. Manager und Unternehmer müssten sich jedoch bei Innovationen »nach Kräften um das rechte Maß bemühen: Sind wir zu vorsichtig, versagen wir bei unserer Aufgabe, das mögliche Wachstum und den möglichen Fortschritt zu finanzieren. Gehen wir zu forsch vor, können wir großen Schaden anrichten.«

Ackermann fordert daher, alle Banken sollten künftig jedes zu verkaufende Produkt nach denselben Kriterien prüfen, als würden sie es selbst behalten wollen. Risiken, die verkauft werden, dürften nicht anders bewertet werden als Risiken, die in den eigenen Büchern stehen. »Wenn wir selbst von dem kosten müssen, was wir kochen«, so der Deutsche-Bank-Chef, »kann das der Qualität nur bekömmlich sein.«

Anders als etwa Goldman-Sachs-Chef Lloyd Blankfein, der sich einem Reporter der britischen *Sunday Times* gegenüber als Vollstrecker von »Gottes Werk« rechtfertigt, erkennt der Deutsche-Bank-Chef an, dass die Finanzinnovationen der Vergangenheit eine Reihe ungeahnter und unerwünschter Risiken und Nebenwirkungen mit sich brachten. Er ist bereit, Verantwortung dafür zu übernehmen, zeigt tätige Reue. Der Werte-Kompass, den ihm seine Eltern fürs Leben mitgegeben haben, weist ihm nach manchen Irrungen und Wirrungen schließlich den rechten Weg.

KAPITEL 4
DER KOMPASS FÜRS LEBEN

Josef Meinrad Ackermann wird am 7. Februar 1948 als erster Sohn des Landarztes Karl Ackermann und der Krankenschwester Margrith (»Gritli«) Ackermann-Isler im Spital von Walenstadt im Kanton St. Gallen per Kaiserschnitt geboren. Im Abstand von jeweils einem Jahr darauf kommen seine beiden Brüder Karl und Daniel zur Welt.

Seine Kindheit verbringt »Seppi«, wie der junge Josef gerufen wird, in der Landgemeinde Mels im Sarganserland, wo die Ackermanns, einfache und rechtschaffene Leute, seit Generationen zu Hause sind. Sein Vater hat in Mels ein großes Wohnhaus mit Arztpraxis gebaut. Dort leben auch die Eltern der Mutter, beide aus dem Gastgewerbe, in einem Drei-Generationen-Haushalt mit ihnen unter einem Dach.

Der Ort, gut 6000 Einwohner groß und weit überwiegend katholisch, ist kein heimeliges Dorf aus dem Schweizer Bilderbuch. Allenfalls das große Kapuzinerkloster und die jährliche »Alpabfahrt« des Viehs mit »Tschäppeln« (Blumenschmuck) und »Plümpen« (Glocken) von der Sommerweide im nahen Weißtannental geben ein Postkartenmotiv her. Auch von der einstigen Industrietradition des Ortes, vor allem in der Textilproduktion, ist kaum etwas übrig geblieben. Mels ist für Reisende kein Platz zum Verweilen, sondern eine Station am Wegesrand.

Unmittelbar neben dem Elternhaus von Josef Ackermann, nur durch den Garten und einen Weg vom Haus getrennt, verläuft die Bahnlinie von Zürich nach Chur und gleich dahinter die Autobahn in Richtung Tessin und Italien. Wenige Kilometer weiter südöstlich gabelt sie sich und führt entlang der Liechtensteiner Grenze im Rheintal auch nach Norden Richtung Bodensee und Deutschland, das eine knappe Stunde entfernt ist. Wer Mels einmal besucht hat, versteht sofort, warum es einen begabten, ehrgeizigen jungen Mann wie Josef Ackermann von hier weg hinaus in die Welt gezogen hat.

Dabei ergeht es ihm ganz anders als der berühmten Romanfigur »Heidi« aus den Erzählungen der Schriftstellerin Johanna Spyri, die in den wildromantischen Bergen des Sarganserlands spielen, weswegen die ganze Gegend auch »Heidiland« heißt. Das Waisenkind, von einer Tante in die ferne Großstadt Frankfurt am Main geholt, leidet dort so sehr an Heimweh, dass es nicht mehr richtig isst und zurückgeschickt werden muss. Der reale »Seppi« dagegen findet als »Joe« Ackermann in just derselben Stadt die (berufliche) Erfüllung seines Lebens.

Er kommt ja auch nicht aus den Bergen und ist kein Waisenkind. Ganz im Gegenteil. Die große Lebensgemeinschaft im Drei-Generation-Haushalt in der Talgemeinde Mels vermittelt ihm Familiensinn, das Gefühl der Geborgenheit und das Urvertrauen, das für seinen späteren Erfolg von entscheidender Bedeutung sein wird. Besonders die Großmutter, eine warmherzige, fröhliche Frau, hat daran großen Anteil. Weil Mutter Margrith in der Praxis ihres Mannes mitarbeitet, hilft sie bei der Betreuung der Kinder. »Ich wusste immer«, so Josef Ackermann, »wenn mir mal etwas ganz Schlimmes passieren sollte, würde ich nicht ins Leere fallen. Das hat mich sehr frei gemacht. Und sicher auch mutiger.«

Dieses Urvertrauen verleiht dem Chef der Deutschen Bank die Kraft und Abgeklärtheit, beinahe die Hälfte seiner Amtszeit mit einer drohenden Verurteilung im Mannesmann-Prozess zu leben und sein Haus in einem Parforce-Ritt zugleich in die Spitzengruppe der globalen Investmentbanken zu führen. Und dieses Urvertrauen ist es auch, das ihn trotz mancher Selbstzweifel in die Lage versetzt, jahrelange Dauerkritik und persönliche Anfeindungen bis hin zu Morddrohungen und einem Attentatsversuch wegzustecken, ohne an Leib und Seele ernsthaft zu erkranken.

Ein hohes Maß an Disziplin und eine außerordentliche körperliche Robustheit kommen hinzu. »Seppi« hat die physische Konstitution seines Großvaters, eines Vorarbeiters bei den Schweizer Bundesbahnen, geerbt: kräftig und untersetzt, stabil und langlebig wie ein Eichenschrank. Als Jugendlicher ist er ein guter Leichtathlet und hervorragender Speerwerfer. Deutschlands beste Athleten in dieser Sportart werden ihm später einmal zum Abschied von der Deutschen Bank als Zeichen des Dankes für seine Unterstützung der Deutschen Sporthilfe einen signierten Speer schenken. Er schmückt heute sein Büro bei der Zürich-Versicherungsgruppe.

Schon in jungen Jahren, ob auf dem Sportplatz oder im Pfadfinderlager, zeigt sich Josef Ackermanns Führungsnatur. »Als Ältester lernt man früh, Verantwortung zu übernehmen«, lautet seine eigene Erklärung dafür. »Außerdem haben die Leute im Dorf auf uns geschaut. Als Kinder des Arztes mussten wir Vorbild sein.«

Das Vorbild lebt ihnen der Vater vor. Mit Zielstrebigkeit, Disziplin, Fleiß und Ehrgeiz ist ihm der Aufstieg gelungen. Als eines von acht Kindern hat er es als Erster in der Familie zu einem Hochschulabschluss und ansehnlichem Wohlstand gebracht. Sein Medizinstudium verdient er sich unter anderem als Viehhüter.

Mit denselben Tugenden geht er nach der Approbation dem Arzt-Beruf nach. Er arbeitet hart, verdient gut, aber lebt sparsam und bescheiden. Bis 21 Uhr am Abend hält er Sprechstunden ab, auch in der Nacht und bei jedem

Wetter bricht er zu Krankenbesuchen auf. Josef Ackermann erinnert sich, dass er so manches Mal mit raus musste, wenn es nachts unter der Telefonnummer 2 12 65 geläutet hat. Kommt der VW Käfer des Vaters auf der steilen Straße hinauf nach Weißtannen im Winter nicht mehr recht voran, stellt er sich auf die hintere Stoßstange, um den Rädern mehr Griff zu verschaffen. »Zur Belohnung durfte ich oben den Wagen wenden.« Bei den Patientenbesuchen gibt es viel zu lernen, nicht nur über praktische Physik auf rutschiger Straße, übers Gipsen, Verbandanlegen und Zähneziehen, sondern auch, Vertrauliches vertraulich zu behandeln.

Die Werte, die für Karl Ackermann zählen, sollen auch seinen Söhnen wichtig werden: Wer etwas fordert, muss zuerst etwas leisten. Ohne Fleiß kein Preis. Wer den Rappen nicht ehrt, ist des Franken nicht wert. Hilf dir selbst, dann hilft dir Gott.

Wer die vom Vater erwartete Leistung nicht liefert, bekommt seine Enttäuschung zu spüren. Es ist ein klassisches Muster: fordernder Vater, Kinder, die ihm im Streben nach Anerkennung alles recht machen wollen und sich dabei ein Verhalten antrainieren, das sie später im Leben ebenfalls erfolgreich werden lässt.

Der kleine Josef, und später der große, macht seinem Vater kaum Kummer und dafür umso mehr Freude. Er verkörpert schon als Kind, was später auch zum Motto seiner Bank werden sollte – Leistung aus Leidenschaft. Leben ist für Josef Ackermann vor allem Wettbewerb: Wenn er verliert, ist er unglücklich, wenn er gewinnt, glücklich. Egal, worum es geht, und sei es nur eine banale Wette oder ein Match Tischfußball.

Für die Ausbildung von Leistungswillen und Leistungskraft der Kinder ist im Hause Ackermann trotz aller Sparsamkeit immer Geld da. Sie sollen es in ihrem Leben schließlich einmal noch weiter bringen als der Vater. »Meine Eltern«, sagt Josef Ackermann dazu, »haben uns nach dem Prinzip Fordern und Fördern erzogen«.

Schon als Kind wird »Seppi« im Sommer zum Englischlernen in eine Gastfamilie nach London geschickt. Am Bahndamm in Mels liest er Goethe und hört Mozart. Der Faust wird zu seiner Lieblingslektüre, die Zauberflöte zu seinem bevorzugten Musikstück. Die Ackermanns pflegen die Hausmusik, Daniel spielt Geige, Karl Cello, Josefs Instrument ist das Klavier. Manchmal, wenn Gäste da sind, müssen sie ihr Können vorführen. Später, als junger Banker in New York, nimmt Josef Ackermann jeden Samstag Gesangsunterricht. Als Chef der Deutschen Bank schließt er eine exklusive Partnerschaft seines Hauses mit den Berliner Philharmonikern.

Heute musiziert der Schweizer nur noch wenig selbst, hört aber nach wie vor leidenschaftlich gerne Jazz, vor allem aber italienische Opern – auch bei der Arbeit, aber nur zu Hause. »Das entspannt und macht kreativ«, sagt er. Und es entspricht einem gewissen Hang zum Sentimentalen und Theatralischen, der ihm eigen ist und auch sein beachtliches Darstellungsbedürfnis erklärt.

Besonders gerne erzählt Ackermann denn auch eine Anekdote aus dem März 2002. In der Metropolitan Opera findet zu Ehren des Engagements der Deutschen Bank für die Stadt New York nach den Anschlägen vom 11. September 2001 ein festliches Dinner statt. Zusammen mit dem Hausherrn sowie dem damaligen Bürgermeister Rudolph Giuliani und anderen gibt der Deutsche-Bank-Chef auf der Bühne ein Ständchen. Die Laiensänger schmettern Frank Sinatras »New York, New York«. Bei der Rückkehr zum Ehrentisch empfängt ihn der Startenor Luciano Pavarotti mit den Worten: »Que bella voce!« Er habe das natürlich nicht ernst genommen, sagt Ackermann: »Bei aller Liebe, eine musikalische Karriere kam für mich nie wirklich in Frage. Dafür hatte ich zu wenig Talent.« Seine Frau habe ihm schon auf der Heimfahrt gesagt, er sei kaum herauszuhören gewesen.

Bei den Ackermanns in Mels wird nicht nur fleißig musiziert, regelmäßig geht es auch auf Bildungsreise, so etwa nach Rom, wo der Vater auf dem Forum Romanum Julius Cäsar im Original deklamiert. Die drei Söhne besuchen alle die angesehene Kantonsschule im nahen Chur, der Hauptstadt des benachbarten Kantons Graubünden. An das humanistische Gymnasium schafft es nur, wer eine strenge Aufnahmeprüfung bestanden hat. Ein katholisches Internat, das ebenfalls zur Diskussion stand, war Josef als »zu eng« erschienen. Nacheinander machen er, Karl und Daniel ohne Probleme ihr Abitur, in der Schweiz Matura genannt.

Josef Ackermann (Sternzeichen: Wassermann, Aszendent: Löwe) hat sich schon als junger Mann hohe Ziele gesetzt. Er liebt und sucht das Kräftemessen mit anderen. Er will immer der Beste sein. Und er will dafür anerkannt werden. In der Schule ist der von den Mädchen umschwärmte »Seppi« der Klassenprimus, meist auch Klassensprecher, aber kein Streber. Er lernt gerne, und der Lehrstoff fällt ihm leicht – von Mathematik bis Griechisch. Nur in Zeichnen ist er schlecht. Auf die Frage, welches Talent er gerne besitzen möchte, antwortet der spätere Bankchef denn auch einmal: »Menschen porträtieren zu können«. Der Überflieger hat Mühe mit der Mikroperspektive.

Zur Ausbildung dient im Hause Ackermann auch der Fernsehapparat. In der Flimmerkiste, die der Vater 1960 vor den Olympischen Spielen in Rom gekauft hat, sieht »Seppi« wie der deutsche Leichtathlet Armin Hary mit neuem Weltrekord die Goldmedaille über 100 Meter holt. Es geht ihm ein Leben lang nicht mehr aus dem Kopf. Jahrzehnte danach, mitten in der Finanzkrise, als die Diskussion über sein 25-Prozent-Ziel wieder einmal hochkocht, lädt er sein einstiges Sportidol in die Bank ein, um mit ihm einen halben Vormittag lang über Höchstleistung zu fachsimpeln.

Im deutschen Fernsehen verfolgt der kleine Josef samstags oft auch die Spiele der Fußball-Bundesliga. Später beeindruckt er deutsche Kollegen, Freunde und Geschäftspartner mit seinen Kenntnissen. Sonntags beim Mittagessen schaut die Familie Ackermann regelmäßig den »Internationalen Frühschoppen« mit Werner Höfer, und der heranwachsende Josef beginnt, sich für Politik zu interessieren. Fasziniert verfolgt er die Wege von John F. Kennedy. Der jugendlich wirkende, charismatische US-Präsident war damals für junge Menschen in aller Welt ein Symbol des Aufbruchs zu neuen Ufern. Für Josef ist er zudem ein Siegertyp und verkörpert, wonach er sich im tiefsten Innern sehnt: die große weite Welt, Macht und Einfluss, Glanz und Gloria.

JFK betreibt eine Politik, die seinem Wesen entspricht: reformorientiert, aber nicht radikal. An der Kantonsschule in Chur, wie auch an der Hochschule St. Gallen, Josef Ackermanns späterer Alma Mater, haben Hippies und 68er Revoluzzer keine nennenswerte Gefolgschaft. »An der Kantonsschule hatte nur ein Schüler lange Haare«, erinnert sich der Banker, »die haben wir ihm aber gestutzt.« Eine kritische Haltung gegenüber Autoritäten? Sicher! Das entspricht ja schließlich auch dem Leistungsprinzip. Aber Steinewerfen? Nein! »Ich bin kein Rebell gewesen«, sagt Josef Ackermann. Aber bis heute schätze er die »Aufbruchstimmung«, die in seiner Generation herrschte, und ihren Drang, »Erstarrungen in der Gesellschaft zu lösen«.

Nach der Matura und vor Aufnahme des Studiums besucht »Seppi« 1967 für vier Monate die Rekrutenschule der Armee und wird zu »Joe«. Die Kameraden schwärmen noch heute von seinem Durchhaltevermögen. Als Student leistet er in den Semesterferien regelmäßig Miliz-Dienst und trainiert seine Führungsqualitäten.

Die Armee gilt in der Schweiz als Kaderschmiede der Nation. Viele, die es im zivilen Leben bis ganz nach oben schaffen, sind auch dort etwas geworden. Und der Katholik vom Lande weiß, dass er besonders darauf angewiesen ist, ein Netzwerk zu knüpfen, wenn er den Aufstieg in die protestantisch geprägte Zürcher Wirtschaftselite schaffen will. Denn das ist sein Ziel.

Um es zu erreichen, nutzt er die Zeit in der Landesverteidigung, lernt mit Menschen aus allen sozialen Schichten umzugehen, Druck auszuhalten und auch unter schwierigen Bedingungen kühl Entscheidungen zu treffen. In seinem Berufsleben sollten sich diese Erfahrungen einmal als sehr nützlich erweisen.

Zielstrebig dient sich Josef Ackermann über die Jahre bis zum Obersten der Artillerie hoch. In einem Interview mit der *Frankfurter Allgemeinen Sonntagszeitung* bezeichnet er sich später einmal selbst als »Aufsteiger«. Und damit meint er nicht nur seine militärische Laufbahn.

Nach der Rekrutenschule schreibt sich der junge Josef 1968 an der Hochschule im nahen St. Gallen ein, um dort Wirtschafts- und Sozialwissenschaften zu studieren. Bei der Wahl des Studienfachs hatte sein Vater den Ausschlag gegeben. Der durchforstet täglich mit Vorliebe den Wirtschaftsteil der *Neuen Zürcher Zeitung* und spekuliert mit der ihm eigenen Behutsamkeit, aber erfolgreich an der Börse. Auf seinen ältesten Sohn macht das Eindruck. Statt Jura, was ihm zunächst vorschwebte, wählt er deshalb schließlich Ökonomie.

An der Elite-Uni, die auch viele ausländische Studenten besuchen, kann er sich erstmals auf internationalem Niveau beweisen und besteht auch diesen Leistungstest mit

Bravour. Die deutschen Kommilitonen, darunter viele Kinder aus Unternehmerfamilien, haben mehr Geld, können besser reden und treten geschliffener auf als der Arztsohn vom Lande, aber der ist ihnen dafür in punkto Intellekt und Siegeswillen deutlich voraus.

1972 schließt er reibungslos sein Studium mit dem Diplom, in der Schweiz: Lizentiat, Fachrichtung Bankwirtschaft, ab. Anschließend gönnt er sich zum ersten Mal in seinem Leben eine Auszeit und fährt sechs Wochen mit dem Rucksack auf dem Rücken im Greyhound-Bus durch das Land seines Jugendidols Kennedy. Als Erstes besucht er die New York Stock Exchange an der Wall Street, zwischendurch geht es zu Verwandten nach Atlanta und zum Schluss zu den Watergate-Hearings auf dem Kapitol in Washington, D.C.

So frei und unbeschwert wie damals hat Josef Ackermann sich noch nie in seinem Leben gefühlt – und wird es auch danach nie mehr tun. Als er vier Jahrzehnte später, gegen Ende seiner Amtszeit an der Spitze der Deutschen Bank, gefragt wird, was er sich für die Zukunft vorgenommen habe, sagt er: »Mit dem Cabrio noch einmal kreuz und quer durch die USA fahren«.

An der Uni hat Josef Ackermann neben dem Militär ein zweites, internationales Netzwerk geknüpft. Zu ihm gehören etwa Michael Hilti, Chef des gleichnamigen Werkzeugherstellers in Liechtenstein, der Zürcher Headhunter Björn Johannson oder der Hamburger Speditionsunternehmer Thomas Hoyer.

Zwei Menschen, denen er in St. Gallen begegnet, werden für ihn besonders wichtig. Der eine ist Hans Christoph Binswanger. Der Professor für Geldtheorie – in der Öffentlichkeit mehr für seine Studien zum Zusammenhang von Wirtschaft und Umwelt, den Bestseller »Wege aus der

Wohlstandsfalle« und sein frühes Plädoyer für eine Ökosteuer bekannt – beeindruckt den Studenten mit seiner umfassenden Bildung. Nach seiner Rückkehr aus Amerika tritt Josef Ackermann 1973 bei ihm eine Stelle als Assistent und Lehrbeauftragter an und macht sich an seine Doktorarbeit, eine theoretische Analyse über den »Einfluss des Geldes auf das reale Wirtschaftsgeschehen«.

Die Arbeit (Note 1,25) diskutiert die damals vorliegenden geldtheoretischen Ansätze und besonders den jüngsten Beitrag der Monetaristen um Milton Friedman. Ackermann schließt sich dieser Lehre jedoch nicht an. Je mehr er über sein Jugendidol Kennedy gelesen hatte, desto enttäuschter ist er über die Schwächen des einst strahlenden Helden. Fortan kennt er keine Vorbilder mehr. Er wird in seinem Leben nie mehr etwas anderes sein als er selbst.

Der berühmte Professor Binswanger hätte den Musterstudenten gerne für eine Habilitation und ganz für die Wissenschaft gewonnen, aber das vermag dessen Ehrgeiz nicht zu befriedigen. Nach fast einem Jahrzehnt Theorie will er sich nun in der Praxis mit der Elite des Landes messen, seinen Führungswillen ausleben, an die Schalthebel der Macht. Denn Josef Ackermann ist ein Machtmensch.

Er selbst würde das nie so ausdrücken. Er wollte »entscheiden, etwas bewegen«, nennt er heute als Motiv dafür, dass er nach seiner Dissertation 1977 die Welt der Wirtschaft der Forschung und Lehre vorgezogen hat. Und, nicht zu vergessen: Er will Geld verdienen. Denn Josef Ackermann plant, mit einer ehemaligen Studentin, die er als Assistent kennengelernt hat, eine Familie zu gründen: Pirkko Mölsä aus der Kleinstadt Pieksämäki in Süd-Finnland.

In seiner Dissertation hatte er »Frl. P. Mölsä, lic. oec.« gleich nach der Widmung für seine Eltern dafür gedankt, dass sie das »schlecht leserliche Manuskript in eine druckreife Form brachte«. Noch im selben Jahr heiraten sie. Und er nimmt eine Stelle bei der Schweizerischen Kreditanstalt (SKA) an, der heutigen Credit Suisse (CS). Dort steigt er in Rekordzeit zum Präsidenten der Generaldirektion auf, in Deutschland dem Vorstandsvorsitzenden vergleichbar.

Pirkko und Josef teilen dieselben Werte und verstehen sich nahezu blind. Weil die Einsatzorte ihres Mannes bei der SKA ständig wechseln: Zürich, New York, dann wieder Zürich, dann Lausanne, dann London und wieder Zürich, stellt die diplomierte Ökonomin ihre eigenen beruflichen Ambitionen schließlich hintan. Hinzu kommt, dass 1984 mit der Geburt der Tochter Catherine aus dem Paar eine Familie geworden ist.

Catherine, die ein Schauspiel- und Filmproduktionsstudium absolviert hat, erweist sich ihrem Vater als in vielem ähnlich. Ganz sicher in punkto Ehrgeiz und Leistungsbereitschaft. Eines Tages will sie in Hollywood einen Oscar gewinnen. Beide haben ein inniges Verhältnis zueinander.

Nach der Geburt der Tochter kümmert sich Pirkko Ackermann um das Kind und hält ihrem Mann den Rücken für seine Karriere frei. Dabei ist sie für ihn auch ein wertvolles Korrektiv: Wenn der große Bankchef einmal abzuheben droht, weiß die bodenständige Finnin ihn schnell wieder zu erden. Erfolgsmenschen brauchen mindestens einen Menschen ihres Vertrauens, der ihnen den Spiegel vorhält. Niemand kann dies besser als die eigene Frau.

Von dem Schriftsteller Max Frisch stammt der Satz, dass der Erfolg den Menschen »nicht ändert, sondern entlarvt«. Erfolgsmenschen wollen bestimmen und gestalten. Sie sind von sich überzeugt, und mit jedem neuen Erfolg wächst die Gefahr des Höhenrausches.

Mit Erfolg kann Josef Ackermann ganz gut umgehen, er lässt ihn, ungeachtet gelegentlicher Versuchungen und Ausrutscher, nie wirklich abheben. Davor bewahren ihn zum einen sein extremer Ehrgeiz, der ihn nie auch mit sich selbst zufrieden sein lässt, zum anderen Familie und Freunde.

Aber was ist mit dem Misserfolg? Wenn der Satz von Frisch auch dafür gilt, dann hat der große Bruch in Josef Ackermanns (Berufs-)Leben, die Anklage im Mannesmann-Prozess, eine andere Seite an ihm »entlarvt«.

Durch das Untreue-Verfahren in Düsseldorf kommt hinter dem erfolgsverwöhnten und selbstgewissen Überflieger ein fehlbarer und verletzlicher Mensch zum Vorschein. Erstmals im Leben beginnt er ernsthaft zu zweifeln und sich zu hinterfragen. »Im Mannesmann-Prozess«, gesteht er mir einmal, »hat mich nichts so getroffen wie der Vorwurf, unmoralisch gehandelt zu haben«.

Für Josef Ackermann sind seine Eltern, »sehr religiöse Menschen«, wie er selbst sagt, zeitlebens die letzte moralische Instanz. Wenn der Werte-Kompass, den sie ihm mitgegeben hatten, nicht mehr funktioniert, sorgen sie für Abhilfe. Bei Maybrit Illner im *ZDF* erzählt der Deutsche-Bank-Chef, wie ihn an dem Tag, an dem er im Düsseldorfer Landgericht das Victory-Zeichen gemacht und im ganzen Lande einen Entrüstungssturm ausgelöst hatte, abends seine Mutter anrief und sagte: »Junge, was hast du da gemacht? Das war nicht richtig.« Erst da, so der Deutsche-Bank-Chef, habe er verstanden, was er angerichtet hatte.

Der Leistungsbereitschaft und -kraft ihres Ältesten konnten seine Eltern immer sicher sein. Vater Ackermann, dessen Todesanzeige das Schiller-Zitat zierte: »Der brave Mensch denkt an sich selbst zuletzt«, macht sich aber schon früh Gedanken darüber, diese auch in die richtigen Bahnen zu lenken: Er gibt Josef als Lebensmaxime mit auf den Weg, seine Schaffenskraft in den Dienst anderer Menschen zu stellen. Dem 10-jährigen »Seppi« steckt er einen Zettel mit einem Vierzeiler des deutschen Dichters und Goethe-Zeitgenossen Christoph Martin Wieland zu:

»In andrer Glück sein eignes finden,
Ist dieses Lebens Seligkeit.
Und andrer Menschen Wohlfahrt gründen,
Schafft göttliche Zufriedenheit.«

Den Zettel hat Josef Ackermann bis heute aufbewahrt. Im Verlauf der Finanzkrise reift in ihm immer mehr die schmerzliche Gewissheit, dass er die väterliche Handlungsmaxime zwar stets in der Tasche, aber nicht immer im Herzen getragen hatte. Ein bisschen ist es ihm dann doch ergangen wie Heidi: In der Ferne war er ein Stück weit entwurzelt worden. Beim Wettlauf um Gewinn und Erfolg fern der Heimat waren Glück und Wohlfahrt anderer Menschen zunehmend aus dem Blickfeld geraten.

Die Finanzkrise ruft ihm den Werte-Kompass, den sein Elternhaus ihm einst fürs Leben mitgegeben hat, wieder ins Bewusstsein. Er fängt an umzudenken. »Die große Metamorphose«, wie die *Welt am Sonntag* die Wandlung des Bankers einmal genannt hat, beginnt.

Genau genommen ist es eine Retromorphose. Wie Gestein im Verlaufe neuer gebirgsbildender Vorgänge durch andere Druck- und Temperaturverhältnisse wieder in einen niedrigeren Metamorphosezustand zurückversetzt wird, so bringt das wirtschaftliche Erdbeben, das die Finanzkrise darstellt, Josef Ackermann wieder näher zurück an seine Ursprünge.

KAPITEL 5
ERKENNTNIS UND INTERESSE

Nach der Rettung der IKB Anfang August 2007 kann, so scheint es zunächst, wieder die übliche Sommerruhe einkehren. Der Himmel ist blau, die Weltwirtschaft brummt, der amerikanische Finanzminister Henry Paulson sieht sie in der »besten Verfassung seit Jahrzehnten«. Und Josef Ackermann hat für das zweite Quartal gerade das zweite Rekordergebnis des Jahres verkündet: 1,8 Milliarden Euro netto, ein Plus von über 30 Prozent gegenüber 2006 und eine Eigenkapitalrendite von 36 Prozent.

Die Ratingagentur Standard & Poor's belohnt die Frankfurter mit einer besseren Bonitätsnote, statt AA- geht es hoch auf AA. Doch Josef Ackermann macht sich Sorgen. In jenen Tagen spüre ich zum ersten Mal eine gewisse Unruhe an dem immer so unerschütterlich anmutenden Mann. Das zweite Quartal ist für ihn längst passé, das glänzende Ergebnis die Ernte der Schönwetterperiode von gestern. Inzwischen hat sich das Klima auf den Finanzmärkten deutlich verschlechtert.

Nicht nur, dass die Kreditzinsen steigen, dass Risiko wieder einen Preis hat. Das wäre nach den Jahren billigen Geldes ja nur die längst überfällige Rückkehr zur Normalität. Nein, je deutlicher der Mangel an Transparenz im Zusammenhang mit der Verbriefungspraxis wird, desto mehr stoßen Marktteilnehmer Vermögenswerte und Schuldenpositionen ab, die auch nur im Entferntesten problematisch erscheinen. Der Preisverfall im Subprime-Bereich dehnt sich auf andere Anlageklassen wie etwa Finanzierungen für Unternehmenskäufe, sogenannte Leveraged Loans, aus. Die zunächst regional begrenzt und beherrschbar erscheinende Krise auf dem US-Hypothekenmarkt entwickelt eine Eigendynamik, befällt immer mehr Bereiche des Finanzsystems. Eine Art weltweiter finanzieller Rinderwahnsinn bahnt sich an, das Vertrauen der Akteure schwindet.

Ist aber erst einmal das Vertrauen erschüttert, trocknet die Liquidität, das Schmiermittel im Finanzsystem, aus, weil jeder Marktteilnehmer an seinen eigenen flüssigen Mitteln festhält. Mangelnde Liquidität im System wiederum stört die Preisbildung und damit die Bewertung und den Handel von Risiken. Liquiditätsprobleme in einem Bereich greifen auf andere, gesunde Bereiche über. Dort werden Vermögenspositionen aufgelöst, um die Löcher in dem zuerst befallenen Bereich zu stopfen. Die ungewöhnlichen Marktbewegungen lösen die bis dahin gültigen Annahmen über die Korrelation zwischen verschiedenen Anlageklassen auf. Noch mehr Vertrauen geht verloren. Es ist eine Spirale nach unten, an deren Ende der Infarkt des gesamten Geldkreislaufs droht.

Um ihm vorzubeugen, verabreichen die Europäische Zentralbank (EZB) und andere Notenbanken dem Markt am 9. August wie zuletzt sechs Jahre zuvor nach dem Anschlag auf das World Trade Center in New York eine Milliarden-Spritze. Am Morgen hatte die französische Großbank BNP Paribas wegen großer Wertverluste drei Fonds geschlossen.

In seinem Haus im Tessin, in dem er im August gerne Urlaub macht, telefoniert Josef Ackermann ständig mit Kunden, Mitarbeitern, Kollegen in anderen Banken, Politikern und Notenbankern. Auch ich habe ihn mehrmals täglich am Ohr. Da erst ganz frisch dabei, mache ich keinen Urlaub, sondern bin in der Bank geblieben und versorge meinen Chef laufend mit den neuesten Nachrichten.

Davon gibt es reichlich. Im Gebälk des internationalen

Finanzsystems kracht es immer lauter. Goldman Sachs, die Paradebank der Wall Street, sieht sich gezwungen, einem hauseigenen Hedgefonds mit zwei Milliarden US-Dollar unter die Arme zu greifen. Nach American Home Mortgage kommt auch Countrywide Financial, die größte Hypothekenbank der USA, in Nöte.

In Deutschland gerät die SachsenLB in eine Schieflage – aus denselben Gründen wie die IKB. Die Sparkassen-Gruppe sieht sich gezwungen, mit über 17 Milliarden Euro zur Hilfe zu eilen. Mit WestLB, BayernLB und LBBW müssen später noch drei weitere Landesbanken milliardenschwere Wertberichtigungen vornehmen.

Neben eigenen Fehlern sind sie Opfer der Zersplitterung und Strukturschwäche des deutschen Bankensektors. Viele Geldinstitute haben Ersatzgeschäfte in fremden Bereichen und Märkten gesucht, weil ihnen die Gewinne am Heimatmarkt nicht reichten – und sind dabei kläglich gescheitert.

In jenen Augusttagen im Tessin trifft der Deutsche-Bank-Chef die wohl wichtigste Entscheidung seines gesamten Berufslebens. Er glaubt nicht mehr, dass die Turbulenzen auf den Finanzmärkten nur ein reinigendes Sommergewitter sind und schnell vorüberziehen. Er rechnet noch nicht mit einer systemischen Krise, die das globale Finanzgebäude und mit ihm die Weltwirtschaft in Gefahr bringt. Aber mit einem tiefen und langanhaltenden Einschnitt als Folge der sinkenden Immobilienpreise in den USA.

Josef Ackermann begreift die heraufziehende Krise als Chance: für sich, seine Bank und den Internationalen Bankenverband, dem er vorsteht. Und er beschließt, die Probleme bei den Hörnern zu packen – in seinem Haus wie in der Branche. Der Gefahr, dass er dabei zum Gesicht der Krise werden könnte und auch die Deutsche Bank vermehrt dem öffentlichen Scheinwerferlicht aussetzt, ist er sich bewusst. Er nimmt sie in Kauf. Das Risiko muss er eingehen. Einzelne Medien wie die *Börsen-Zeitung* beginnen schon, das »Schweigen der Banker« zu beklagen. Verstecken wird er sich als Deutsche-Bank- und IIF-Chef sowieso nicht können, es wäre auch nicht seine Art. Er ist lieber Hammer als Amboss.

Anfang September 2007, auf der alljährlichen *Handelsblatt*-Bankentagung in Frankfurt, traditioneller Treffpunkt der Branche nach der Sommerpause, setzt Josef Ackermann seinen Entschluss in die Tat um. Er bricht das Schweigen der Banker. Als erster Vertreter seiner Branche von Rang und Namen übt er öffentlich Selbstkritik, lange bevor die Finanzkrise mit dem Zusammenbruch der US-Investmentbank Lehman Brothers ihren Höhepunkt erreicht: Es sei zu »teils erheblichen Übertreibungen« in seiner Branche gekommen, sagt er. Das eigene Haus nimmt der Schweizer dabei nicht aus: »Ich schließe die Deutsche Bank hier mit ein.« Die »Konstruktionen von Finanzmarktinnovationen« seien teilweise »immer komplexer« geworden, die Risikoprämien hätten die zugrunde liegenden Risiken »nicht mehr angemessen« abgedeckt. Seine Kollegen, von denen die meisten zu dem Zeitpunkt nicht an eine Krise glauben wollen, ruft der Deutsche-Bank-Chef dazu auf, »die notwendigen Korrekturmaßnahmen anzugehen«.

Wie groß die Übertreibungen waren, wie sehr die Probleme noch wachsen würden und wie weit die Korrekturmaßnahmen einmal gehen müssen, ahnt Ackermann zu diesem Zeitpunkt allerdings selbst noch nicht. Bei einer Roadshow, die ihn in diesen Tagen nach Paris, London und Zürich führt, hält er für sein Haus unverändert an dem schon seit längerem für 2008 angekündigten Ergebnisziel in Höhe von 8,4 Milliarden Euro vor Steuern und einer langfristigen Eigenkapitalrendite von 25 Prozent fest. Auf den Märkten zeichne sich bereits der »Beginn einer Stabilisierung« ab, beschwichtigt er, »zu übertriebener Sorge« bestehe »kein Anlass«.

Öffentliche Anflüge von Optimismus zeigt Ackermann in den darauffolgenden Monaten immer wieder, obwohl die Probleme sich zusehends verschärfen. Kritiker verspotten ihn deswegen als »Gesundbeter« oder gar »Kontra-Indikator«. Sie übersehen dabei: In diesen Tagen und Wochen entscheidet sich, wie die Bank durch die Krise kommen wird. Erkenntnis verbindet sich mit Interesse. Viel vom Optimismus des Deutsche-Bank-Chefs ist Zweckoptimismus. Eine pessimistische Lagebeurteilung aus seinem Munde würde die Entwicklung nur beschleunigen, alles nur noch schlimmer machen und zu einer sich selbst erfüllenden Prophezeiung werden.

Zudem würde der Schweizer damit auch sein eigenes Handeln konterkarieren. Zusammen mit Risikochef Hugo Bänziger hat er für die Investmentbank inzwischen zum Rückzug geblasen und Order erteilt, sich radikal von problematischen Positionen im Handelsbereich zu trennen, selbst wenn dabei Verluste in Kauf zu nehmen sind. »Im Juli«, gemeint ist das Jahr 2007, »haben wir gesagt: Raus! Andere haben darauf gesetzt, dass es bald wieder besser wird. Das hat den großen Unterschied gemacht«, antwortet er später auf die Frage nach dem Hauptgrund dafür, dass die Deutsche Bank trotz der hohen Risiken, die sie eingegangen ist, vergleichsweise unbeschadet durch die Krise gekommen ist.

So gelingt es gerade noch rechtzeitig bevor der Markt zusammenbricht, die eigenen Positionen an strukturierten Wertpapieren deutlich abzubauen und damit Abschreibungen und Verluste insgesamt in Grenzen zu halten. Als ein Team im Eigenhandel in London beim Versuch, relative Preisveränderungen auszunutzen, in wenigen Wochen rund 100 Millionen Euro verliert, sorgt Ackermann dafür, dass es sofort aufgelöst wird. Die gewohnten Preis-Korrelationen zwischen verschiedenen Vermögenswerten gelten nicht mehr.

Gleichzeitig baut der Bankchef für eine anhaltende Krise vor und lässt mehrere langlaufende Anleihen auflegen, um so die nötige Liquidität zu sichern. »Es hätte auch anders kommen können«, räumt er später ein, »aber man schläft mit Opportunitätskosten besser als mit Verlusten.«

Neben seiner ökonomischen Ausbildung helfen Ackermann in diesen entscheidenden Tagen auch die Erkenntnisse von seinen vielen Reisen rund um die Welt und sein internationales Beziehungsnetzwerk. Er weiß mehr als die meisten anderen, sein Blick für das große Ganze und sein Kontakt zur realen Welt sind intakt geblieben. Er spürt, dass die Musik nicht mehr lange spielt. Und am Ende steht ihm auch das Glück zur Seite.

»Better be lucky than smart«, hatte er einmal in einem Hintergrundgespräch mit Journalisten gesagt. Ich hatte ihm daraufhin geraten, das »on the record« nicht zu wiederholen, wenn er nicht der ohnehin schon weitverbreiteten Vorstellung Vorschub leisten wolle, Banken seien kaum mehr als Spielkasinos. Außerdem provoziere es womöglich die Frage, ob sich auf Gespür und Glück wirklich ein Geschäftsmodell aufbauen lasse. Im Verlauf der Krise sollte ich gleichwohl die tiefe Weisheit erkennen, die in dem Bonmot steckt.

So darf es durchaus als glücklicher Zufall für die Deutsche Bank betrachtet werden, dass es ausgerechnet die IKB war, die bereits so früh in der Krise in Schwierigkeiten geriet, und nicht irgendeine andere Bank, etwa im fernen Amerika. Der Warnschuss aus Düsseldorf war in Frankfurt nicht mehr zu überhören. Josef Ackermann zieht daraus seine

Schlüsse. Den meisten seiner Kollegen ist er damit um Monate voraus.

Im Herbst nimmt die Selbsterkenntnis in der Branche jedoch allgemein zu. Die britische Hypothekenbank Northern Rock, fünftgrößter Baufinanzierer auf der Insel und für ihre 125-Prozent-Hypotheken bekannt, muss eine Gewinnwarnung herausgeben, weil die kurzfristige Refinanzierung ihrer langfristigen Ausleihungen nicht mehr funktioniert wie gewohnt. Die Kunden ahnen Böses und belagern das Institut, um ihre Einlagen abzuziehen. Vor den Filialen bilden sich lange Schlangen, die Bank of England sieht sich zu einer unbegrenzten Liquiditätszusage gezwungen und verkündet, es gebe keinen Grund zur Panik.

Doch der Bank-Run setzt sich fort. Um ihn zu stoppen, bleibt der Regierung in London schließlich nur noch übrig, alle Einlagen von Northern Rock, und damit so gut wie alle Einlagen bei irgendeiner britischen Bank, in vollem Umfang zu garantieren. Der psychologische Schaden ist damit allerdings nicht mehr gutzumachen. Die Bilder von Schlange stehenden britischen Bankkunden erinnern an die schlimmen Zeiten der Depression im vergangenen Jahrhundert.

Auch in Deutschland werden die Bürger nervös. Maybrit Illner lädt Josef Ackermann in ihre Talkshow ein. Der Deutsche-Bank-Chef soll den Menschen die Lage erklären. Er will das jedoch nur solo tun, ein Privileg, das normalerweise allein Bundeskanzlern und -präsidenten eingeräumt wird. An einem in solchen Sendungen üblichen Schaukampf um die schönste Sprechblase ist der Schweizer nicht interessiert. In der Situation gilt das offenbar auch für die Macher der Sendung.

Mit seinem nun erstmals auch vor einem Massenpublikum ausgesprochenen Bekenntnis, dass die Branche, sein Haus und er selbst Fehler gemacht hätten, sammelt Ackermann bei den Deutschen Sympathiepunkte. Die *Süddeut-*

sche Zeitung erkennt in ihm schon damals einen »reuigen Banker«.

Bei Anlegern weckt die unerwartet deutliche Selbstkritik jedoch Befürchtungen, die Krise könnte tiefer gehen als bisher bekannt und auch die Deutsche Bank nicht ungeschoren lassen. Erste Ticker-Meldungen zu der Interview-Aufzeichnung ohne den vollen Kontext erwecken den Eindruck, der Schweizer habe eine versteckte Gewinnwarnung abgegeben, und lösen einen Kursrutsch der Deutsche-Bank-Aktie um zeitweise über drei Prozent aus. Finanzminister Steinbrück fühlt sich daraufhin sogar bemüßigt, dem größten Geldhaus des Landes ein Unbedenklichkeitstestat zu erteilen – ein Zeichen für die Nervosität, die sich nach Northern Rock in Berlin ausgebreitet hatte: »Die Deutsche Bank«, so Steinbrück, sei »völlig stabil aufgestellt.«

Kritiker meiner neuen Kommunikationspolitik, stärker die Gesamtbevölkerung anzusprechen und nicht mehr nur nahezu ausschließlich die Kapitalmärkte, können ihre Häme kaum verbergen. Das habe man davon, wenn man sich auf Boulevard und Talkshow einlasse, bekomme ich zu hören. Es war zu erwarten, dass der Kursschwenk nicht reibungslos verlaufen würde.

Derweil fällt der Aktienkurs der Bank weiter – ihre großen Wettbewerber in den USA und in der Schweiz haben gerade Milliarden abschreiben müssen. Die Gerüchteküche brodelt. Im dritten Quartal werde Ackermann wohl keinen Gewinn mehr ausweisen können. Im entsprechenden Quartal des Vorjahres waren es noch 1,2 Milliarden Euro nach Steuern gewesen.

Um die schädlichen Spekulationen zu beenden, wartet der Schweizer nicht bis zur regulären Verkündigung der Ergebnisse Ende Oktober. Schon am 3. Oktober, dem deutschen Nationalfeiertag, gibt er bei der traditionellen Bankentagung von Merrill Lynch in London vorläufige Resultate bekannt. Die Investmentbank und Geldmaschine der Frankfurter hat tatsächlich zum ersten Mal seit Jahren einen Verlust produziert. Die Finanzkrise schlägt mit 2,2 Milliarden Euro an Abschreibungen zu Buche. Dennoch erzielt die Bank mit Hilfe ihrer anderen Bereiche (Zahlungsverkehr, Vermögensverwaltung sowie Privat- und Geschäftskunden) einen Quartalsgewinn von 1,6 Milliarden Euro netto – mehr noch als im Vorjahr. Allerdings ist er gut zur Hälfte einmaligen Sondererträgen wie etwa Steuerrückerstattungen zu verdanken.

Im Verlust der Investmentbank spiegeln sich die Folgen von Ackermanns Rückzugsbefehl aus dem Sommer. Kritische Positionen aufzulösen kostet erst einmal Geld. Aber wie sich bald herausstellen sollte, spart es noch viel mehr. Andere Institute, die langsamer und risikofreudiger waren und länger an ihren Portfolios mit strukturierten Wertpapieren festhielten, sollten dafür noch bitter büßen müssen. Sie erleiden mit immer weiter fallenden Preisen am Ende weit höhere Verluste.

Die Krise frisst sich derweil stetig voran. Bei den Empfängen, Dinners und Soireen auf der Tagung von Weltbank und Währungsfonds in Washington, wo sich Mitte Oktober die globale Finanzbranche ein Stelldichein gibt, hat die ausgelassene Partylaune der Vorjahre einer neuen Nachdenklichkeit Platz gemacht. Die Spannungen am Geldmarkt dauern nun schon seit über zwei Monaten an, länger als nach dem Terroranschlag auf das World Trade Center.

Am Rande der Tagung in der US-Hauptstadt feiert der Weltbankenverband IIF sein 25-jähriges Bestehen. EZB-Präsident Jean-Claude Trichet hält die Festrede, die Akrobaten des »Cirque du soleil« unterhalten die Gäste im National Building Museum mit ihren Kunststückchen. Zum Hauptgang des Dinners erklingt der melancholische Beatles-Song »Yesterday« aus den Lautsprechern. Ja, so denkt sich mancher unter den Versammelten, gestern schienen die Probleme so weit weg, heute sieht es so aus, dass sie bleiben.

Vor der versammelten Weltpresse erklärt IIF-Präsident Ackermann am nächsten Morgen, die Banken hätten wesentlich zur Finanzkrise beigetragen. Deswegen müssten von ihnen nun auch primär die nötigen Korrekturen kommen: »Das ist unsere Verantwortung.« Zugleich kündigt er an, bis zur Frühjahrstagung des Verbands im März in Rio de Janeiro, werde er erste Reformvorschläge für einen Katalog von Regeln guter Geschäftsführung ausarbeiten lassen. Die Themen Transparenz, Risikomanagement, Kreditvergabe, Liquidität und Vergütung stünden dabei im Vordergrund.

Die *Neue Zürcher Zeitung* schreibt tags darauf von einem »Ordnungsruf«. Viele IIF-Mitglieder nehmen diesen mit gemischten Gefühlen auf. Sie hoffen weiter, dass der Spuk auf den Finanzmärkten bald wieder vorbei ist. Josef Ackermann ist da zwar ganz anderer Ansicht. Aber dass aus der Krise auf dem amerikanischen Immobilienmarkt und ihren Kollateralschäden einmal eine systemische Krise wird, damit rechnet er auch jetzt noch nicht.

Am Sonntagabend will der Schweizer endlich mal auf andere Gedanken kommen. »Genug mit Subprime«, sagt er auf dem Kunden-Konzert, das sein Haus jedes Jahr bei der Tagung in Washington im Kennedy Center ausrichtet. »Heute Abend gibt es nur Prime« – und übergibt unter tosendem Applaus an die russische Star-Sopranistin Anna Netrebko. Über der Musik vergessen er und seine Gäste für eine Weile alle Sorgen.

Bald fordert die Krise jedoch die nächsten Opfer. Merrill Lynch hat sich schwer verhoben und muss im dritten Quartal fast acht Milliarden Dollar abschreiben. Bankchef Stanley O'Neal verliert darüber Ende Oktober seinen Job. Im vierten Quartal sieht sich sein Nachfolger John Thain gezwungen, noch mal fast 15 Milliarden Dollar draufzulegen und einen Verlust von fast 10 Milliarden Dollar auszuweisen, der schlimmste in der fast 100-jährigen Geschichte der Bank.

Eine Woche nach O'Neal ist Chuck Prince, Chef der Citigroup, Amerikas größter Bank, an der Reihe. Citi hatte im dritten Quartal gerade erst 6,5 Milliarden Dollar abgeschrieben, da werden Spekulationen laut, im letzten Quartal des Jahres seien weitere acht bis elf Milliarden fällig. Tatsächlich sollten es dann schließlich sogar 18 Milliarden Dollar werden. Zu dem Zeitpunkt ist Prince schon nicht mehr im Amt.

Die Horrornachrichten lösen Schockwellen in den USA und Europa aus, an den Börsen brechen die Finanzwerte ein, der Goldpreis steigt auf 807 Dollar für eine Feinunze, den höchsten Stand seit 28 Jahren. Anfang November wird immer deutlicher, was der Deutsche-Bank-Chef schon seit Monaten ahnt. Die Abschreibungen im Quartal zuvor waren kein Großreinemachen, sie markierten nicht den Höhepunkt der Probleme. Sie waren erst der Anfang.

Und es wird immer deutlicher, dass das moderne Geschäftsmodell der Verbriefung und des Weiterverkaufs von Krediten, im Fachjargon »originate and distribute« genannt, die Banken keineswegs sicherer gemacht hat. Bei einem Besuch der Nachrichtenagentur Reuters in den Londoner Docklands spricht Josef Ackermann von der »schlimmsten Krise«, die er in seinen 30 Jahren als Banker erlebt habe.

Die internationale Finanzbranche und die Medien spekulieren in jenen Tagen, der Schweizer könnte die Deutsche Bank bald verlassen und Chef von Citigroup oder Merrill Lynch werden. Der gewöhnlich gut informierte Fernsehsender *CNBC* hat gemeldet, er stehe bei beiden Banken auf dem Wunschzettel.

Josef Ackermann denkt jedoch nicht daran, sein Haus

mitten in der Krise im Stich zu lassen. Aber er ist eitel genug, um die Spekulationen zu genießen, und lässt sie deshalb eine Weile fröhlich wuchern. Sollen die Deutschen ruhig mal sehen, was sie an ihm haben, denkt er sich und badet in diesen Tagen in der morgendlichen Presseschau. Endlich erhält er die langersehnte und so schmerzlich entbehrte Anerkennung auch im Heimatmarkt. Jahrelang, so die *Frankfurter Allgemeine Sonntagszeitung*, sei er »der Buhmann der Nation« gewesen. Jetzt breite sich im Lande »eine ›Wir lassen ihn nicht gehen‹-Stimmung« aus. Fünfeinhalb Jahre nach seinem Amtsantritt, konstatiert die *Zeit*, sei der erste Ausländer an der Spitze der Deutschen Bank »eingebürgert worden«.

Bei einem Auftritt in der Berliner Industrie- und Handelskammer einige Tage später macht Ackermann den immer lauter werdenden Abwanderungsgerüchten dann schließlich ein Ende: »Ich bin gerne in Deutschland.« Am Wochenende sei er mit seiner Familie im Zoo gewesen, um den berühmten Eisbären Knut zu sehen. Dabei hätten ihn die Leute »alle sehr freundlich« angesprochen.

So geht das Jahr eins der Finanzkrise für den Deutsche-Bank-Chef so schön zu Ende wie noch kein Jahr seit seinem Amtsantritt. Zu einer zunehmend freundlichen Presse gesellt sich eine Schar von Ehrungen.

Die London School of Economics, eine der angesehensten Wirtschaftsuniversitäten der Welt, ernennt ihn zum Honorarprofessor. Das American Institute for Contemporary German Studies verleiht ihm in New York den Global Leadership Award. Das American Jewish Committee folgt mit dem Herbert B. Lehman Human Relations Award. Er ehrt Persönlichkeiten, die sich besonders für Mitmenschlichkeit, Toleranz und Vielfalt in der Welt einsetzen.

Im Hilton Hotel in Midtown Manhattan versammeln sich zu Ehren des Schweizers über 300 meist prominente

New Yorker, darunter Bürgermeister Michael Bloomberg, Senator Chuck Schumer und der Bau-Tycoon Jerry Speyer. Die Frankfurter Oberbürgermeisterin Petra Roth ist eigens zu dem Anlass eingeflogen, der israelische Premier Ehud Olmert schickt schriftlich seine »warmherzige Gratulation«.

Anders als für Josef Ackermann und die Deutsche Bank endet das Jahr 2007 für die Finanzbranche mit einem negativen Vorzeichen. Um den Geldverkehr aufrechtzuerhalten, müssen die EZB sowie die Notenbanken der USA, Großbritanniens, Kanadas und der Schweiz kurz vor Weihnachten in einer konzertierten Aktion erneut kräftige Liquiditätsspritzen verabreichen.

Und das neue Jahr beginnt mit neuen Paukenschlägen. Nach Merrill Lynch und Citigroup verliert binnen weniger Wochen die dritte Bank an der Wall Street ihren Chef. James (»Jimmy«) Cayne, der 15 Jahre die Geschäfte von Bear Stearns geführt hatte, muss wegen der wachsenden Probleme der Bank abtreten. Citi und Merrill Lynch sehen sich nach ihren enormen Verlusten gezwungen, eine Betteltour um frisches Kapital bei Staatsfonds in Asien und Nahost anzutreten. Die schwer angeschlagene Hypothekenbank Countrywide flüchtet in den Schoß der Bank of America. Diese verkündet ebenso wie das Bankhaus Wachovia nur wenige Tage darauf einen Gewinneinbruch von über 90 Prozent. Und der deutsche Hypothekenfinanzierer Hypo Real Estate meldet Abschreibungen in Höhe von 390 Millionen Euro. Das nervös gewordene Publikum sieht Parallelen zur IKB. Der Kurs kracht um ein Drittel ein.

Die Kreditkrise erfasst neben Wohn- zunehmend auch Gewerbeimmobilien. An den Aktienmärkten macht sich Rezessionsangst breit. Der Dax stürzt um über sieben Prozent ab. Der 21. Januar 2008 geht als einer der schwärzesten Tage in die Börsengeschichte ein. Um die Ängste zu bremsen, senkt die US-Notenbank den Zins um einen dreiviertel Prozentpunkt, mehr als nach den Terroranschlägen vom 11. September.

Als wäre das alles noch nicht schlimm genug, erfährt die Öffentlichkeit einige Tage darauf, dass der Händler Jérôme Kerviel bei der französischen Großbank Société Générale mit Terminkontrakten auf europäische Aktienindizes nahezu fünf Milliarden Euro verzockt hat. Der damalige Kommunikationschef der Bank, Hugues Le Bret, schildert in seinem Buch über den Fall (»Die Woche, in der Jérôme Kerviel beinahe das Weltfinanzsystem gesprengt hätte«), wie der Mitarbeiter dabei das Kontrollsystem der Bank ausgehebelt hatte. Josef Ackermann ordnet sofort eine Überprüfung der Sicherheitssysteme seines Hauses an. In diesen Tagen muss ich wieder an seinen Spruch denken: »Better be lucky than smart.«

Während um ihn herum die Nervosität von Woche zu Woche steigt, wird der Schweizer immer ruhiger. Als alle noch ruhig waren, war er unruhig, jetzt ist es umgekehrt.

Die Erklärung dafür folgt am 7. Februar, dem Tag, an dem die Deutsche Bank ihr Ergebnis für das vierte Quartal des Vorjahres und damit das gesamte Jahr 2007 bekanntgibt. Es ist zugleich der Tag, an dem ihr Chef seinen 60. Geburtstag begeht.

Schon im Vorfeld haben die Medien das lange vermisste Bekenntnis zu seinem Gastland gelobt, das der Schweizer in den zurückliegenden Monaten gezeigt hatte. »Der Mann, den Deutschland mit Verachtung strafte«, so etwa die *Frankfurter Allgemeine Sonntagszeitung*, »leuchtet plötzlich«. Dazu druckt die Zeitung Glückwünsche von B wie Burda, dem Inhaber des gleichnamigen Verlagshauses, bis W wie Weill, dem ehemaligen Chef der Citigroup, mit dem der Deutschbanker in einer lauen Sommernacht im

Juni 2003 einmal über eine Fusion beider Institute geträumt hatte. Auch Bundeskanzlerin Merkel habe bereits Grüße geschickt und werde sich noch mal persönlich melden. Das *Handelsblatt* wünscht »Happy Birthday, Joe«.

Der Wunsch sollte in Erfüllung gehen. An seinem Geburtstag kann Josef Ackermann einen neuen Rekordgewinn von 8,7 Milliarden Euro vor Steuern verkünden. Während andere Banken im vierten Quartal noch einmal Milliarden abschreiben mussten, schlagen in der Deutschen Bank ganze 50 Millionen Euro zu Buche. Jetzt macht sich das frühe Umschwenken bezahlt. Die UBS kommt für das gesamte Jahr 2007 auf Abschreibungen von insgesamt 19 Milliarden Dollar, Merrill Lynch auf fast 24 und Citigroup auf fast 25 Milliarden Dollar. Für die Deutsche Bank dagegen sind es vergleichsweise bescheidene gut drei Milliarden Euro.

Die Medien überbieten sich gegenseitig mit Superlativen: »Ein Meisterwerk«, schwärmt die *Börsenzeitung*. Die *Welt* verleiht dem Deutsche-Bank-Chef sogar gleich »Heldenstatus«. Selbst Finanzminister Steinbrück, der in diesen Wochen keine Gelegenheit auslässt, die Banken heftig zu tadeln, macht dem Schweizer Komplimente: Sein Institut habe gezeigt, so der SPD-Politiker, »wie man es professionell und gut machen kann«.

Josef Ackermann genießt den Moment – und will ihn nutzen. In diesen Wochen fasst er einen großen Zukauf im Privatkundengeschäft ins Auge, um sein Haus besser auszubalancieren und unabhängiger vom Investmentbanking zu machen: »Man muss kaufen, wenn man selbst stark ist und die anderen schwach sind«, sagt er.

Der Schweizer war stets ein Verfechter einer integrierten Bank mit Investmentbanking, Vermögensverwaltung und Privatkundengeschäft unter einem Dach. Sie bietet stabilere Erträge und eine breitere Refinanzierungsbasis, ein größeres Vertriebsnetz und ein besseres Rating – und damit auch eine günstigere Refinanzierung. Ein solches Modell wollte er bereits bei seinem früheren Arbeitgeber SKA etablieren, konnte sich damit allerdings nicht durchsetzen und hatte deswegen schließlich das Haus verlassen. Zu seiner großen Genugtuung war man bei dem SKA-Nachfolger Credit Suisse inzwischen längst anderen Sinnes geworden.

In den ersten Jahren als Chef der Deutschen Bank hatte Ackermann sich nahezu vollständig auf das Investmentbanking konzentriert. Dafür war er geholt worden, hier war am meisten zu gewinnen. Für einen massiven Ausbau der anderen Bereiche mangelte es zudem an günstigen Kaufgelegenheiten.

Die Finanzkrise verschiebt dann aber die Gewichte. Sie erhöht zum einen die Notwendigkeit, sich vom Investmentbanking unabhängiger zu machen, und sie bringt zum anderen vermehrt Chancen für günstige Kaufgelegenheiten mit sich.

Am 1. März 2008 feiert Josef Ackermann in der Münchner Residenz aber erst einmal gebührend seinen runden Geburtstag nach. Mit dem früheren Wohn- und Regierungssitz der Wittelsbacher Herzöge, Kurfürsten und Könige verbindet ihn das Cuvilliés-Theater, für dessen Wiederherstellung im alten Glanz er privat eine stattliche Summe gespendet hat. Zum Empfang im Antiquarium, Konzert in der Allerheiligen-Hofkirche und Abendessen im Kaisersaal sind über 200 handverlesene Gäste gekommen. Neben Familie, Freunden und den engsten Kollegen aus der Deutschen Bank sowie Politikern wie dem ehemaligen Bundespräsidenten Roman Herzog, dem bayrischen Ministerpräsidenten Günther Beckstein und dessen hessischem Kollegen Roland Koch geben sich fast alle ein Stelldichein, die in der deutschen Wirtschaft Rang und Namen haben, von A wie Achleitner über L wie Löscher bis Z wie Zetsche.

Auch aus dem Ausland sind viele Prominente dabei,

unter ihnen der schwedische Bankier und Großindustrielle Marcus Wallenberg, »Mr. Davos« Klaus Schwab, der New Yorker Projektentwickler Jerry Speyer, der Londoner Bankier Sir Evelyn de Rothschild und der Pariser Werbeagentur-König Maurice Lévy. Die deutsche Regierungschefin Angela Merkel ist dienstlich verhindert und organisiert zu Ehren des Schweizers deshalb ihrerseits am 22. April ein Abendessen mit Vertretern von Politik, Wirtschaft und Gesellschaft im Berliner Kanzleramt.

Als Ackermann im darauffolgenden Jahr für ein *ZDF*-Porträt über die Regierungschefin kurz vor dem Wahltag auf sein Verhältnis zu Merkel angesprochen wird, erwähnt er diese besondere Ehre und schwärmt etwas missverständlich von einem »wunderschönen Abend«. Das *ARD*-Politmagazin *Report Mainz* stellt das Ereignis daraufhin so dar, als habe die Regierungschefin auf Steuerzahlerkosten in ihrem Amtssitz eine rauschende Geburtstagsparty für den Deutsche-Bank-Chef geschmissen: »Party im Kanzleramt – Ackermann feierte auf Staatskosten« lautet die reißerische Schlagzeile. Das Thema schafft es sogar bis in den Haushaltsausschuss des Bundestages.

Weil das Kanzleramt aus grundsätzlichen Erwägungen keine Details von dem Abend, wie etwa die Gästeliste, veröffentlichen und es auf eine gerichtliche Verfügung ankommen lassen will, entsteht zunächst der Eindruck, es sei nicht alles astrein gewesen. Erst als sich herumspricht, dass bei der »Party« im Kanzleramt »Schnitzel mit kaltem Spargel« serviert wurden und Vertreter aus Politik, Wirtschaft, Wissenschaft, Kultur und Medien über diverse Themen diskutierten, erkennt das Publikum, dass es keine Sause gewesen sein kann. Der Skandalisierungsversuch fällt in sich zusammen. Selbst SPD-Mann Steinbrück springt der CDU-Kanzlerin, Wahlen hin oder her, schließlich zur Seite und nennt die Aufregung über die Einladung »kleinkariert«.

Überraschungsgast bei der wirklichen Geburtstagsparty an der Isar ist Udo Jürgens, den Josef Ackermann aus Zürich kennt. Obwohl schwer erkältet, unterhält der Sänger und Entertainer die illustre Gästeschar prächtig. Ein harter Kern bleibt bis sechs Uhr in der Früh. Der Jubilar eingeschlossen.

Viel Freude an Ackermanns rundem Geburtstag hat auch der Lernbetrieb des evangelischen Vereins für Jugendsozialarbeit am Ben-Gurion-Ring im Frankfurter Stadtteil Bonames. Statt Geschenken für den Schweizer haben Gratulanten auf seinen Wunsch dem Betrieb, der benachteiligte Jugendliche für eine Lehrstelle qualifiziert, über 175 000 Euro gespendet.

Als der Deutsche-Bank-Chef im Frühjahr 2008 scheinbar unbeschwert Geburtstag feiert und sich freut, dass so viele Menschen ihr Urteil über ihn geändert haben, ist ihm bereits bewusst, dass das Rekordergebnis seiner Bank für das vergangene Jahr täuscht und schwere Zeiten bevorstehen. So hält der oberste Deutschbanker zunächst zwar weiter daran fest, im laufenden Jahr 8,4 Milliarden Euro vor Steuern verdienen zu wollen, bezeichnet das Ziel aber jetzt als »mutig« und kalauert: »Wenn einem das Wasser bis zum Hals steht, darf man den Kopf nicht hängen lassen.«

Mit dem guten Jahresabschluss im Rücken verstärkt der Schweizer auch seine Bemühungen, seine Branche zur Umkehr zu bewegen und verspieltes Vertrauen zurückzugewinnen. »Als eine der führenden Banken der Welt sehen wir uns in einer besonderen Rolle für die Finanzindustrie«, sagt er. »Unsere Kompetenz und unsere hervorragenden Ergebnisse werden unserer Stimme dabei besonderes Gewicht geben.«

Von seiner Geburtstagsfeier in München reist Ackermann zur Frühjahrstagung des Weltbankenverbands IIF nach Rio de Janeiro. Dort, im Copacabana Palace Hotel, stellt sich zu seinem Erstaunen heraus, dass die Finanzbranche immer noch nicht bereit ist, die nötigen Lehren aus der Krise zu ziehen. Sein Vorschlag, Bonuszahlungen über mehrere Jahre zu strecken und in dem geplanten Best-Practice-Kodex zu verankern, stößt auf Widerstand vor allem von Investmentbankern. Er habe »sogar Anrufe von Anwälten aus den USA bekommen«, berichtet der Verbandspräsident, »die mir weismachen wollten, eine solche Vereinbarung verstoße gegen die Anti-Trust-Gesetze«.

Schon bei Vorlage der Bilanz für 2007 hatte Ackermann kritisiert, dass einige Banken trotz schwerer Verluste höhere Boni gezahlt hätten als im Jahr zuvor. »Das hat mir nicht gefallen.« In Rio erklärt er nun: »Wir müssen prüfen, wie wir die Entlohnung am besten an den Interessen der Anteilseigner und an langfristiger Leistung ausrichten können.« Bis zum Sommer wolle er einen umfassenden Verhaltenskatalog für die Branche vorstellen.

Es ist ein seltsamer Kontrast: Während millionenschwere Investmentbanker im Fünfsterne-Hotel missmutig um ihre Boni bangen, gehen draußen, nur einen Steinwurf entfernt, einfache Bürger unbeschwert ihren Strandfreuden nach. Von einer Finanzkrise haben die meisten von ihnen noch nichts gehört. Auch weil es diesmal eine Krise der sogenannten entwickelten Welt und nicht der Entwicklungs- oder Schwellenländer ist.

Kaum haben die Top-Banker den sanften Wellen der Copacabana den Rücken gekehrt, sehen sie sich mit schweren Brechern auf den Finanzmärkten konfrontiert. Aus der Liquiditäts- wird zunehmend eine Solvenzkrise. Für immer mehr Akteure stellt sich die Frage, ob ihre Verpflichtungen noch durch entsprechende Vermögenswerte gedeckt sind. Selbst die besten Teile der amerikanischen Hypothekenanleihen werden inzwischen nur noch mit zwei Drittel ihres

Ursprungswertes gehandelt. BBB-Tranchen sind nur noch zehn Prozent von einst wert.

Bear Stearns, die fünftgrößte Bank an der Wall Street sowie stark im Markt für hypothekenbesicherte Anleihen engagiert und deswegen schon seit Monaten im Gerede, gerät akut unter Druck. Der Aktienkurs stürzt steil ab, die sogenannten CDS-Spreads für die Bank, die Kosten für die Absicherung gegenüber einem Zahlungsausfall, schießen nahezu senkrecht in die Höhe. Kunden und Geschäftspartner ziehen sich zurück, der neue Bear-Chef Alan Schwartz beschwört das Publikum im Fernsehsender *CNBC*, an einer existentiellen Krise der Bank sei »nichts dran«. Wie sich die Bilder gleichen!

Im Hintergrund ist derweil bereits eine große Rettungsaktion angelaufen. Am Freitag, dem 14. März, öffnet die Fed der wankenden Investmentbank ihr sogenanntes Diskont-Fenster, eine Einrichtung, über sich nach dem Gesetz eigentlich nur Geldinstitute mit Einlagengeschäft im Notfall liquide Mittel besorgen können. JP Morgan hat sich jedoch bereit erklärt, als Zwischenglied für die von der US-Notenbank garantierten 30 Milliarden Dollar zu agieren. Gleichzeitig nimmt das drittgrößte Geldhaus der USA mit Bear Übernahmeverhandlungen auf.

Die Märkte kann das jedoch nicht beruhigen. Am Samstag, den 15. März, ruft Goldman-Sachs-Chef Lloyd Blankfein seinen Vorgänger Henry Paulson, inzwischen Finanzminister, zu Hause in Washington an. »Das erste und einzige Mal«, wie Paulson in seinem Erlebnisbericht über die Finanzkrise (»On The Brink«) schreibt. In der Stimme des Top-Bankers habe er »die Angst hören können«. Der Markt erwarte am Wochenende die Rettung für Bear, so Blankfein. Bleibe sie aus, werde »das komplette Chaos ausbrechen«. Kein Wunder: Bear ist eine ganz andere Kategorie als IKB oder Northern Rock. Der gesamte Derivate-Markt steht auf dem Spiel.

Nach Blankfeins Anruf kommt die Rettungsaktion auf Hochtouren. Übers Wochenende verleibt sich JP Morgan die Bank, die am Freitag an der Börse immerhin noch über vier Milliarden wert war, für ganze 236 Millionen Dollar ein. Ein Schnäppchen.

Obwohl Jamie Dimon von JP Morgan von Anfang an sein Wunschpartner war, hatte Paulson auch bei Josef Ackermann vorgefühlt. Der US-Finanzminister und frühere Goldman-Chef hält den Schweizer für einen der »direktesten Menschen«, der ihm je begegnet ist, einen »unermüdlichen Konkurrenten«, der sich nicht scheue, »Schwächen von Wettbewerbern auszunutzen«. Er erreicht den Deutsche-Bank-Chef an jenem Samstag im März 2008 beim Einkaufsbummel auf der Madison Avenue in New York.

Mit »atemberaubender Unverblümtheit«, so Paulson in seinem Buch, habe Ackermann einen Kauf von Bear rundheraus abgelehnt: »Das wäre das Letzte auf der Welt, was ich tun würde.« In dem Telefonat habe der Schweizer auch Zweifel an der Überlebensfähigkeit anderer US-Investmentbanken geäußert.

Bear Stearns ist am Montag zwar gerettet und US-Präsident George W. Bush verkündet, die Regierung habe »die Lage im Griff«, doch die Anleger in aller Welt glauben ihm nicht und reagieren mit Panikverkäufen. Schon wird der nächste Wackelkandidat gehandelt, die viertgrößte US-Investmentbank Lehman Brothers. Die Aktie des Geldhauses bricht um 40 Prozent ein. Die Fed, die den Zinssatz erst vor wenigen Tagen gesenkt hat, legt noch einmal nach.

Frisch aus den USA zurückgekehrt und unter dem Eindruck der dramatischen Ereignisse an der Wall Street, fordert Josef Ackermann bei einer Diskussionsveranstaltung des Schweizer Generalkonsulats in Frankfurt zu einer »konzertierten

Aktion« auf, um das »Zusammenschmelzen von Werten zu beenden«. Als »Verfechter der Marktwirtschaft« falle es ihm »schwer, das zu sagen«, aber er »glaube nicht mehr allein an die Selbstheilungskräfte der Märkte«.

Kaum ist der Satz ausgesprochen, rennen die Agentur-Journalisten aus dem Saal, um die Nachricht zu verbreiten. Schlagartig setzt eine heftige Debatte ein. »Ackermann bittet Staat um Hilfe«, wundert sich das *Handelsblatt*, »Ackermann ruft in Finanzkrise um Hilfe«, triumphiert nahezu gleichlautend die *Frankfurter Rundschau*. Bundeswirtschaftsminister Michael Glos (CSU) kritisiert die Äußerungen des Deutsche-Bank-Chefs als »überraschend und widersprüchlich. Aus den gleichen Etagen, aus denen sonst weniger Staat gefordert wurde, klingt jetzt der Ruf nach mehr Staat.« Es könne nicht sein, »dass die Banken in guten Zeiten ordentliche Gewinne einstreichen und bei Missmanagement die Verluste sozialisieren wollen«. Linken-Chef Lafontaine bietet dem Schweizer die Mitgliedschaft in seiner Partei an.

Hat der Oberkapitalist der Nation gerade dem Kapitalismus die Gefolgschaft gekündigt und ist ins Lager der Sozialisten übergeschwenkt? Glaubt er nicht mehr an den Markt? Will der Deutsche-Bank-Chef jetzt die deutschen Steuerzahler für die Spekulationen der Banken bluten lassen? Ist womöglich sogar die Deutsche Bank selbst in Nöten?

Aus dem Urlaub im fernen Macau rate ich dazu, den missverständlichen Satz schnellstmöglich persönlich klarzustellen, ehe die öffentliche Debatte völlig außer Rand und Band gerät. Und so geschieht es. Es gehe nicht um eine »Systemdiskussion zur Rolle des Staates« und auch nicht um den »Ruf nach dem Staat und die Rettung von Investoren«, sagt Josef Ackermann der *Frankfurter Allgemeinen Zeitung*. Die Frage bei der Diskussion sei gewesen, ob die Finanzmärkte geduldig genug seien, eine Stabilisierung des amerikanischen Immobilienmarkts abzuwarten. Da sich eine solche Stabilisierung auf Immobilienmärkten allein aus sich heraus erfahrungsgemäß nur langsam vollziehe, habe er »das Zusammenwirken aller Akteure zum Wohle des Ganzen in einer ganz konkreten Situation« angemahnt.

Die Erklärung beendet die politische System-Diskussion, unterstreicht aber zugleich, wie tief beunruhigt Ackermann inzwischen ist. Bald darauf kassiert er auch sein Gewinnziel für das laufende Jahr 2008 und warnt vor weiteren Abschreibungen. Eine Woche später präzisiert er diese für das erste Quartal auf 2,5 Milliarden Euro. Ende April, bei der Vorlage der endgültigen Zahlen, sollte es dann sogar noch etwas mehr sein. Nach einem Gewinn von fast drei Milliarden Euro im entsprechenden Vorjahresquartal muss die Bank jetzt einen Verlust von über 250 Millionen Euro vor Steuern hinnehmen.

Es ist Ackermanns erster Quartalsverlust bei der Deutschen Bank. Ohne Beteiligungsverkäufe wäre er sogar über eine Milliarde groß geworden. Der Bereich Investmentbanking allein verliert 1,6 Milliarden Euro. Allerdings hat die Bank anders als viele namhafte Wettbewerber auch nicht von der sogenannten Fair-Value-Option auf der Soll-Seite der Bilanz Gebrauch gemacht. Diese erlaubt es, Marktwert-Korrekturen bei eigenen Verbindlichkeiten gegen die vorgeschriebenen Abschreibungen der Vermögenswerte auf den aktuellen Zeitwert gegenzurechnen. Mit dieser Methode hätte die Bank im ersten Quartal 2008 statt eines Verlusts einen Gewinn von 1,7 Milliarden vor Steuern ausweisen können.

Das Ergebnis lässt für das Gesamtjahr nichts Gutes erwarten, obwohl es im Vergleich etwa zu den gut zwölf Milliarden Abschreibungen, die die UBS für das Quartal verkündet, noch sehr achtbar erscheint. Marcel Ospel, langjähriger Chef der UBS und einst als »erfolgreichster Banker

Europas« gefeiert, muss als nächster prominenter Bankchef seinen Sessel räumen. Auch Josef Ackermanns Ruf, der soeben noch gestrahlt hatte wie nie zuvor, beginnt wieder zu verblassen. Das erschwert ihm die Führungsaufgabe in seiner Branche. Doch der Schweizer verfolgt seinen Reformkurs nur umso entschlossener weiter.

Am 9. April 2008 – kurz vor der Tagung der Finanzminister und Notenbankchefs der G7-Staaten am darauffolgenden Wochenende in Washington – verkündet er mit führenden Kollegen des Weltbankenverbands im Hotel Frankfurter Hof in der Mainmetropole den Willen seiner Branche zur Selbstreinigung: »Die Führung unserer Branche erkennt an«, so der IIF-Präsident, »dass sie selbst dafür verantwortlich ist, das Vertrauen an den Finanzmärkten wiederherzustellen. Wir werden das Möglichste tun, bei uns selbst aufzuräumen.« Am darauffolgenden Tag titelt die *Financial Times*: »Banken akzeptieren Schuld für Krise«. Besonders wohlwollend wird vermerkt, dass sich die Branche erstmals auch selbstkritisch über die eigene Vergütungspraxis äußert.

Die Vorwürfe an die Adresse der Investmentbanker, diese hätten es nur darauf angelegt, sich selbst zu bereichern, statt Kunden, Aktionären und der Gemeinschaft insgesamt zu dienen, waren zuletzt immer lauter geworden. In Frankfurt fordert Josef Ackermann, die Vergütung künftig stärker an den langfristigen, nicht mehr den kurzfristigen Erträgen auszurichten und dafür als Maßstab nicht nur die erzielten Erträge heranzuziehen, sondern auch die Kapitalkosten und eingegangenen Risiken.

Schon lange vor der Finanzkrise hatte der Schweizer einmal versucht, die überbordenden Boni einzudämmen, dabei allerdings alles andere als ermutigende Erfahrungen gemacht. 1998 will er den Vertrag des Star-Investmentbankers Frank Quattrone ändern. Den »Paten des Internetbooms« hatte die Bank zwei Jahre zuvor teuer eingekauft. Doch der Amerikaner ist nicht bereit, finanzielle Einbußen hinzunehmen, und läuft mit seinem über 100 Mann starken Team zum Konkurrenten Credit Suisse First Boston über. Die Deutsche Bank muss sich daraufhin hämische Kommentare gefallen lassen. Sie sei eben doch nicht in der Lage, mit den Big Boys zu spielen.

Jetzt, zehn Jahre später, ist Ackermanns Appell zur Mäßigung, den er im Mai auf der Hauptversammlung der Deutschen Bank mit dem Versprechen ergänzt, sein Haus wolle selbst mit gutem Beispiel vorangehen, ein letzter Versuch, das drohende Eingreifen des Staates doch noch zu verhindern. Immer wieder mahnt der Schweizer seine Kollegen, sich selbst zu beschränken, wenn sie nicht wollten, dass Regierungen sich in die Vergütungspraxis einmischen und dabei übers Ziel hinausschießen. Die Entwicklung sollte zeigen, wie berechtigt diese Warnung war.

Das Treffen der Finanzminister und Notenbankchefs der G7-Staaten am 11. April 2008 in Washington markiert den Ausgangspunkt der staatlichen Regulierungswellen, die seitdem die Finanzbranche überrollen. Bei einem sogenannten »Outreach Dinner« im prachtvollen Cash Room des Finanzministeriums gleich neben dem Weißen Haus fordern sie die Chefs der weltgrößten Banken, darunter auch Josef Ackermann, auf, binnen 100 Tagen ihr Kapital-, Liquiditäts- und Risikomanagement zu verstärken. Noch im laufenden Jahr würden dazu Vorschläge für schärfere Eigenkapitalvorschriften unterbreitet.

Je mehr sich die Krise zuspitzt und die Wut der Bürger auf die Banken wächst, desto mehr schwillt der Umfang der Regulierungsmaßnahmen an. Hierzulande verleiht vor allem Bundespräsident Horst Köhler der Bewegung Schwung. In einem Interview mit dem *Stern* kritisiert der vormalige

Finanzstaatssekretär, Chef des Deutschen Sparkassen- und Giroverbands und Weltwährungsfonds IWF Mitte Mai, die internationalen Finanzmärkte hätten sich zu einem »Monster« entwickelt, das »in die Schranken gewiesen werden muss«.

Josef Ackermann beklagt in jenen Tagen, dass nun genau das einzutreten drohe, worauf er seit einem halben Jahr immer wieder hingewiesen habe. Leider hätten viele seiner Kollegen diese Warnungen zu lange in den Wind geschlagen. Der Schweizer weiß, dass er in der politischen Arena künftig noch stärker gefordert sein wird.

Und so zeigt er auch in diesem Sommer Präsenz in der Hauptstadt – beim traditionellen »Biwak« der CDU / CSU-Mittelstandsvereinigung und beim Sommerfest der *Bild*-Zeitung. Dort wettet er mit Finanzminister Steinbrück um den Ausgang des Endspiels der Fußballeuropameisterschaft am folgenden Abend in Wien. Der SPD-Mann setzt sechs Flaschen Saint Emilion darauf, dass Spanien als Sieger vom Platz geht. Der Schweizer hält dagegen: »Deutschland gewinnt.« Er verliert die Wette, aber kassiert weitere Pluspunkte in seinem Gastland.

Neue Sympathien sammelt Ackermann in diesen Wochen vor allem aber auf andere Weise. Unternehmen sind in der Darstellung ihres gesellschaftlichen Engagements nie besonders gut gewesen. Während ihre Kritiker immer auch mit Moral argumentieren, warten sie meist nur mit Zahlen und Fakten auf. Ackermann will das ändern und demonstrieren, dass Markt und Moral keine Gegensätze sein müssen.

Eine gute Gelegenheit, dafür ein Signal zu setzen, bietet die jährliche Präsentation des Corporate Social Responsibility (CSR) Reports der Bank. Noch ehe die Finanzkrise ihren Höhepunkt erreicht hat und Jahre bevor die Flut der Rechts- und Reputationsprobleme über die Bank hereinbricht, stellt der Schweizer ein für sein Haus völlig neues Verständnis von gesellschaftlicher Verantwortung vor.

Dieses war bis dahin weitgehend philanthropisch und von dem Gedanken geprägt, der Gesellschaft von dem, was man verdient hat, etwas »zurückzugeben«.

Als »oberste soziale Verantwortung« seiner Bank betrachtet es Ackermann nun, wettbewerbsfähig zu sein, um als Unternehmen wachsen, Arbeitsplätze sichern und schaffen, nützliche Produkte und Dienstleistungen anbieten sowie Steuern zahlen zu können.

Dabei operiere die Bank allerdings »nicht im luftleeren Raum«, sie sei Teil der Gesellschaft und müsse ihr Geld daher auf »verantwortungsvolle Weise« verdienen, wenn sie deren Vertrauen bewahren wolle. »In diesem Sinne sehen wir gesellschaftliche Verantwortung als integralen Bestandteil unserer Arbeit – zum eigenen Wohle wie zum Wohle der Allgemeinheit«, so der Deutsche-Bank-Chef. »Soziales Verantwortungsbewusstsein muss selbstverständlicher Teil unseres gesamten Denkens und Handelns, Corporate Social Responsibility muss fest in Geschäftspolitik und Geschäftsprozesse integriert, es muss gewissermaßen Teil unserer DNA sein.« CSR sei »weder Opfer noch Alibi«, »nicht Wohltätigkeit mit dem Geld unserer Aktionäre, sondern Investition in unsere eigene Zukunft und in die der Gesellschaften, in denen wir operieren. Je gesünder unser soziales Umfeld, desto größer unsere Erfolgschancen, je intakter die Gesellschaft, desto gesicherter auch unsere Existenz.«

Trotz Krise, geringerer Gewinne oder gar Verlusten greift Josef Ackermann die gut 80 Millionen Euro, die das Institut direkt für gesellschaftliche Zwecke pro Jahr ausgibt, denn auch nicht an, sondern hält den Etat stabil. Zugleich wird sein Schwerpunkt von den eher elitären Bereichen Kunst und klassische Musik in Richtung Chancengleichheit, Bekämpfung des Klimawandels sowie ehrenamtliche soziale

Tätigkeit der Mitarbeiter verschoben. Bald betätigen sich rund 20 000 Deutschbanker, ein Fünftel der Belegschaft, in gesellschaftlich nützlichen Projekten.

Die Botschaft kommt an. »Josef Ackermann hat das Thema soziale Verantwortung zur Chefsache erklärt«, notiert die *Frankfurter Allgemeine*. Und die *Frankfurter Rundschau* konstatiert verblüfft: Aus dem einstigen »Abziehbild des Turbo-Kapitalisten« sei ein Mensch geworden, »der weiß, welche Verantwortung er in der Gesellschaft hat«.

Bald darauf kann der Schweizer endlich auch den im Herbst zuvor angekündigten Verhaltenskodex für seine Branche vorstellen. Der 213 Seiten starke Bericht, an dem 65 führende Banken aus aller Welt mitgearbeitet haben, enthält detaillierte Empfehlungen hinsichtlich Risiko-, Kapital- und Liquiditätsmanagement sowie Vergütung. »Wir räumen ein, dass es bei den Geschäftspraktiken einer Reihe von Instituten ernsthafte Schwächen gegeben hat«, so Ackermann bei der Präsentation im National Press Club in der US-Hauptstadt Washington. Auch die Boni seien eine »beträchtliche Schwachstelle« gewesen. Sie sollten künftig »auf dem um Risiken und Kapitalkosten bereinigten Gewinn basieren« und die Auszahlung »an den Risikohorizont angepasst«, sprich: zeitlich gestreckt werden. Viele Banken hätten bereits interne Reformen durchgeführt. Diese seien durch bessere regulatorische Maßnahmen zu ergänzen. Dazu wolle die Branche den Dialog mit Regierungen, Aufsichtsbehörden und Zentralbanken suchen.

Durch seine entschlossene Vorwärtsverteidigung ist Josef Ackermann in nicht einmal einem Jahr zum allseits anerkannten Sprecher des globalen Geldgewerbes aufgestiegen. Die *New York Times* beschreibt ihn als »Botschafter der Finanzbranche« und »richtigen Mann für diese Zeit«. In den Sommerwochen des Jahres 2008 erhält der Schweizer zudem eine Reihe von weiteren ehrenvollen Berufungen: Der Öl-Multi Shell holt ihn in seinen Aufsichtsrat, und die Goethe-Universität in Frankfurt ernennt ihn zum Honorarprofessor. Es ist bereits der zweite Anlauf. Der erste war nach dem Victory-Zeichen im Mannesmann-Verfahren nach studentischen Protesten abgebrochen worden.

Die Finanzkrise macht derweil keine Pause. Anfang Juni werden neue Spekulationen über hohe Abschreibungen und einen Milliarden-Kapitalbedarf bei der amerikanischen Investmentbank Lehman Brothers laut. Die Ratingagentur Standard & Poor's stuft die Kreditwürdigkeit von Lehman sowie Merrill Lynch und Morgan Stanley herab. Am 10. Juni bestätigen sich die Befürchtungen: Lehman hat im zweiten Quartal nahezu drei Milliarden Dollar Verlust gemacht.

Die an der Wall Street zunächst wie ein Rockstar gefeierte Finanzchefin Erin Callan kündigt eine »vorsorgliche« Kapitalerhöhung um sechs Milliarden Dollar an. Anfang April hatte sie das Kapital schon einmal ebenfalls »vorsorglich« um drei Milliarden Dollar aufgestockt. Ihre Glaubwürdigkeit ist aufgebraucht. Der Aktienkurs der Bank sackt um zwölf Prozent ab. Wenige Tage später muss Callan nach nur sechs Monaten im Amt gehen. Erstmals wird auch der Abgang von Lehman-Chef Richard (»Dick«) Fuld diskutiert, des dienstältesten aller US-Investmentbankbosse.

Doch es kommt noch schlimmer: Zuerst versinkt Indy Mac, der größte unabhängige Baufinanzierer der USA, im Hypothekenstrudel, dann müssen die Regierung in Washington und die Fed gemeinsam die beiden größten Hypothekenbanken des Landes, Fannie Mae und Freddy Mac, stützen. Mit fünf Billionen Dollar vereinen diese zusammen rund die Hälfte der Eigenheimdarlehen im Lande auf sich. Von Tag zu Tag mehr sieht Josef Ackermann seine Befürchtung bestätigt, dass die Selbstheilungskräfte der Märkte diesmal nicht ausreichen.

Anfang Juli tauchen auch Gerüchte über eine bevorstehende Gewinnwarnung der Deutschen Bank auf. Der Kurs fällt auf den tiefsten Stand seit fünf Jahren. Um den Spekulationen schnell den Boden zu entziehen, lässt Josef Ackermann fast einen Monat vor dem offiziellen Termin wissen, dass sein Haus im zweiten Quartal einen Gewinn ausweisen werde und kein neues Kapital brauche. Zusätzlich gibt das Geldhaus bekannt, einen großen Teil des Firmenkundengeschäfts der holländischen ABN Amro-Bank zu erwerben. Der Kurs dreht daraufhin deutlich ins Plus. Mitte des Monats erklärt der Deutsche-Bank-Chef zum Erstaunen des Publikums dann sogar, »der Anfang vom Ende der Krise« sei »in Sicht«.

Seinen Optimismus bezieht der Schweizer aus den Zahlen der Bank. Zwar muss sie noch einmal beachtliche Wertkorrekturen in Höhe von 2,3 Milliarden Euro vornehmen. Seit Ausbruch der Krise addieren sich diese damit inzwischen auf 7,3 Milliarden Euro. Auch schreibt die Investmentbank erneut einen Verlust. Gegenüber dem Vorjahr sackt das Ergebnis der Gesamtbank trotz weiterer Beteiligungsverkäufe um insgesamt rund drei Viertel vor Steuern ab. Mit knapp 645 Millionen Euro bleibt es aber anders als im Vorquartal diesmal im Plus. Gleichwohl nimmt Standard & Poor's das vor Jahresfrist erhöhte Rating wieder zurück.

Ironie des Schicksals: Just zu der Zeit, da Banker zunehmend als Zocker und das Investmentbanking als Kasino-Banking verschrien sind und Josef Ackermann alles tut, um dieses Image loszuwerden, wird die Deutsche Bank Besitzerin einer richtigen Spielbank. Ian Bruce Eichner, der Entwickler des Cosmopolitan Resort & Casino am weltberühmten »Strip«, der Hauptstraße des Spielerparadieses

Las Vegas, ist zahlungsunfähig geworden. Die Deutschbanker hatten ihm für das Projekt rund eine Dreiviertelmilliarde Dollar geliehen. Alle Versuche, einen anderen Investor zu finden, schlagen fehl. »Sin City«, wie die Stadt in der Wüste auch genannt wird, ist so toxisch wie die Wall Street geworden. Die Bank steht vor der Entscheidung, den Kredit in den Wind zu schreiben oder noch einmal Geld in die Hand zu nehmen, um den begonnenen Komplex aus Apartmenthochhaus, Hotel, Resort & Kasino in eigener Regie fertigzustellen, auf bessere Zeiten zu warten und dann zu verkaufen.

Der Vorstand entscheidet sich dafür, den Einsatz zu erhöhen. Doch in der Stadt des Glückspiels hat Josef Ackermann kein Glück. Beim Bau der Tiefgarage stoßen die Bauarbeiter auf eine unterirdische Wasserader, die den spektakulären Springbrunnen vor dem benachbarten »Bellagio« versorgt. Aufwendige Isoliermaßnahmen und Pumpanlagen sowie die Aufwertung des gesamten Objekts zu einer Luxus-Anlage verzögern seine Fertigstellung und verteuern es beträchtlich.

Als »Joe's Kasino«, wie der *Stern* es nennt, zum Jahreswechsel 2010 / 11 mit einer großen Party schließlich eingeweiht wird – der Rapper-Star Jay-Z und die Softrockband Coldplay spielen den Gästen auf –, hat es alles in allem an die vier Milliarden Dollar gekostet. »Es ist die größte Wette«, so die britische *Sunday Times* über das Projekt, »die je jemand in Vegas abgeschlossen hat«. Unabhängige Analysten schätzen, dass es mindestens 15 Jahre dauern wird, bis die Bank das Geld für ihre Investition wieder zurückbekommen kann – wenn überhaupt. Von einer 25-Prozent-Rendite ganz zu schweigen. Bis 2011 müssen die Frankfurter über 800 Millionen Euro auf das Cosmo (Werbung: »Just the right amount of wrong«) abschreiben – mehr als wenn sie das Projekt 2008 einfach aufgegeben hätten. Doch da, auf dem Höhepunkt der Finanzkrise, hätten die Abschreibungen mehr geschmerzt.

Im August 2008 sind die Augen der Welt allerdings nicht auf Las Vegas und auch nicht auf die Wall Street gerichtet, sondern auf Peking. Mitten in der größten Finanzkrise seit Jahrzehnten beginnen in Chinas Hauptstadt die teuersten und bombastischsten Olympischen Sommerspiele der Neuzeit. Josef Ackermann sitzt bei der Eröffnungsfeier auf Einladung seines Freundes Wang Qishan, oberster Verantwortlicher des Landes für die Spiele, auf der VIP-Tribüne im Vogelnest-Stadion. Die beiden haben sich bei den alljährlichen Treffen des internationalen Beraterkreises von Peking kennengelernt, als Wang Oberbürgermeister der Metropole war. Die Finanzkrise scheint in diesen Tagen weit weg.

Aber es scheint nur so. Während die Jugend der Welt im Reich der Mitte sportlich miteinander wetteifert, kämpfen ruhmreiche Banken an der Wall Street ums nackte Überleben. »Das Schlimmste kommt noch«, prophezeit der Harvard-Professor und Ex-Chefökonom des IWF, Kenneth Rogoff. Er erwarte demnächst den Untergang einer großen Bank, einen »echten Klopper«.

Er sollte recht behalten. Der »Klopper« heißt Lehman. Die Finanzwelt blickt in den Abgrund. Und kurz darauf tut sich in Deutschland ein weiterer auf. Josef Ackermann sieht sich vor die härteste Bewährungsprobe seines Lebens gestellt.

KAPITEL 6
BLICK IN DEN ABGRUND

Schon Wochen bevor Dick Fuld, der langjährige Chef von Lehman Brothers, das Ergebnis des dritten Quartals veröffentlichen will, schwellen die Gerüchte über weitere Milliarden-Abschreibungen und -Verluste bei der viertgrößten Investmentbank der USA an. Um dringend benötigtes Eigenkapital zu beschaffen, stellt sie ihre Vermögensverwaltungstochter Neuberger Berman zum Verkauf. Die Firma zählt zum Tafelsilber der Bank. Ihr Wert wird auf etwa zehn Milliarden Dollar taxiert.

Daneben sieht sich Fuld auch nach neuen Kapitalgebern um. Sein Favorit ist die staatlich kontrollierte Korea Development Bank (KDB), vergleichbar der deutschen KfW. Ihr Chef, zuvor Leiter der Lehman-Niederlassung in Seoul, zeigt Interesse an einer Beteiligung. Aber Fuld hat den Ernst der Lage offenbar noch immer nicht voll erfasst – er verlangt einen unrealistisch hohen Preis. Zudem mahnt die südkoreanische Finanzaufsicht zur Vorsicht. Die KDB zögert. Den Amerikanern läuft die Zeit davon, die Märkte werden immer nervöser.

Am Montag, dem 8. September, sickert durch, dass die Koreaner nicht mehr interessiert sind. Der Aktienkurs von Lehman bricht um über 40 Prozent ein. Fuld will die Gemüter besänftigen. Am Mittwoch kündigt er ein radikales Schrumpfkonzept an und legt vorläufige Quartalszahlen vor. Sie sind weniger dramatisch als erwartet. Dennoch trauen Geschäftspartner und Kunden dem Braten nicht und ziehen weiter Geld ab. Am Donnerstag verliert die Aktie noch einmal über 40 Prozent.

Die Spitzen der internationalen Finanzwelt sind aufs Höchste alarmiert und versuchen mit Durchhalteparolen eine allgemeine Panik zu verhindern. Der Vize-Direktor des IWF John Lipsky erklärt, der »Boden der Entwicklung« sei bereits erkennbar. Josef Ackermann tut es ihm auf der jährlichen *Handelsblatt*-Bankentagung nach: »Wir kommen in eine Phase der Stabilisierung.« Immerhin fügt er noch hinzu: »Falls nicht erneut eine Großbank in Schwierigkeiten gerät.«

Konkret auf die Probleme von Lehman angesprochen, hält der Schweizer eine Pleite für unwahrscheinlich: »Alle Beteiligten sind sich ihrer Verantwortung bewusst. Ein Kollaps würde eine weitere Welle von Verlusten und Abschreibungen bei allen Banken nach sich ziehen, aber davon gehe ich nicht aus.« Es ist halb Pfeifen im dunklen Walde, halb Warnung. Ackermann kann sich, wie nahezu alle in der Finanzindustrie, nicht vorstellen, dass die US-Regierung das 158 Jahre alte Traditionshaus fallenlässt.

Er sollte sich gründlich irren. US-Finanzminister Paulson glaubt, dass die großen Banken an der Wall Street ausreichend Zeit hatten, sich auf einen Absturz von Lehman vorzubereiten, und geht aufs Ganze. Am Freitagabend um 18 Uhr eröffnet er den führenden Vertretern der amerikanischen Finanzbranche in der wuchtigen Niederlassung der Fed zwischen Liberty Street und Maiden Lane in Downtown Manhattan, es gebe »keine gesetzliche Grundlage für ein Eingreifen« des Staates. Die Branche müsse selbst eine Lösung finden. Zwar unterstützt er Versuche, die taumelnde Investmentbank zu verkaufen – zuerst an die Bank of America und dann an die britische Barclays-Bank. Doch ein Deal kommt nicht zustande, obwohl die führenden US-Banken schließlich sogar gemeinsam einen Risikoschirm in Höhe von über 30 Milliarden Dollar anbieten. Das Misstrauen sitzt bereits zu tief. Ohne staatliche

Abschirmung der enormen Risiken wagt es niemand, bei Lehman zuzugreifen.

Washington aber hat sich festgelegt: kein Steuergeld mehr für Banken. Die USA stehen sieben Wochen vor der Wahl ihres nächsten Präsidenten. Main Street hat Vorfahrt vor Wall Street. Die Administration des scheidenden republikanischen Präsidenten George W. Bush sieht sich wegen der Milliarden-Hilfen für die Rettung von Bear Stearns sowie die Baufinanzierer Fannie Mae und Freddie Mac bereits heftiger Kritik aus beiden Lagern des Kongresses ausgesetzt.

So geschieht das Undenkbare: Am Sonntagmittag New Yorker Zeit steht praktisch fest, dass Lehman Konkurs anmelden muss. Der offizielle Antrag geht am frühen Montagmorgen, dem 15. September 2008, beim US Bankruptcy Court, Southern District of New York ein und bekommt das Aktenzeichen 08-13555. Noch am selben Tag erklärt die britische Barclays Bank, aus der Konkursmasse des kollabierten Geldhauses das amerikanische Investmentbankgeschäft samt Firmenhauptquartier am Times Square übernehmen zu wollen. Das Abwarten hat sich gelohnt. Jetzt können die Briten günstig eine Plattform erwerben, um ihr US-Geschäft auszubauen.

Zeitgleich mit dem Lehman-Konkurs flüchtet sich Merrill Lynch für 50 Milliarden Dollar in die Arme der Bank of America. Die Investmentbank hatte als der nächste Dominostein an der Wall Street gegolten. Ihre Aktie war am Freitag schon um über 12 Prozent eingebrochen. Im Verlauf des Wochenendes sei deutlich geworden, so ihr Chef John Thain, dass sich unabhängige Investmentbanken künftig nur noch sehr schwer finanzieren könnten. Von fünf reinen Investmentbanken in den USA sind binnen kurzer Zeit drei verschwunden. Übrig bleiben nur Goldman Sachs und Morgan Stanley. »Die Wall Street, die wir kennen, hat aufgehört zu existieren«, schreibt das *Wall Street Journal.* Die »Herren des Universums« sind entzaubert.

Josef Ackermann erfährt am Sonntagabend, dass die Pleite von Lehman unmittelbar bevorsteht. Er sitzt im Auto auf dem Rückweg von Zürich, wo er das Wochenende verbracht hat, nach Frankfurt und liest Unterlagen, als sein Mobiltelefon klingelt. Am anderen Ende der Leitung ist Seth Waugh, sein Statthalter in den USA. Der berichtet ihm, dass alle Rettungsversuche gescheitert seien, die Finanzgemeinde in New York treffe bereits Vorbereitungen für den nächsten Morgen, wenn die Börsen wieder öffnen.

Der Deutsche-Bank-Chef kann die Nachrichten aus den USA kaum glauben. Er hatte bis zum Schluss darauf gesetzt, dass Lehman aufgefangen würde. Zu viel stand auf dem Spiel – Wahlkampf hin oder her. Und im Finanzministerium in Washington hatte mit dem Ex-Goldman-Chef Henry Paulson schließlich ein Vollprofi das Sagen. Sein erster Gedanke: »Das ist der GAU.« Zwar war sein Haus schon einige Zeit auf den Worst Case bei Lehman eingestellt, die direkten Auswirkungen halten sich in Grenzen, aber der Schweizer weiß, dass die indirekten Folgen über den Markt verheerend sein werden. Und dass ihm eine Horrorwoche bevorsteht. Keine Bank würde einer anderen mehr Geld leihen. Er hat jetzt keinen Blick mehr für Akten. Es gibt Wichtigeres zu tun.

Als Ersten ruft er seinen Risikochef Hugo Bänziger an, dann Anshu Jain, den Chef des Wertpapierhandels. Es gilt, die Bank bestmöglich auf das Unvermeidliche vorzubereiten und zu retten, was zu retten ist.

Wie zu erwarten, verpufft am Montag das ohnehin seit Monaten schwer angeschlagene Vertrauen an den Finanzmärkten komplett. Panik bricht aus. Niemand kann mehr sagen, welche Bank jetzt noch sicher ist und welche als

Nächste in den Abgrund stürzt. Notenbanken rund um die Welt pumpen Hunderte Milliarden – die EZB an zwei Tagen allein 100 Milliarden Euro – an Extra-Liquidität in die Geldmärkte, damit das System nicht zusammenbricht. Die Fed akzeptiert erstmals Aktien als Sicherheit für die Refinanzierung von Geschäftsbanken.

Die Börsen erleben den schwärzesten Montag seit vielen Jahren. Bankaktien verlieren besonders stark. Der Index für europäische Geldinstitute, der seit Beginn der Finanzkrise schon um fast 50 Prozent abgerutscht ist, gibt um weitere acht Prozent nach. Der Kurs der Deutschen Bank fällt um über sechs Prozent.

Doch das ist noch nicht das Ende – und gar nichts im Vergleich zu einem Papier, das einmal als eines der solidesten galt, der Aktie des größten Versicherungsunternehmens der Welt, American International (AIG) in New York. Es bricht am Montag zeitweise um über 70 Prozent ein. Schon am Freitag davor hatte es mehr als 30 Prozent verloren. Die Investoren fürchten um die Überlebensfähigkeit des Assekuranz-Riesen, der sehr stark im riskanten Geschäft mit Kreditausfallversicherungen (CDS) auf CDOs engagiert ist.

Seit 2005 müssen Kreditausfallversicherer nicht nur Verluste bei Fälligkeit abdecken, sondern auch schon einen Preisverfall vor Fälligkeit oder eine Herabstufung durch Ratingagenturen über Barzahlungen ausgleichen. Angesichts des rapiden Preisverfalls auf dem Hypothekenmarkt hat AIG daher seit Monaten immer höhere Summen aufzubringen und ist finanziell ausgeblutet. Schon an dem Wochenende, an dem um das Überleben von Lehman und Merrill gerungen wurde, hatte sich AIG-Chef Edward Liddy bei der New Yorker Fed vergeblich um eine Finanzspritze in Höhe von 40 Milliarden Dollar bemüht. An dem Montag, an dem die viertgrößte Bank der USA Konkurs anmeldet, droht auch der Zusammenbruch des weltgrößten Versicherers.

In diesen Tagen bekomme ich von Josef Ackermann so wenig zu sehen und zu hören wie nie zuvor und nie mehr danach in meinen Jahren bei der Bank. Es ist gespenstisch: Nie waren die Tage für mich als Kommunikationschef der Deutschen Bank ruhiger als auf dem Höhepunkt der Jahrhundertkrise. Völlig ungestört kann ich Mittagspause machen und den Abend bei meinem Stammgriechen an der Ecke verbringen. Die Öffentlichkeitsarbeit hat Pause. So muss es sich im Auge eines Orkans anfühlen: Kein Wind, keine Wolken, kein Regen – und dennoch weiß man: Nicht weit entfernt toben Urgewalten und richten schlimme Verwüstungen an.

Seit Sonntagabend telefoniert der Deutsche-Bank-Chef nahezu pausenlos. Es gilt, die Bank so gut wie möglich zu schützen und das Weltfinanzsystem vor dem Kollaps zu retten. Schnelles und entschlossenes Handeln ist gefragt. Den ganzen Montag und auch die halbe Nacht zum Dienstag hängt Ackermann am Telefon, spricht mit Kollegen im eigenen Haus und in anderen Banken, mit Regulierern, Notenbankern und Politikern. »Wir waren nahe am Zusammenbruch des Weltfinanzsystems«, erzählt er mir am nächsten Morgen. »AIG durfte auf keinen Fall auch noch umkippen. Das hätte dem Ganzen den Rest gegeben.« Bundesfinanzminister Steinbrück, der am Montag seinen amerikanischen Kollegen beschworen hatte einzugreifen, drückt es so aus: »Ein Untergang von AIG wäre zum Super-GAU geworden. Wir haben alle in einen Abgrund geblickt.«

Die Interventionen aus aller Welt bestätigen Hank Paulson nur, was er ohnedies weiß: Eine Pleite des Versicherungsriesen, zumal mitten in den Turbulenzen nach Lehman, würde eine globale Kettenreaktion auslösen, die das Weltfinanzsystem und mit ihm die Weltwirtschaft kollabieren ließe. Fast alle der 500 größten US-Unternehmen sind AIG-Kunden. Es drohen Hunderte von Milliarden Dollar an

Verlusten allein bei Finanzinstituten rund um den Globus, wenn der Versicherer fällt. Er ist definitiv zu groß und zu vernetzt, um ihn untergehen zu lassen. AIG muss um jeden Preis gerettet werden. Selbst um den Preis des Machtverlusts der regierenden Republikaner.

Und so springt die US-Administration, wenige Tage nachdem sie sich geweigert hatte, Lehman Brothers zu retten, in die Bresche. Die Fed gibt AIG einen ersten Notkredit in Höhe von 85 Milliarden Dollar. Im Laufe der folgenden Monate schwellen die Hilfszahlungen an den Versicherer bis auf rund 180 Milliarden Dollar an. Der Staat übernimmt fast 80 Prozent an dem Unternehmen.

Ein halbes Jahr danach wird bekannt, dass zur vollständigen Erfüllung von Verpflichtungen aus Kreditversicherungen auf CDOs im Zuge der AIG-Rettung auch fast 13 Milliarden Dollar brutto allein an Goldman Sachs und je fast zwölf Milliarden an die französische Großbank Société Générale sowie an die Deutsche Bank geflossen sind.

Später wird der New Yorker Fed-Chef Timothy Geithner, inzwischen zum Finanzminister in Washington avanciert, gefragt, warum er diesen Banken keinen teilweisen Forderungsverzicht abverlangt, im Fachjargon: »Hair Cut«, sondern die Zahlungsverpflichtungen von AIG zu 100 Prozent erfüllt habe. Seine Antwort: Dies hätte zu einer Herabstufung des Unternehmens durch die Ratingagenturen geführt und weitere Zahlungsverpflichtungen ausgelöst.

Die Deutsche Bank und die anderen Gläubiger sind noch einmal davongekommen – auch wenn das AIG-Risiko der Deutschen nach Abzug entgegenstehender Positionen und Sicherheiten nur einen Bruchteil der genannten zwölf Milliarden Dollar betragen hat.

Selbst die Übernahme des Versicherers durch den Staat vermag die Märkte jedoch nicht zu beruhigen. Nach der

Lehman-Pleite sacken die Kurse von Goldman Sachs und Morgan Stanley trotz durchaus robuster Quartalszahlen um über 20 bzw. 30 Prozent ab. Der Markt stellt das Überleben der beiden letzten verbliebenen reinen Investmentbanken als selbständige Adressen in Frage. Gerüchte über Fusionen mit diversen Geschäftsbanken machen die Runde. Die beiden Institute erklären daraufhin, sich künftig wie diese schärfer beaufsichtigen zu lassen, und erhalten dafür Zugang zu den besseren Refinanzierungsmöglichkeiten bei der Fed.

Am Mittwoch kommt trotz der Rettung von AIG und der riesigen Liquiditätsspritzen der Notenbanken der sogenannte Interbankenmarkt praktisch zum Erliegen – Banken leihen sich untereinander kein Geld mehr. Der globale Geldverkehr und mit ihm die gesamte Weltwirtschaft stehen kurz vor dem Infarkt. »Das stellt alles in den Schatten, was ich je gesehen habe«, sagt mir mein Chef, als wir am späten Nachmittag einmal kurz telefonieren.

In der Tat hatte es eine solche Situation seit der Weltwirtschaftskrise 1929 nicht mehr gegeben. Investoren ziehen enorme Summen aus Finanzinstituten ab und schichten sie in Staatsanleihen um. In Deutschland versucht die BaFin Anleger zu beruhigen, die um ihre Ersparnisse bangen: Es gebe »keinen Zweifel, dass die Einlagensicherung ihren Verpflichtungen nachkommen« könne. Die Hauptschlagzeile der *Financial Times* am Donnerstag dieser schwarzen Woche lautet: »Kreditpanik erreicht historische Ausmaße«.

Die systemische Krise, die kaum jemand für möglich gehalten hatte, ist da. Und sie verlangt nach einer systemischen Antwort. Das heißt: Nur die Regierungen können jetzt noch einen Zusammenbruch des Finanz- und Wirtschaftssystems verhindern.

Am Freitagmorgen tritt der scheidende amerikanische

Präsident Bush vor die Fernsehkameras. An seiner Seite Finanzminister Paulson, Notenbankpräsident Ben Bernanke und der Chef der Börsenaufsicht SEC, Christopher Cox. »In der Geschichte unserer Nation«, sagt Bush mit feierlicher Stimme, »gab es Momente, in denen wir jenseits aller Parteien zusammenkamen, um gewaltige Herausforderung zu bestehen. Dies ist so ein Moment.« Es gelte, »die gesamte amerikanische Wirtschaft zu retten«.

Im Mutterland des Kapitalismus werden die bisher gültigen Spielregeln außer Kraft gesetzt. Die Regierung in Washington kündigt einen Hilfsfonds im Umfang von bis zu 700 Milliarden Dollar an. Mit dem Geld sollen Finanzinstituten faule Kredite abgekauft werden. Finanzminister Paulson fordert andere Länder auf, es den USA gleichzutun.

Das ist die Botschaft, auf die die Märkte gewartet haben. Die Regierungen der Welt sind offenbar entschlossen, einen Zusammenbruch des Finanzsystems zu verhindern – koste es, was es wolle. Die Börsenindizes zeigen erstmals wieder einmal nach oben, Großinvestor Warren Buffett steigt mit fünf Milliarden Dollar bei Goldman Sachs ein.

Doch die Entspannung hält nicht lange an. Schon eine Woche später folgt mit der Pleite der Sparkasse Washington Mutual der größte Bankenkollaps der amerikanischen Geschichte. Das Institut wird von der Regierung geschlossen, JP Morgan übernimmt Teile aus der Konkursmasse. Und fernab der Wall Street in der Unsöldstraße im Münchner Lehel-Viertel nahe dem Englischen Garten, Sitz der Hypo Real Estate Bank (HRE), tut sich in Deutschland ein neuer Abgrund auf.

Die HRE, seit 2005 im Dax vertreten, ist als Spezialinstitut zur Immobilienfinanzierung aus der Hypovereinsbank (HVB) hervorgegangen, eine Art Bad Bank für problematische Hypotheken. Im Sommer 2007 kurz vor dem Platzen der Immobilienblase, verleibt sie sich für die stolze Summe von 5,7 Milliarden Euro den aus Steuergründen im irischen Dublin angesiedelten Infrastrukturfinanzierer Deutsche Pfandbriefanstalt (Depfa) ein. Damit steigt sie zur viertgrößten privaten und sechstgrößten Bank des Landes auf.

Für Depfa-Chef Gerhard Bruckermann, ohnehin schon der am besten verdienende deutsche Banker und im Besitz eines stattlichen Aktienpakets seines Hauses, ist es das Geschäft seines Lebens. Mit mehr als 100 Millionen Euro Erlös aus dem Verkauf der Depfa-Aktien zieht er sich bald auf seine Orangenplantage in Andalusien zurück. Für die Münchner sollte der Deal dagegen zum Verhängnis werden.

HRE-Chef Georg Funke will das heraufziehende Unheil lange nicht wahrhaben. Noch im November 2007 behauptet er, die Immobilienkrise in den USA sei für sein Haus keine Gefahr. Zwei Monate später muss er aus heiterem Himmel Abschreibungen auf US-Subprime-Papiere in Höhe von 390 Millionen Euro melden. Die Investoren denken sofort an die IKB, zumal auch die HRE sehr stark auf kurzfristige Refinanzierung von langfristigen Investitionen setzt. Die Aktie verliert an einem einzigen Tag ein Drittel ihres Wertes, die BaFin ordnet eine Sonderprüfung an.

Der Prüfbericht stellt der Bank ein schlechtes Urteil aus. Er kritisiert Mängel in der Geschäftsorganisation, in der Fähigkeit, (Liquiditäts-)Risiken rechtzeitig zu erkennen bzw. diese zu tragen. Funke zeigt sich davon unbeeindruckt. Er geht davon aus, dass das Schlimmste bereits vorbei ist: Sein Haus habe sich in der Krise »super geschlagen« und sei aus ihr »gestärkt hervorgegangen«.

Die Deutsche-Bank-Fondstochter DWS sieht offenbar günstige Einstiegskurse und stockt ihre Beteiligung an der Münchner Bank auf drei Prozent auf. Ende Juni 2008 steigt der amerikanische Finanzinvestor und frühere Goldman-

Sachs-Banker Christopher Flowers sogar mit über 24 Prozent bei der HRE ein.

Als sich die Krise im Sommer zuspitzt, geraten die Münchner jedoch unter Druck. Staatsanwaltliche Ermittlungen kommen Jahre danach zu dem Ergebnis, Bankchef Funke hätte spätestens im Mai 2008 die Liquiditätsversorgung auf eine längerfristige Basis umstellen müssen. Dagegen heißt es noch Mitte August in einem Geschäftsbericht der Bank, selbst bei einer Störung des Marktes sei »sichergestellt, dass die HRE-Gruppe sowie ihre Tochterbanken jederzeit uneingeschränkt zahlungsfähig sind«. Zu dem Zeitpunkt ist die Refinanzierung über den kurzfristigen Geldmarkt, Schlüsselgröße im Geschäftsmodell der Bank, schon sehr viel teurer und schwieriger geworden.

Nach der Lehman-Pleite im Monat darauf verschärft sich die Lage dramatisch. Die HRE, vor allem die Infrastrukturfinanzierung bei der Depfa in Dublin, steht vor einem ernsten Liquiditätsproblem. Die größte und dramatischste Bankenrettungsaktion in der deutschen Geschichte nimmt ihren Lauf. Mehr noch als bei der IKB sollte Josef Ackermann dabei eine entscheidende Rolle spielen.

Am Montag, dem 22. September, eine Woche nach dem Ende von Lehman Brothers, greift HRE-Chef Funke zum Telefon und bittet seinen Kollegen von der Deutschen Bank um Liquiditätshilfe. Ackermann sagt eine schnelle Prüfung zu. Parallel dazu wendet sich Kurt Viermetz, Aufsichtsratsvorsitzender von HRE sowie Deutscher Börse und ein altgedienter Banker, der sein halbes Berufsleben in den USA verbracht hatte, »streng vertraulich« an Bundesfinanzminister Steinbrück. In einem Brandbrief fordert er ihn auf, die Bankenbranche zu drängen, seinem Haus rasch zu helfen. Anderenfalls müsse es schon bald die Zahlungsunfähigkeit erklären.

Nach dem Kollaps von Lehman und der Beinahe-Pleite der AIG hängt das Schicksal des weltweiten Finanzsystems an einem seidenen Faden. Die Lage auf den Finanzmärkten ist aufs Äußerste angespannt. Ein Kollaps der HRE würde wohl das endgültige Aus bedeuten.

Die HRE ist etwa so groß wie die fallierte US-Bank und achtmal größer als die IKB. Sie ist, auch durch die Depfa mit Sitz in Irland, international stark vernetzt. Durch den Ausfall des größten Emittenten von Pfandbriefen, die vor allem vom deutschen Mittelstand genutzt werden, würden auch die letzten noch funktionierenden Refinanzierungsmöglichkeiten verstopft. Der Geldmarkt, zumindest in Europa, käme endgültig zum Erliegen. »Wir hätten Verwerfungen bekommen«, so Josef Ackermann später als Zeuge vor dem HRE-Untersuchungsausschuss des Deutschen Bundestags, »die weit über Deutschland hinausgegangen wären und auch das Euro-System wahrscheinlich in der Substanz getroffen hätten«.

Zu den HRE-Gläubigern, die teilweise in großem Umfang unbesicherte Geldmarktpapiere der Bank halten, zählen neben Zentralbanken, Großbanken und Fondsgesellschaften rund um die Welt deutsche Landesbanken, Sparkassen und Genossenschaftsbanken, Bundesländer und Gemeinden, die Bahn, Kirchen, Rundfunkanstalten, Versorgungswerke, Berufsgenossenschaften und Pensionskassen. Die finanziellen Verwüstungen einer Pleite wären enorm. Auf den Einlagensicherungsfonds der deutschen Banken – durch die Rettung der IKB und die aus der Lehman-Pleite zu erwartenden Forderungen ohnedies schon extrem strapaziert – kämen neue Milliardenforderungen in zweistelliger Höhe zu. Ein allgemeiner Ansturm der Sparer und Anleger auf die Geldhäuser wäre wahrscheinlich. »Die HRE war für uns eindeutig ein systemrelevanter Fall«, so Ackermann.

In einer Regierungserklärung vor dem Parlament am

Donnerstag, dem 25. September, markiert Finanzminister Steinbrück gleichwohl nach außen den starken Mann. Das deutsche Bankensystem sei sicher, es habe sich als deutlich robuster erwiesen als das amerikanische, ein Rettungspaket wie in den USA sei »in Deutschland weder notwendig noch sinnvoll«, sagt er. Ackermann kann darüber nur den Kopf schütteln. »Der wird sich noch wundern«, brummt er. Tatsächlich muss Steinbrück sich schon bald eines Besseren belehren lassen.

Für 15.30 Uhr an diesem Tag sind die Spitzen der deutschen Banken- und Versicherungswirtschaft zusammen mit Bundesbank und BaFin zu einem schon länger anberaumten Routinetreffen ins Bundesfinanzministerium nach Berlin geladen. Die allgemeine Aussprache im großen Sitzungssaal des Ministeriums dreht sich um die zugespitzte Situation auf den Finanzmärkten seit dem Fall von Lehman Brothers. Die HRE ist kein Thema. Nur wenige Eingeweihte wissen um deren Probleme, und die wollen sie in der großen Runde natürlich nicht ansprechen. Schon nach gut einer Stunde ist die Sitzung beendet, die Teilnehmer verlassen den weitläufigen Ministeriumsbau, Hermann Görings früheres Reichsluftfahrtministerium.

Josef Ackermann, der Präsident des Bankenverbands Klaus-Peter Müller, Commerzbankchef Martin Blessing und Allianz-Chef Michael Diekmann kehren nach einer kurzen Fahrt um den Block durch einen anderen Eingang diskret wieder zurück. In einem kleinen Sitzungssaal am Ende des Ministerflurs warten Staatssekretär Jörg Asmussen, Bundesbankpräsident Axel Weber und BaFin-Chef Jochen Sanio auf sie. Steinbrück stößt kurz darauf ebenfalls hinzu. Der Minister berichtet von dem Viermetz-Brief und fordert die Banken auf, mit Liquidität zu helfen. Diese erklären sich dazu bereit, soweit ausreichend Sicherheiten vorhanden sind.

Am darauffolgenden Tag, Freitag um halb drei Uhr nachmittags, beginnt im Frankfurter Dienstsitz der BaFin in der Lurgiallee ein in der deutschen Bankengeschichte bisher einmaliger Krisen-Marathon. Zur ersten einer ganzen Reihe von Sitzungen, die bis Sonntagnacht dauern sollten, haben sich die Spitzen von BaFin, Bundesbank und HRE sowie Vertreter und Expertenteams vom Prüfungsverband deutscher Banken eingefunden.

HRE-Chef Funke berichtet von seinen Bemühungen bei der Deutschen Bank. Diese habe die vorhandenen Sicherheiten für einen Liquiditätskredit auf 15 Milliarden Euro taxiert. Sein Institut brauche jedoch mehr Geld. Für die Jahre 2008 und 2009 zusammengenommen, also eine sichere Lösung, wird ein Liquiditätsbedarf von rund 35 Milliarden ausgemacht. In erster Linie bei der Depfa in Dublin. Demnach bleibt eine Finanzierungslücke von 20 Milliarden zu schließen. Die Experten des Prüfungsverbands werden beauftragt, bis zum nächsten Vormittag Vorschläge dafür zu entwickeln.

Am Samstag, dem 27. September morgens um 10 Uhr, kommt die Runde erneut zusammen und stellt schnell fest, dass es ohne eine Beteiligung des Staates nicht geht. Nach der Mittagspause wenden sich Bundesbankpräsident Weber und BaFin-Chef Sanio deshalb in einem gemeinsamen Fax-Schreiben an das Bundesfinanzministerium. Darin schildern sie die Lage und bitten darum, einen hochrangigen Vertreter zu dem für den Nachmittag anberaumten ersten Treffen mit den privaten Banken zu entsenden.

Doch während am Vortag in Belgien das gesamte Kabinett über die Rettung der angeschlagenen Fortis-Bank beraten hatte, ist im politischen Berlin die Bereitschaft denkbar gering, nach dem Debakel mit der IKB erneut einem Geldinstitut mit Steuergeldern unter die Arme zu greifen. Das

Finanzministerium bietet nur einen Unterabteilungsleiter als Beobachter an. Weber und Sanio lehnen ab.

Zu dem Treffen am Samstagnachmittag bringt Josef Ackermann auch seinen Vorstandskollegen Bänziger mit, den obersten Risikomanager der Bank. Der eröffnet den Teilnehmern, dass sich bei einer Pleite der HRE am Montag kein europäisches Finanzinstitut mehr refinanzieren könne. Die Runde geht kurz nach 17 Uhr in der Überzeugung auseinander, dass die Münchner Bank wegen ihrer Vernetzung einerseits nicht fallen darf, andererseits ohne Hilfe aus Berlin nicht aufzufangen ist. Doch die Bundesregierung hat noch immer keinen Vertreter geschickt.

Da vor allem die Depfa in Irland in Nöten ist, prüfen die Teilnehmer nach dem Abendessen, ob und inwieweit sich die deutschen Bestandteile aus der HRE herauslösen lassen. So könnte der Finanzierungsbedarf in Deutschland gedrückt werden und vielleicht doch noch eine Lösung ohne Staat möglich sein. Doch wie immer man es dreht und wendet, diverse Vorschriften des Aktien- und Insolvenzrechts machen diesen Weg nicht gangbar. Es ist bereits nach Mitternacht, als sich die Runde schließlich auf Sonntagmorgen 10 Uhr vertagt. In gut 24 Stunden, wenn am Montagmorgen die Börse in Japan öffnet, muss es eine Lösung geben.

Zu Beginn des Treffens am Sonntagmorgen berichtet Bundesbankpräsident Weber von einem Telefonat mit Finanzminister Steinbrück, der das Wochenende zu Hause in Bonn-Bad Godesberg verbringt, knapp anderthalb Stunden Autofahrt von Frankfurt entfernt. Der Minister sei der Meinung, die Banken sollten das taumelnde Geldhaus über ihren Einlagensicherungsfonds auffangen. Die Anwesenden wissen, dass dies unmöglich ist. Das in der Kasse noch vorhandene Geld reicht dafür bei weitem nicht aus. Würden die privaten

Banken den Fonds entsprechend den Verlustrisiken bei der HRE aufstocken, gerieten sie selbst in Probleme.

Weber plädiert nun dafür, möglichst rasch einen eigenen Lösungsvorschlag zu erarbeiten und ihn der Regierung zu unterbreiten. Am Nachmittag steht der Plan: Die Kreditwirtschaft insgesamt stellt eine Liquiditätslinie in Höhe von 15 Milliarden Euro zur Verfügung. Dies sichert der HRE vorerst das Überleben und verschafft Berlin genügend Zeit, eine endgültige Lösung umzusetzen. Hierfür soll die Bundesbank über eine sogenannte Emergency Liquidity Assistance (ELA) der EZB 20 Milliarden Euro bereitstellen und die Bundesregierung dafür bürgen. Das ELA-Instrument gibt den nationalen Notenbanken im Eurosystem die Möglichkeit, vorübergehend illiquiden Geldinstituten oder Ländern gegen Sicherheiten Geld zu leihen, sofern deren Solvenz gewährleistet ist.

Eventuelle Verluste hätten sich Banken und Staat je zur Hälfte zu teilen, wobei die Verluste der Banken bei zwei Milliarden gedeckelt werden sollten, da der Einlagensicherungsfonds nicht mehr aufbringen könne.

Das Finanzministerium kündigt jetzt endlich das längst geforderte Erscheinen von Staatssekretär Asmussen an. Dieser trifft kurz nach 17 Uhr in Frankfurt ein. Es sind noch acht Stunden, bis die Börse in Tokio eröffnet. Die Zeit wird knapp.

Hausherr Sanio informiert Asmussen über den Stand der Diskussion. Bundesbankchef Weber erinnert daran, dass europäische Nachbarländer wie Frankreich ebenfalls Garantien für Banken übernommen hätten. Der Staatssekretär verweist auf das deutsche Haushaltsrecht. Dieses stelle hohe formale Ansprüche an staatliche Bürgschaften. Weber erwidert, ein »Letter of Intent« der Regierung genüge für die ELA. Daraufhin erklärt Asmussen, er müsse Rücksprache mit seinem Minister halten, eine Lösung noch an diesem Abend aber sei unmöglich.

Josef Ackermann, wie die anderen Anwesenden über das lange Fernbleiben der Regierung ohnehin schon reichlich aufgebracht, platzt der Kragen. Wenn der Schweizer richtig böse ist, wird er nicht laut, sondern ganz leise und eisig. Er verlässt die Runde mit dem Hinweis, sein Haus jetzt darauf vorbereiten zu müssen, dass am nächsten Morgen keine Bank einer anderen mehr Geld leihen werde. Es ist Sonntagabend halb sieben. Die Finanzwelt steht erneut am Rande des Abgrunds.

Gegen sieben Uhr klingelt mein Mobiltelefon. Ich wusste, dass übers Wochenende eine Rettungsaktion für die HRE ansteht, und bin deshalb schon am frühen Sonntagnachmittag von Köln, wo meine Familie lebt, in meine Zweizimmerwohnung im Schatten der Deutsche-Bank-Türme im Frankfurter Westend zurückgekehrt. In der Leitung ist Josef Ackermann.

Wie immer fragt er: »Stör' ich?« Nie kam mir diese Höflichkeitsfloskel seltsamer vor als in diesem Augenblick. Wie immer verneine ich die Frage. Ständige Erreichbarkeit ist eine Selbstverständlichkeit in dieser Position. Wenn es wirklich einmal sehr stört, nehme ich den Anruf nicht an und melde mich dann schnellstmöglich selbst.

Schon bei den ersten Worten des Schweizers merke ich, dass die Dinge nicht gut laufen. Er ist kurz angebunden, durch und durch geschäftsmäßig. Wie ein Pilot, der vor dem Start seine Checkliste abarbeitet. Die Regierung verweigere sich einer Lösung, sagt er. Am nächsten Tag werde womöglich der gesamte Zahlungsverkehr in Europa zusammenbrechen. Ich solle mich schon mal darauf einstellen und für die Kommunikation des Hauses entsprechend Vorsorge treffen.

Mir schießen tausend Fragen durch den Kopf, auf die ich noch keine Antwort weiß. Welche Botschaften müssen wir am Morgen für das Publikum parat haben? In Deutschland. In anderen Ländern. Welche für die Mitarbeiter in den Filialen? Was sagen wir der gesamten Belegschaft weltweit? Welche meiner Mitarbeiter muss ich im Fall der Fälle bis wann alarmieren und zusammenziehen? Wer in den Fachabteilungen kann schnell die nötigen Auskünfte geben? Doch zugleich spüre ich, dass Josef Ackermann die Hoffnung noch nicht aufgegeben hat. »Uns bleiben noch gut sechs Stunden«, sagt er, bevor er auflegt.

Tatsächlich werden die Bankenvertreter im Laufe des Abends wieder in die Lurgiallee zurückgerufen. Der Schweizer informiert mich kurz, dass weiterverhandelt wird. Um Viertel vor elf am Sonntagabend geht der Krimi in die nächste Runde. Jetzt sind es nur noch zwei Stunden bis Ultimo. Staatssekretär Asmussen hat in der Zwischenzeit in einer Schaltkonferenz mit seinem Chef in Bonn sowie dem Berliner Kanzleramt telefoniert. Die Bundesregierung sei zu einer Bürgschaft bereit, verkündet er nun: Eventuelle Verluste müssten die Banken zu 55 Prozent übernehmen – in unbegrenzter Höhe.

Ackermann lehnt das Angebot nach kurzer Absprache mit seinen Kollegen von den anderen Geldhäusern rundheraus ab. Wenn die beteiligten Institute in diesem Maße Verlustrisiken übernähmen, würden ihre Ratings deutlich fallen und die eigene Refinanzierung wegbrechen, sagt er. Das könne sich gerade in der jetzigen Situation niemand leisten. Stattdessen bietet er an, das maximale Verlustrisiko der Banken von bisher zwei auf nunmehr sieben Milliarden aufzustocken.

Asmussen erklärt, er könne das Angebot der Regierung nicht nachbessern. BaFin-Chef Sanio beauftragt daraufhin seine zuständigen Mitarbeiter, Moratorien für die deutschen HRE-Töchter vorzubereiten. Der Staatssekretär telefoniert ein weiteres Mal mit dem Minister. Als er in den Verhandlungsraum zurückkommt, erklärt er für die Bundesregierung: Verlustrisiko halbe-halbe Bund und Banken, kein Deckel. Dies sei auch mit der Kanzlerin abgestimmt. Es ist jetzt 23 Uhr 30.

Die Bankenvertreter empfinden das praktisch unveränderte Angebot als Affront. Kurz vor Mitternacht scheint die Rettung der HRE endgültig gescheitert. Bundesbankpräsident Weber informiert die irische Notenbank und EZB-Präsident Trichet, der am Nachmittag bereits selbst die Bundesregierung bekniet hatte, die Bank aufzufangen. BaFin-Chef Sanio ruft die HRE-Spitze, die sich während der gesamten Verhandlungen in Nebenräumen aufgehalten hatte, herbei, informiert sie über das Scheitern und fordert sie auf, die nötigen rechtlichen Schritte zu unternehmen.

Josef Ackermann kann es nicht fassen, dass andere Länder Hunderte von Milliarden zur Rettung von Banken einsetzen, um die Weltwirtschaft vor dem Totalabsturz zu bewahren, die Regierung in Berlin sich aber derart uneinsichtig und hartleibig gibt. Er ist schon auf dem Weg zu seinem Wagen, als sein Mobiltelefon klingelt. Es ist der Finanzminister. Der Deutsche-Bank-Chef macht Steinbrück eindringlich den Ernst der Lage klar. Der zeigt sich beeindruckt und sagt, er werde noch einmal mit der Kanzlerin sprechen. Ackermann hastet mit der Nachricht zurück in die Runde, möglicherweise gebe es doch noch eine Lösung. Bundesbankpräsident Weber ruft erneut die irische Notenbank an und bittet sie, noch nichts zu unternehmen, es werde weiter verhandelt.

Viertel vor eins am Montagmorgen, in wenigen Minuten eröffnet die Börse in Tokio den Handel, klingelt wieder das

Mobiltelefon des Deutsche-Bank-Chefs. Diesmal ist es die Bundeskanzlerin. Angela Merkel offeriert den Banken zum ersten Mal einen Verlustdeckel – bei zehn Milliarden Euro. Nach kurzem Feilschen einigen sich die beiden schließlich in der Mitte, bei 8,5 Milliarden Euro. Der besseren politischen Optik wegen wird zudem die Lastenverteilung beim Verlustrisiko bis zu dieser Höhe auf 60 Prozent Finanzwirtschaft, 40 Prozent Bundesregierung verschoben. Der Deutsche-Bank-Chef, der den Kompromiss mit der Kanzlerin ohne Mandat seiner Bankerkollegen abgemacht hat, will deren Einverständnis einholen und dann zurückrufen.

Als der Schweizer von der mit Merkel gefundenen Lösung berichtet, bleibt den anderen kaum etwas anderes übrig, als schweren Herzens zuzustimmen. Zeit für Diskussionen gibt es nicht mehr, die Alternative erscheint gar zu schrecklich. Ackermann informiert die Regierungschefin: Die HRE ist vor dem Zusammenbruch bewahrt. Buchstäblich in letzter Minute.

Zehn nach eins, die Märkte in Australien und Japan sind bereits geöffnet, geben Bundesbank und BaFin eine gemeinsame Presseerklärung heraus. Kurz zuvor bekomme ich eine SMS von meinem Chef: »Wir haben einen Deal«. Erleichtert stelle ich meine Vorbereitungen ein und gehe zu Bett.

Doch die Nachtruhe will sich nicht gleich einstellen. Lange noch muss ich darüber nachdenken, wie nahe Glück und Unglück, Alltag und Katastrophe im Leben beieinander liegen und wie wenig der Normalbürger in der Regel davon mitbekommt. Als Josef Ackermann und ich am nächsten Morgen zur gewohnten Zeit wieder miteinander telefonieren, klingt seine Stimme müde, aber aufgekratzt. Er weiß, er hat in der Nacht zuvor Finanzgeschichte geschrieben: »Das war verdammt knapp. Wir hätten jetzt einen Meltdown weit über Deutschland hinaus.«

Eine Kernschmelze erlebt so nur die HRE-Aktie, die seit

Jahresbeginn schon zwei Drittel ihres Wertes verloren hatte. Sie bricht noch einmal um drei Viertel ein. Finanzminister Steinbrück kündigt vor dem Haushaltsausschuss des Bundestags eine »geordnete Abwicklung« der Bank an, was allerhand Irritationen auslöst und BaFin-Chef Sanio sogar zu einem Dementi veranlasst.

Später versucht die Regierung in Berlin, ihr langes Fernbleiben von den Rettungsgesprächen und ihre starre Haltung bis kurz vor Schluss als bewusste Verhandlungsstrategie zu verkaufen. Man habe im Interesse des Steuerzahlers hart mit den Banken gepokert. Josef Ackermann und anderen Teilnehmern der Krisensitzungen stellt sich das allerdings anders dar: Sie erzählen übereinstimmend, dass die Regierung schlicht lange Zeit nicht verstanden habe, was an diesem Wochenende auf dem Spiel stand. »Ich glaube, dass die Politik die ganze Tragweite damals nicht gesehen hat«, so der Deutsche-Bank-Chef vor dem parlamentarischen Untersuchungsausschuss zur HRE im Juli 2009. »Wenn man taktisch gespielt hat, hat man es sehr weit getrieben. Das war gefährlich. Ich kann nur sagen: Wenn Frau Merkel mich um Viertel vor eins nicht mehr erreicht hätte, dann wäre es zu spät gewesen. Wir hatten schon unsere Zelte abgebrochen.«

Nach fast einer Woche weiteren Feilschens und einer fast elfstündigen Schlusssitzung in den Räumen der Bundesbank in Frankfurt in der Nacht von Donnerstag, dem 2. Oktober, auf Freitag, den 3. Oktober, einigt sich die Finanzbranche schließlich, wie die 8,5 Milliarden Ausfallgarantie verteilt werden sollen: 4,5 Milliarden schultert die Einlagensicherung der Privatbanken, wovon über 1,1 Milliarden allein auf die Deutsche Bank entfallen. Den Rest teilen sich Sparkassen und Landesbanken, Versicherungen, Volks- und Raiffeisenbanken sowie DZ Bank und Förderbanken. Von dem 15-Milliarden-Liquiditätskredit stellt die Deutsche Bank allein ein Drittel.

Doch schon wenige Stunden später ist alles wieder Makulatur: Wegen der wackeligen Zahlenbasis und großen Eilbedürftigkeit hatte Bundesbankchef Weber Ackermann bereits Anfang der Woche gebeten, die Liquiditätslage der HRE in München und Dublin durch seine Leute noch einmal von innen genau zu überprüfen. Zum Entsetzen aller Beteiligten stellen sich die Angaben der Münchner, die als Grundlage für die Rettungsaktion gedient hatten, als viel zu positiv heraus. Neben der Herabstufung durch die Ratingagenturen macht die HRE dafür auch die Aussage des Finanzministers verantwortlich, die Bank werde abgewickelt. Danach habe sich die Liquiditätslage noch einmal erheblich verschlechtert, da bei Abwicklung Liquidationswerte bilanziert werden müssen.

Steinbrück keilt zurück, die Bank kenne ihre eigenen Zahlen nicht. Später wirft die BaFin der HRE sogar vor, diese geschönt zu haben. Am Samstagmorgen, dem 4. Oktober, kommt aus München jedenfalls die Hiobsbotschaft: »Das letzte Woche zugesagte und angekündigte Rettungspaket ist derzeit nicht länger gültig.«

Zu dem Zeitpunkt hatte bei der BaFin in Frankfurt bereits eine neue Krisensitzung zu einem neuen Rettungspaket stattgefunden. Die Verhandlungen werden am Sonntag im Finanzministerium in Berlin fortgesetzt. Eine Stunde vor Mitternacht steht das Ergebnis: Die Regierung stockt ihre Hilfe nicht auf, es bleibt bei der Ausfallgarantie von 35 Milliarden Euro. Die EZB hält an ihrer Liquiditätszusage von 20 Milliarden Euro fest, akzeptiert allerdings neue Sicherheiten der HRE, die bisher nicht für Notenbankgeschäfte zugelassen waren. Die Finanzwirtschaft muss ihren Liquiditätskredit verdoppeln. Weil eine Bank nicht voll mitziehen will oder kann, fehlen am Ende zwei Milliarden

Euro. Bundesbankpräsident Weber kommt um den Tisch und fragt Ackermann, ob die Deutsche Bank sie übernehmen könne. Der Deutsche-Bank-Chef sagt spontan zu. Sein Haus bringt damit allein zwölf von den jetzt 30 Milliarden Euro auf. Der Zusammenbruch der HRE ist nun endgültig abgewendet.

Mehr noch als bei der IKB war Josef Ackermanns Engagement entscheidend für den positiven Ausgang. »Ohne den Beitrag der Deutschen Bank wäre das Ganze nicht über die Bühne gegangen«, so der Schweizer.

Als bald darauf HRE-Vorstandschef Funke seinen Hut nehmen muss, gibt Ackermann auch noch Axel Wieandt, den Leiter seiner Konzernentwicklung, für die Spitzenposition in München ab. »Die Deutsche Bank spielte bei den Rettungsverhandlungen die zentrale Rolle«, sagt auch Gerhard Schick, Obmann der Grünen im Finanzausschuss und Mitglied des HRE-Untersuchungsausschusses. Nicht allerdings ohne gleich zu fragen: »Welche Eigeninteressen hatte die Bank?«

Zu dem Zeitpunkt war der Umfang der finanziellen Unterstützung für die HRE bereits auf über 100 Milliarden angeschwollen. Das Münchner Geldhaus war als erstes Institut seit 1945 verstaatlicht, in Deutsche Pfandbriefbank umbenannt und der marode Teil des Vermögens in eine riesige Abwicklungsanstalt namens FMS Wertmanagement ausgegliedert worden.

Selbstverständlich hat der Deutsche-Bank-Chef bei der Rettung der HRE nicht aus Nächstenliebe gehandelt. Sein Haus war bei dem angeschlagenen Institut zwar »nur« mit einem niedrigen dreistelligen Millionenbetrag direkt engagiert. »Wir hätten auch sagen können, dass uns das Schicksal der HRE nicht so wichtig ist«, so Ackermann vor dem Untersuchungsausschuss, »aber natürlich wäre das sehr kurzfristig und egoistisch gewesen.« Indirekt hätten eine Pleite des Instituts, eine Kernschmelze des Finanzsystems und der damit verbundene Verlust an wirtschaftlichem Wachstum und Wohlstand auch gravierende Auswirkungen auf das Ergebnis der Deutschen Bank gehabt. Das schmälert deren Hilfe jedoch nicht im Geringsten.

Wie wichtig sie war, unterstreicht eine weitere dramatische Rettungsaktion, die ebenfalls an diesem ersten Sonntag im Oktober 2008 erforderlich wird. Nachdem die Regierung in Berlin nur gut eine Woche zuvor noch so getan hatte, als könnte das eigene Land von den Finanzproblemen in den USA weitgehend verschont bleiben, müssen Kanzlerin Merkel und Finanzminister Steinbrück nachmittags zur Kaffeestunde gemeinsam vor die Fernsehkameras treten und die kompletten Spar- und Termineinlagen sowie Guthaben auf Girokonten im Lande garantieren. »Wir sagen den Sparerinnen und Sparern«, so eine sichtlich angegriffene Kanzlerin, »dass ihre Einlagen sicher sind. Auch dafür steht die Bundesregierung ein.« Der ebenso mitgenommen aussehende Finanzminister nennt das Versprechen, das im Ernstfall mehr als 1000 Milliarden Euro kosten würde, »eine politische Patronatserklärung«.

Die deutschen Sparerinnen und Sparer hatten nach der Beinahe-Pleite der HRE in der abgelaufenen Woche immer mehr Geld von ihren Konten abgehoben, um es unter die Matratze zu legen. Am Montagabend war von der *ARD* eine Sondersendung mit dem Titel: »Hilfe: Wer rettet unser Geld?« ausgestrahlt worden. In den Tagen danach hatte die Bundesbank eine rapide ansteigende Nachfrage nach 500-Euro-Scheinen beobachtet.

Ausgerechnet in dieser Woche waren zudem in norddeutschen Sparkassen Tausende Geldautomaten ausgefallen. Verängstigte Bürger heben daraufhin von ihren Konten immer höhere Beträge ab. Sie trauen den offiziellen Beteuerungen nicht, es handle sich nur um einen Stromausfall, ein Marder habe die Leitung durchgebissen. Die Banken müssen wachsende Summen Bargeld von der Bundesbank anfordern, um die Nachfrage zu decken. Die Differenz der Bargeldauszahlungen zu den Einzahlungen steigt auf das Vierfache des vergleichbaren Vorjahreswertes an. Ein Ansturm auf die Banken zeichnet sich ab, Bundesbankpräsident Weber und BaFin-Chef Sanio raten Berlin dringend zu der Einlagengarantie. Kanzlerin und Finanzminister folgen dem Rat.

Später bekennt Steinbrück, dass er im Verlauf der Finanzkrise zweimal »richtig Angst« verspürt habe: im September 2008, »als die Gefahr bestand, dass die Amerikaner nach Lehman Brothers auch den Versicherungskonzern AIG in die Insolvenz schicken«, und dann als für die HRE überraschend eine zweite Liquiditätshilfe von 15 Milliarden Euro nötig wurde: »Da brauchte ich wirklich einen Stuhl, um mich zu setzen.«

Doch selbst die endgültige Rettung die HRE und die Einlagengarantie der Regierung können die Bürger nicht beruhigen. Viele schließen daraus, dass es um die Stabilität der Geldinstitute generell schlimm bestellt sein muss. Nur 29 Prozent der Deutschen glauben, dass die Regierung ihr Versprechen im Fall der Fälle tatsächlich einhalten kann. Der Bargeldabfluss bei den Banken geht weiter und verstärkt sich noch. Unter Bankern macht sich Galgenhumor breit. In der Branche kursiert ein Wortspiel über die Soll- und Habenseite von Bankbilanzen: »On the left side nothing is right and on the right side nothing is left.« Am Montag, dem 6. Oktober, sackt der Dax um weitere sieben Prozent ab. Die Lage ist hochexplosiv.

Für Mittwoch laden Kanzlerin und Finanzminister die Herausgeber und Chefredakteure der wichtigsten deutschen

Medien ins Kanzleramt und bitten sie, sich in der Berichterstattung über die Finanzkrise Zurückhaltung aufzuerlegen. Ein äußerst ungewöhnlicher Vorgang und weiterer Beleg dafür, wie nahe am finanziellen und wirtschaftlichen Abgrund das Land in diesen Tagen und Wochen balanciert.

Ich hatte schon länger mit wachsender Bewunderung verfolgt, wie verantwortungsvoll sich meine ehemaligen Journalistenkollegen in dieser brenzligen Lage insgesamt verhielten, und mich gefragt, wie ich mich jetzt wohl fühlen würde, wäre ich noch Chefredakteur der *WirtschaftsWoche*.

Trotz der Zurückhaltung der Medien erreicht der Bargeldabfluss immer neue Höchststände. Am Freitag muss die Bundesbank den deutschen Geldinstituten 500-Euro-Scheine im Wert von über vier Milliarden Euro zur Verfügung stellen, der Saldo von Auszahlungen zu Einzahlungen steigt auf das 20-Fache des Vorjahreswerts. Die Lage beruhigt sich erst, als die Regierung eine weitere drastische Maßnahme ergreift, die ebenfalls wesentlich auf die Initiative von Josef Ackermann zurückgeht.

Nach der zweiten HRE-Runde in Berlin hatten Steinbrück, Asmussen, Weber, Ackermann, Müller und Blessing noch bis zwei Uhr morgens bei einem Glas Rotwein im Finanzministerium zusammengesessen. In dieser Nacht schlägt der Schweizer vor, entsprechend dem Vorbild der USA einen großen Rettungsschirm für alle deutschen Geldhäuser aufzuspannen, unter dem in Schwierigkeiten geratene Banken Zuflucht suchen können. Steinbrück bezeichnet den Vorschlag später als »die Geburt des Finanzmarktstabilisierungsgesetzes«. Ackermann gehöre gemeinsam mit Weber »das Copyright dafür«. Der Deutsche-Bank-Chef ist endgültig zum führenden Krisenmanager des Landes avanciert.

Wenige Tage zuvor hatte der Schweizer bereits einen europäischen Rettungsschirm angeregt. Es gebe zwar keinen unmittelbaren Bedarf dafür, »doch solche Pläne müssen in der Schublade sein, um im Fall der Fälle gewappnet zu sein«.

In der schwarz-roten Regierung war die Idee zunächst gar nicht gut angekommen. SPD-Fraktionschef Peter Struck bezichtigt den Deutsche-Bank-Chef des »Opportunismus«, für den er »ein gewisses Maß an Verachtung« empfinde. Bundeskanzlerin Merkel lehnt ebenfalls ab: »Der Bund kann und will keinen Blankoscheck für alle Banken ausstellen.« Doch nach dem zweiten HRE-Schock und der staatlichen Garantie der Ersparnisse wenige Tage später gilt das alles nicht mehr.

Finanzminister Steinbrück erteilt seinem Staatssekretär Asmussen noch in der zweiten HRE-Rettungsnacht im Finanzministerium in Berlin den Auftrag, mit Hochdruck ein Konzept für einen deutschen Bankenschutzschirm zu erstellen. In der darauffolgenden Woche arbeitet der Staatssekretär zusammen mit Jens Weidmann, dem finanz- und wirtschafspolitischen Berater Merkels im Kanzleramt, und unterstützt von Bundesbankpräsident Weber, BaFin-Chef Sanio sowie Josef Ackermann die Details aus.

Während der Finanzstaatssekretär in Berlin an dem Gesetzestext werkelt, fliegt am Donnerstag, dem 9. Oktober, nahezu die gesamte Finanzelite Deutschlands mit Flug LH 418 zur Tagung von Weltbank und Währungsfonds von Frankfurt nach Washington. Die First Class in der Boeing 747 ist bis auf den letzten Platz ausgebucht. Unter den Fluggästen sind neben zahlreichen Chefs von Geldinstituten auch Peer Steinbrück und Axel Weber. Die Finanzkrise setzt auch das ungeschriebene Gesetz außer Kraft, dass Finanzminister und Bundesbankpräsident nicht mit derselben Maschine fliegen. Mit EZB-Präsident Trichet sind sogar die drei wichtigsten Offiziellen der europäischen Finanzwelt an Bord.

1

2

3

1: Josef Ackermann als Baby in den Armen seiner Mutter
2/3: Hoch zu Ross; beim Ski-Unterricht

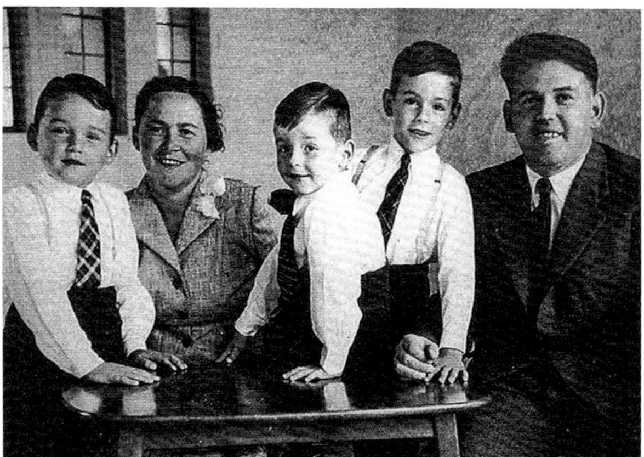

4

4: «Seppi» (2. v. r.) mit Vater Karl, Mutter Margrith, Bruder Karl (l.) und Daniel

5

6

7

5/6/7 Als Jung-Banker bei der Hausarbeit; als Offizier der Schweizer Armee; mit Ehefrau Pirkko im Skiurlaub

8

9

8/9: Ehepaar Ackermann mit Tochter Catherine;
beim Pferderennen in Ascot

10: Josef Ackermann im angeregten Gespräch mit Bundeskanzlerin Angela Merkel

11

12

11/12: Zu Gast in der Parteizentrale der SPD;
beim BILD-Sommerfest mit Alt-Kanzler Helmut Kohl

13

14

13/14/15: Ackermann (Mitte) als Laien-Sänger in der New Yorker Met; zu Besuch in der Firmenzentrale von Ferrari; beim Kickern mit Studenten

15

16: Josef Ackermann mit dem Präsidenten der Europäischen Kommission, José Manuel Barroso

17

18

17/18: Ackermann mit Bundesfinanzminister Wolfgang Schäuble vor einer Sitzung im Berliner Kanzleramt;
bei der Begrüßung von Jean-Claude Juncker, damals Chef der Euro-Gruppe

19: Beim Tanz mit Christine Lagarde, ehemals Finanzministerin in Paris und heute Chefin des Internationalen Währungsfonds in Washington

19

20

21

20/21: Im Gespräch mit Schüler Julian Veerkamp in seinem Büro in der Deutschen Bank;
mit Leipziger Studenten bei der Abschlussfeier

22

23

22/23/24: Nach der Landung in Seoul; zu Besuch in der Schweizer Heimat; hört einem Banken-Kritiker von »Occupy« zu

24

25

26

25/26: Josef Ackermann mit dem spanischen König Juan Carlos; mit dem Ehepaar Bush (sen.) beim 20-jährigen Jubiläum des Mauerfalls in Berlin

27

28

29

27/28/29: Ackermann mit dem damaligen UNO-Generalsekretär Kofi Annan; zu Besuch bei Brasiliens Staatspräsidentin Dilma Rousseff; im Gespräch mit dem damaligen chinesischen Regierungschef Wen Jiabao

30

30: Ackermanns (Vorstands-) Team: Hugo Bänziger, Jürgen Fitschen, Anshuman Jain, Stefan Krause, Hermann-Josef Lamberti und Rainer Neske (v.l.)

31

31/32: Ackermann mit Aufsichtsratschef Clemens Börsig; im Gespräch mit seinem Wunsch-Nachfolger Axel Weber

32

33: Josef Ackermann im Hubschrauber auf dem Weg zum Besuch auf einer Fregatte der Bundesmarine

34/35: Ackermann macht das Victory-Zeichen; nimmt an seinem letzten Tag gerührt den stehenden Applaus der Aktionäre entgegen

34

35

Trichet hat auf dem Oberdeck keinen Platz mehr bekommen und muss mit der Business Class vorliebnehmen. Zufällig sitzen wir nebeneinander. Europas oberster Notenbanker, ein Staatsdiener mit preußischem Berufsethos, gibt sich im Gespräch alle Mühe zu verbergen, wie es in seinem Innersten aussieht. Doch die Sorgen sind ihm ins Gesicht geschrieben – und die Erschöpfung. Einen großen Teil des Fluges verbringt der Franzose schlafend, um für die kommenden schweren Tage neue Kraft zu schöpfen. Sie sollten für die Weltwirtschaft von entscheidender Bedeutung werden und endlich die Wende in der Finanzkrise bringen.

Am Freitag sackt die Börse in Tokio um zehn, in Frankfurt um zwölf Prozent ab. In New York hatte der Dow-Jones-Index am Vortag bereits 700 Punkte verloren, der schlimmste Absturz seit über zehn Jahren. Die im Cash Room des US-Finanzministeriums neben dem Weißen Haus versammelten Finanzminister und Notenbankchefs der G7-Staaten wissen, was die Stunde geschlagen hat. Nach vierstündigen Beratungen verpflichten sie sich in einem Fünf-Punkte-Plan dazu, gemeinsam den Finanzsektor ohne Vorbehalt zu stützen.

Josef Ackermann bringt als Präsident des Weltbankenverbands IIF in der amerikanischen Hauptstadt unmissverständlich zum Ausdruck, dass das gesamte globale Finanzsystem am Rande des Abgrunds stehe und nur noch durch eine konzertierte Aktion der Staaten vor dem Absturz gerettet werden könne: »Wir müssen anerkennen, dass die Märkte versagt haben, und wenn der Markt versagt, muss der Staat eingreifen«, sagt er unverblümt. Dies sei ein »sehr entscheidender Moment. Systemische Krisen brauchen systemische Antworten.« Bis Montagmorgen zur Eröffnung der Börsen müssten konkrete Rettungspakete vorliegen.

Der Schweizer weiß zu dem Zeitpunkt bereits, dass nicht nur die Deutschen, sondern die Europäer insgesamt wie zuvor schon die Amerikaner ein großes Hilfspaket für ihren Bankensektor schnüren wollen. Beim Dinner des IIF im Atrium des Museum of American Art am Samstagabend spricht die französische Finanzministerin Christine Lagarde, mit der Ackermann gut befreundet ist, nach dem Hauptgang die erlösenden Worte an die Adresse der versammelten Banker: Die europäischen Regierungen würden »alles tun, was erforderlich ist«, um die Finanzkrise zu bekämpfen. »Wir werden Sie nicht enttäuschen.«

Brausender Beifall. Dann muss Lagarde weg. Das Flugzeug nach Paris wartet. Dort findet am Sonntag ein kurzfristig anberaumter Krisengipfel der Eurostaaten statt. Finanzminister Steinbrück und Bundesbankchef Weber sind schon auf dem Weg dahin.

Auf dem Gipfel in Paris am 12. Oktober 2008 einigt sich Europa auf die größte Banken-Hilfsaktion seiner Geschichte. Die strengen Abschreibungsregeln für Vermögenswerte auf den aktuellen Zeitwert (Fair Value), die in der allgemeinen Ausverkaufsstimmung wie ein Brandbeschleuniger wirken, werden gelockert. Und jedes Land soll sein Bankensystem mit ausreichend Kapital versorgen.

Die Deutschen haben dazu den Sonderfonds Finanzmarktstabilisierung, kurz Soffin genannt, vorgesehen. Während Briten und Amerikaner ihre Banken praktisch zwingen, Staatsgeld zu nehmen, scheut die große Koalition aus CDU / CSU und SPD einen solchen Schritt. Sie setzt lieber auf Freiwilligkeit. Für Josef Ackermann und die Deutsche Bank sollte dies von großer Bedeutung sein.

Am Montag, dem 13. Oktober, verabschiedet das Kabinett auf einer Sondersitzung den Entwurf des sogenannten Finanzmarktstabilisierungsgesetzes. Er sieht für die deutsche Bankenbranche einen Rettungsschirm im Umfang von bis zu 500 Milliarden Euro vor: 400 Milliarden für Kreditbürgschaften, 80 Milliarden für direkte Staatsbeteiligungen und 20 Milliarden für Ausfallvorsorge. Das Geld soll der Soffin verwalten.

Vor der Kabinettssitzung war Bundeskanzlerin Merkel mit Josef Ackermann den Entwurf am frühen Montagmorgen in ihrem Büro ein letztes Mal durchgegangen. Sie will sich vergewissern, dass das Gesetz auch die gewünschte Wirkung auf den Finanzmärkten entfaltet. Um rechtzeitig im Kanzleramt in Berlin zu sein, hatte der Deutsche-Bank-Chef am Sonntagabend schon nach einer halben Stunde das Konzert mit dem chinesischen Klaviervirtuosen Lang Lang im Washingtoner Kennedy-Center verlassen, zu dem sein Haus eingeladen hatte.

Während ich ihn zu der schon mit laufendem Motor wartenden Limousine, die ihn zum Flughafen bringen soll, nach draußen begleite, zeigt sich der Musikliebhaber kein bisschen traurig darüber, dass er nicht bleiben kann. Im Gegenteil: Er scheint es kaum erwarten zu können, nach Berlin zu kommen. Zum ersten Mal verstehe ich wirklich, was er meinte, als er einmal sagte, er sei gerne bei »großen Dingen« dabei. In diesen Oktoberwochen des Jahres 2008, als das Schicksal der Weltwirtschaft auf des Messers Schneide steht, lebt Josef Ackermann so intensiv wie nie zuvor.

Es sind historische Zeiten, Finanz- und Wirtschaftsgeschichte wird geschrieben. Auch Parlamentsgeschichte: Damit der Rettungsschirm möglichst schnell aufgespannt werden kann, stimmt die Opposition einer Fristverkürzung für Anhörungen und Einspruchsrechte zu. Noch in derselben Woche verabschieden Bundestag und Bundesrat das Finanzmarktstabilisierungsgesetz, Bundespräsident Köhler unterschreibt, und am Freitag, dem 24. Oktober, tritt es bereits in Kraft. Das ist Rekordzeit. Das parlamentarische System erweist sich zu raschem Handeln fähig, wenn es sein muss.

Und die Börsen jubeln. Dax und Dow Jones schießen um jeweils elf Prozent nach oben. Die Bürger fassen neues Vertrauen. Die Bargeldauszahlungen normalisieren sich. Die Finanzkrise ist damit zwar noch längst nicht zu Ende, weitere Bewährungsproben sind zu bestehen, weitere Abschreibungen und Verluste zu verkraften. Aber der Abgrund, in den die Welt im Herbst des Jahres 2008 mehrmals zu stürzen drohte, rückt Stück für Stück weiter weg.

Auch Josef Ackermann ist zum ersten Mal seit langer Zeit wieder richtig gut gelaunt. »Washington war die Wende«, sagt er mir, und es klingt diesmal nicht nach Pfeifen im Walde. Er erkundigt sich sogar danach, ob ich Lang Lang nach dem Konzert ordentlich betreut hätte. Seine Sorgen haben offenkundig spürbar nachgelassen.

Nun beginnt die Zeit des Aufräumens. Die Lehren aus der Krise sind zu ziehen und umzusetzen. In den einzelnen Finanzinstituten und in der Branche insgesamt. Nach dem Krisenmanager ist nun der Reformer Josef Ackermann gefragt.

KAPITEL 7
ZWISCHEN TRIUMPH UND DEMUT

Während am Donnerstag, dem 16. Oktober 2008, im Berliner Reichstag die parlamentarische Beratung des Finanzmarktstabilisierungsgesetzes in die letzte Runde geht, haben sich rund 200 Führungskräfte, die wichtigsten Entscheidungsträger der Deutschen Bank, zu ihrer alljährlichen Tagung versammelt. Ursprünglich sollte das Treffen, das immer zwischen den Kontinenten wechselt, in Washington stattfinden. Wegen der brisanten Lage auf den Finanzmärkten gibt es diesmal aber nur eine Video- bzw. Telefonkonferenz aus Frankfurt heraus. Im Ausweichquartier der Bank an der Messe – die beiden Türme der Bankzentrale an der Taunusanlage werden von Grund auf renoviert – ruft Josef Ackermann seine engsten Mitstreiter in aller Welt dazu auf, ihr Bestes zu geben, damit die Bank möglichst gut durch die Krise kommt. Dabei sagt er einen Satz, den die *Frankfurter Allgemeine Sonntagszeitung* später zum »Zitat des Jahres« erhebt: »Es wäre eine Schande, wenn wir einräumen müssten, dass wir Geld vom Steuerzahler brauchen.« Oder genauer, im Original: »It would be a shame if we would have to concede that we need taxpayer's money.«

Die Konferenz ist kaum zu Ende, da verbreitet *Spiegel Online* am Nachmittag schon eine zugespitzte deutsche Version: »Ich würde mich schämen, wenn wir Staatsgeld annehmen würden«, soll der Deutsche-Bank-Chef gesagt haben. Jemand aus dem Führungskreis hatte offensichtlich geplaudert.

Die Indiskretion kommt zum politisch denkbar ungünstigsten Zeitpunkt und einer behutsamen Kommunikation des Themas zuvor. Die Soffin-Abstinenz der Bank sollte auf jeden Fall erst nach Inkrafttreten des Gesetzes bekanntgegeben werden, wenn möglich erst, nachdem einige Banken bereits einen Hilfsantrag gestellt hatten.

Für einen Moment denke ich daran, die veröffentlichte Version von Ackermanns Aussage zu korrigieren. Schließlich lässt sich »It would be a shame« auch als »Es wäre bedauerlich« übersetzen. Aber ich verwerfe den Gedanken schnell wieder. Eine wortklauberische Auseinandersetzung in der Öffentlichkeit würde alles nur noch schlimmer machen und die Bank wenig souverän aussehen lassen.

Zunächst findet die Meldung ohnehin kein großes Echo. Die öffentliche Aufmerksamkeit richtet sich stattdessen auf eine Vorabmeldung der *Bild am Sonntag* aus einem mit Josef Ackermann geführten Interview. Darin kündigt dieser an, zusammen mit seinen Kollegen im operativen Führungsgremium der Bank, dem GEC, im laufenden Jahr »als ganz persönliches Zeichen der Solidarität« freiwillig auf einen Bonus zu verzichten, ein Betrag von mehreren Millionen Euro allein für ihn.

Dafür hatte der Schweizer nicht lange überlegen müssen. Er weiß aus erster Hand, wie schwer es den Politikern in Berlin und anderen Hauptstädten fällt, die Steuermilliarden zur Rettung der Banken bereitzustellen. Wenn Banker, auch ohne Staatsgeld in Anspruch zu nehmen, nun Millionen-Boni bekämen, würde das unweigerlich einen öffentlichen Aufschrei auslösen.

Zudem steht zu befürchten, dass das Ergebnis des letzten Quartals für die Bank sehr schlecht ausfallen und ihr erstmals einen Jahresverlust bescheren könnte. Neben den Steuerzahlern hätten auch die von Kurs- und Dividendenverfall gebeutelten Aktionäre wenig Verständnis für Millionen-Boni. Ein freiwilliger Verzicht hingegen, so das Kalkül, würde an alle Stakeholder das Signal senden: Wir haben verstanden.

Als Chef der größten Bank des Landes und Präsident des internationalen Bankenverbands sieht sich Josef Ackermann in der Pflicht, dieses Signal als Erster zu geben. Er operiert ohnehin nach der Devise: Wo ich bin, ist vorn.

Zu seinem (und auch meinem) Erstaunen fällt das Echo jedoch keineswegs rundum positiv aus. Zwar begrüßt etwa der Ethikverband der deutschen Wirtschaft den Schritt. Viele Kollegen in anderen Häusern sind dagegen ausgesprochen verärgert. Sie wissen, dass sie es nun den Deutschbankern gleichtun müssen, und werfen dem Schweizer Populismus vor.

Auch die Politik ist gespalten. Während Wirtschaftsminister Michael Glos (CSU) den Verzicht als »vorbildlich« lobt, empfindet der Parlamentarische Geschäftsführer der Unionsfraktion, Norbert Röttgen, ihn als »Hohn«. Für SPD-Fraktionschef Peter Struck ist er nur eine »Schauveranstaltung« und »Ablasshandel«. Grünen-Fraktionschefin Renate Künast erregt sich über die »ungeheure Chuzpe«, dass Ackermann trotz Finanzkrise überhaupt davon ausgehe, ihm stünde in diesem Jahr ein Bonus zu.

Viele Politiker grätzt offenbar, dass der Deutschbanker ihnen zuvorgekommen ist. Sie betrachten ihn als Spielverderber, hätten ihn lieber gezwungen, um damit bei den Wählern Punkte zu sammeln. Nach den unpopulären Milliardenhilfen für die Rettung von Banken versuchen sie sich in diesen Tagen als Banken-Bändiger gegenseitig zu übertreffen. Peter Sodann, Kandidat der Linken für das Amt des Bundespräsidenten, träumt sogar laut davon, Ackermann »verhaften« zu können.

Am Montag geht die hitzige Bonus-Debatte dann in ein noch heftigeres Getöse über. Der Berliner *Tagesspiegel* bringt die über drei Tage alte Meldung von *Spiegel Online* als Aufmacher groß auf der Titelseite. Der Deutsche-Bank-Chef hatte tags zuvor in der *Bild am Sonntag* ausdrücklich klargestellt hatte, es dürfe »nicht dazu kommen, dass aus falschem Prestige-Denken hilfsbedürftige Banken die von der Regierung angebotene Hilfe nicht in Anspruch nehmen«. Dennoch wirft ihm die Regierung vor, den Erfolg des soeben unter Hochdruck geschnürten 500-Milliarden-Rettungspakets zu gefährden, eine Art Dolchstoß in den Rücken also.

Nach der Kabinettssitzung lässt Bundeskanzlerin Merkel den stellvertretenden Regierungssprecher Thomas Steg verkünden, Ackermanns Äußerungen bei der Führungskräftekonferenz seien »außerordentlich bedenklich, absolut unverständlich und inakzeptabel«. So scharf habe die Kanzlerin zuletzt reagiert, kommentiert der *Stern*, »als der Russe Medwedew in Georgien einmarschiert war«.

Selbst Finanzminister Steinbrück, im Umgang mit Bankern sonst nicht gerade als zimperlich bekannt, äußert sich differenzierter: Was der Chef der Deutschen Bank da gesagt habe, sei »geeignet, andere Banken, die das Rettungspaket in Anspruch nähmen, in einem ungünstigen Licht dastehen zu lassen«. Und fordert den Schweizer auf, klarzustellen, dass er selbst maßgeblich an den Vorbereitungen für das Rettungspaket beteiligt war.

In den Medien entspinnt sich eine heftige Kontroverse. Die Finanzkrise »mitverursacht zu haben«, so die *Süddeutsche*, wäre ein »Anlass, sich zu schämen, nicht eine Inanspruchnahme staatlicher Hilfe«. Die *Welt* bezeichnet Ackermanns Äußerung gar als »verbales Siegeszeichen«. Die *Frankfurter Allgemeine* glaubt dagegen, sich in einem »Tollhaus« zu befinden, Regierung und Koalition bedienten »niedrigste Instinkte, wenn sie einen Manager ausgerechnet für diesen lobenswerten Satz geißeln«.

Josef Ackermann ist derweil schon wieder in den USA. Als ich ihm von der Aufregung zu Hause berichte, zeigt er sich vor allem von der Kanzlerin enttäuscht. Er hätte erwartet, dass sie zuerst einmal zum Hörer greift und direkt mit ihm spricht, ehe sie Dritte öffentlich über ihn sprechen lässt.

Ackermann und Merkel kennen, respektieren, ja schätzen sich seit vielen Jahren. Im Mannesmann-Prozess war ihm die CDU-Politikerin mutig zur Seite gesprungen. Das Verfahren sei ein »Schlag gegen den Wirtschaftsstandort Deutschland«, sagt sie, sie habe keine Zweifel an der »persönlichen Integrität« des Deutsche-Bank-Chefs. Nach Ackermanns Victory-Zeichen steht sie dann plötzlich ziemlich dumm da.

Doch der Beziehung tut das keinen Abbruch. Die beiden sind sich in vielem ähnlich. Sie sind ebenso lernbegierig wie lernfähig, frei von Allüren und Extravaganzen, überlegt und von ruhigem Gemüt. Zur Kanzlerin geworden, spricht Merkel öfter mit dem Deutschbanker, holt sich Rat oder bittet ihn um Hilfestellung. Etwa als es darum geht, die Aktionärsstruktur des europäischen Luft- und Raumfahrtkonzerns EADS neu zu ordnen und dabei die deutschen Interessen zu wahren. Merkel und Ackermann kommen zudem beide viel in der Welt herum, treffen Regierungschefs und Staatsoberhäupter – Stoff für einen regelmäßigen Informations- und Gedankenaustausch gibt es also mehr als genug.

Auch privat haben die beiden manches gemeinsam. Sie lieben Opernmusik, Hausmannskost und lange Wanderungen, vorzugsweise in den Bergen. Als er 60 wird, lädt Ackermann das Ehepaar Merkel / Sauer selbstverständlich zu seiner privaten Geburtstagsfeier ein. Zu seinem großen Bedauern muss die Regierungschefin wegen dringender anderer Termine absagen.

Im Herbst desselben Jahres zahlt sich die gute Beziehung der beiden für das Land aus: Mitten in der Nacht und in letzter Minute bewahren sie in einem Telefonat die HRE und mit ihr das Finanzsystem vor dem Kollaps. Merkel sei es dabei gelungen, so Ackermann im HRE-Untersuchungsausschuss später, anderthalb Milliarden Euro mehr aus ihm »herauszupressen«.

Doch je stärker Banken im Verlaufe der steuerfinanzierten Rettungsaktionen beim Volk in Verruf kommen und je näher der Termin der Bundestagswahlen im Herbst 2009 rückt, desto mehr geht die Politikerin, zumindest nach außen, auf Distanz zu dem Banker. Angela Merkel ist ein Machtmensch und achtet zuallererst auf ihre eigenen Interessen.

Genau wie Josef Ackermann. Er habe der Kanzlerin »immer klar gesagt«, dass er »primär ein Angestellter der Deutschen Bank« sei, erzählt er. »Wir werden nicht von Deutschland bezahlt, sondern von unseren Aktionären. Wir können nicht einfach sagen, das machen wir der Regierung zuliebe.«

Die harsche Kritik an seiner »Schämen«-Äußerung lässt der Schweizer kurz und bündig zurückweisen: Die Deutsche Bank lege »Wert auf die Feststellung, dass sie das betreffende Gesetz selbstverständlich unterstützt – unabhängig davon, dass sie selbst kein Kapital vom Staat benötigt«. Ihr Vorstandsvorsitzender habe »an der Erarbeitung des Gesetzes persönlich mitgewirkt und öffentlich davor gewarnt, aus falschem Prestigedenken die Hilfe des Staates nicht anzunehmen«.

Zu einer wirklich ernsten und nachhaltigen Verstimmung zwischen Merkel und Ackermann kommt es wegen seines Verzichts auf Staatsgeld nicht. Der oberste Deutschbanker trifft sich mit der Kanzlerin bald darauf zu einem vertraulichen Gespräch und bereinigt die Atmosphäre.

Kurz vor Weihnachten lädt die Regierungschefin führende Vertreter von Wirtschaft und Gewerkschaften zu einem Gipfel ein. Sie will erörtern, wie sich eine mögliche Kreditklemme verhindern lässt, die die Wirtschaft abwürgen könnte. Der Schweizer ist ebenso selbstverständlich dabei wie auf dem Konjunktur-Krisengipfel im April des darauffolgenden Jahres. Später, in der europäischen Schuldenkrise, arbeitet Merkel, nachdem sie den Ernst der Lage einmal realisiert hatte, hinter den Kulissen wieder aufs Engste mit ihm zusammen.

Bis bekannt wird, dass die Inanspruchnahme von Staatsgeld eine Deckelung der Vorstandsgehälter auf 500 000 Euro nach sich zieht, sind auch manche Deutsche-Bank-Kollegen zunächst gar nicht so glücklich über die Soffin-Abstinenz ihres obersten Chefs. Billiger, so argumentieren sie hinter vorgehaltener Hand, komme man so schnell nicht wieder an Kapital. Amerikaner und Briten erhielten durch die Kapitalspritzen ihrer Regierungen womöglich einen Wettbewerbsvorteil und könnten künftig schneller wachsen.

Doch Josef Ackermann lässt sich nicht beirren. »Wenn die Regierung bei der Geschäftspolitik mitreden könnte«, sagt er einmal, »wäre das tödlich für die Bank. Sie wäre danach nie mehr das, was sie zuvor war. Ihr Nimbus wäre unwiederbringlich perdu!« Der Schweizer setzt darauf, dass seine kompromisslose Haltung dem Haus zum Vorteil gereicht – was sich auch schon bald bewahrheiten sollte. Die Deutsche Bank wird dadurch weltweit als stark und sicher wahrgenommen und bei Kunden und Anlegern begehrter denn je. In den kommenden Monaten vertrauen diese ihr viele Milliarden zusätzlich an.

Aber das ist nicht alles. Der Schweizer weiß, dass er nun sofort zurücktreten müsste, wenn sein Haus doch noch staatliche Hilfe brauchen sollte. Bei einem Auftritt in der Katholischen Akademie in Berlin macht er klar, dass die Bank selbstverständlich nicht zögern würde, sollte sie trotz aller Bemühungen Steuergeld benötigen: »Unser Ziel ist es nicht, in Freiheit zu sterben.«

Für den überzeugten Marktwirtschaftler handelt es sich um eine Prinzipienfrage. Er will zunächst selbst alles tun, um seine Probleme zu lösen, ehe er die Solidargemeinschaft um Hilfe bittet: »Ich nehme nur Steuergeld, wenn ich es wirklich brauche. So bin ich erzogen.« Ackermann sieht auch keinen Widerspruch darin, ein Rettungspaket für die Branche mit auszuarbeiten, es selbst aber nicht in Anspruch zu nehmen. »Ich muss mich doch auch nicht gleich arbeitslos melden, nur weil ich die Einrichtung einer Arbeitslosenversicherung befürworte.«

Der Schweizer hat schon im Elternhaus gelernt, nicht auf andere zu warten, sondern nach der Methode »Selbst ist der Mann« voranzugehen. Er will lieber reformieren als reformiert werden, lieber selbst aufräumen, als das dem Staat zu überlassen. Josef Ackermann empfindet Reue über die Fehler der Vergangenheit, er ist bereit, Buße zu tun und bei der Beseitigung der Schäden zu helfen. Er lehnt es aber ab, vor der Politik zu Kreuze zu kriechen.

Anders als von Kritikern an die Wand gemalt, hält Ackermanns »Schämen«-Äußerung bedürftige Banken keineswegs davon ab, Staatsgeld zu nehmen. Die befürchtete Kreditklemme in der Wirtschaft bleibt aus. Bis Mitte Dezember reichen 15 deutsche Finanzinstitute Anträge beim Soffin ein. Am reichlichsten aus dem Steuersäckel bedient sich die Commerzbank, der inländische Hauptwettbewerber der Deutschen Bank. Sie erhält eine staatliche Eigenkapitalspritze von über 18 Milliarden Euro. Im Gegenzug übernimmt der Bund ein Viertel der Aktien.

Die Milliarden sollen den bereits eingefädelten Kauf der zur Allianz gehörenden Dresdner Bank absichern. Die Regierung möchte einen zweiten nationalen Bank-Champion zimmern und zugleich den Versicherungsriesen aus dem Bankenstrudel heraushalten.

Trotz der enormen Belastung für den Steuerzahler fallen jedoch nicht etwa die Allianz- oder Commerzbank-Oberen in Ungnade, der Bösewicht heißt wieder einmal Josef Ackermann. Die Kritik an ihm nimmt in Berlin bald derartige Ausmaße an, dass sich Michael Fuchs, Vorsitzender des Parlamentskreises Mittelstand der Unionsfraktion im Bundestag, zu einem Brandbrief an seinen eigenen Vorstand veranlasst sieht. Es mache ihn »betroffen«, schreibt er darin, dass auch aus den eigenen Reihen »ausgerechnet diejenigen am lautesten beschimpft werden, die keine Hilfe aus den bereitgestellten milliardenschweren staatlichen Rettungstöpfen nehmen wollen«. Dabei verdiene, »wer sich schämen würde, mit Steuergeld private Verluste zu sozialisieren, und das auch öffentlich bekennt, statt Schelte und Häme unsere ungeteilte Anerkennung und unser Lob«.

Mit dem allgemeinen »Hau den Josef« verschärft sich auch die persönliche Gefahrenlage für den Chef der Deutschen Bank wieder deutlich. An der Tür seiner Wohnung im Frankfurter Westend, deren Adresse nur ganz wenigen Personen bekannt ist, erkundigt sich eine verdächtige Person nach ihm, die Zahl der Drohbriefe nimmt explosionsartig zu. Der Berliner Kabarettist und Liedermacher Marc-Uwe Kling singt: »Hörst du mich, Josef Ackermann, einer muss als Erster sterben, du bietest dich da an. Kommt Zeit, kommt Rat, kommt Attentat.« Kaum jemand regt sich darüber auf, genauso wenig wie zuvor über die Äußerungen des Präsidentschaftskandidaten Sodann.

Den Schweizer erinnert das Meinungsklima an die schlimmsten Zeiten des Mannesmann-Prozesses. Zwar kann er nach außen inzwischen professionell damit umgehen. Fragen dazu beantwortet er cool: »Der Chef der Deutschen Bank ist das Gesicht der Finanzbranche in Deutschland. Deshalb bekommt vor allem er die Kritik für das ab, was die Branche insgesamt falsch gemacht hat. Und zwar unabhängig davon, ob das auch für seine Bank oder ihn persönlich zutrifft.« Der Banker Ackermann versteht, dass die Politiker einen Blitzableiter brauchen. Und dass er dafür herhalten muss. Niemand sonst ist auch nur annähernd prominent genug für diese Rolle.

Den Menschen Josef Ackermann macht die neu ausgebrochene Feindseligkeit jedoch tief betroffen. Es falle ihm »schwer zu verstehen«, so Ackermann »dass eine Bank, die auch in dieser schweren Krise noch Gewinn macht, die kein Steuerzahlergeld beansprucht und deren Führung auf Millionen an Boni verzichtet, dafür auch noch so kritisiert wird«. Woran, so fragt er sich (und mich) in dieser Zeit immer wieder, liegt das? Warum erfährt er ausgerechnet in seinem Gastland nicht verlässlich die Anerkennung, die ihm überall sonst in der Welt entgegengebracht wird? In diesen Wochen sprechen wir viel über das Verhältnis der Deutschen zu Josef Ackermann. Auf längeren Autofahrten, im Flugzeug und spätabends in der Hotelbar bei Gin Tonic oder Rotwein.

Obwohl auch in meinen Augen manches Urteil über ihn total danebenliegt, finde ich die Reaktionen auf Josef Ackermanns »Schämen«-Satz nicht so negativ wie er. Die Meinung in den Medien dazu ist geteilt. Mehr kann man von einer freien Presse nicht erwarten. Überdies entspricht die veröffentlichte Meinung nicht unbedingt der öffentlichen Meinung, wie sich bald herausstellt. Bei einer repräsentativen Befragung durch das Meinungsforschungsinstitut Infratest erklären über 70 Prozent, dass sie es gut finden, wenn ihnen neben IKB, HRE, Commerzbank und diversen Landesbanken nicht auch noch die größte deutsche Bank in die Tasche greift. Alles andere wäre ja auch geradezu pervers gewesen.

Aber der direkt Betroffene nimmt Kritik verständlicherweise immer schwerer. Erst wer selbst einmal die Erfahrung gemacht hat, vor aller Welt abgewatscht zu werden, weiß, wie einem dabei zumute ist. Ich ermuntere Josef Ackermann daher, die Schelte nicht persönlich zu nehmen. Gemeint sei der Chef der Deutschen Bank, nicht der Mensch Josef Ackermann. So einleuchtend sich das anhört, so schwer fällt es doch, dies auch gefühlsmäßig auseinanderzuhalten.

Immer wieder gibt der Schweizer zu bedenken, ob ihm die gewünschte Anerkennung in Deutschland nicht vielleicht – bewusst oder unbewusst – deswegen verweigert wird, weil er der erste Ausländer an der Spitze des größten deutschen Geldinstituts ist. »Ich bin erst mit fast 50 Jahren in dieses Land gekommen«, sagt er, »mir fehlen hier die Jugendfreundschaften, die Studienkollegen, die beruflichen Seilschaften.«

Das mag eine gewisse Rolle spielen. Viel wichtiger aber erscheint mir etwas ganz anderes: Mit dem Wandel zu einer weltweit führenden Investmentbank ist die Deutsche Bank den Deutschen fremd geworden. Im Unterschied zu anderen global operierenden Unternehmensikonen des Landes ist ihr Kern damit ins Ausland abgewandert: nach London und New York. Dort werden – anders als etwa bei Siemens oder Mercedes – im Wesentlichen die Produkte und Dienstleistungen erdacht und entwickelt, die das Geldinstitut weltweit verkauft. Dort ist die Küche, in Deutschland steht nur noch eine Theke.

Investmentbankern an der Wall Street und in der Londoner City gilt der Finanzplatz Deutschland als tiefste Provinz. Die besten Maschinenbau-Ingenieure mögen aus dem Land kommen, die besten Finanzingenieure sicher nicht.

Diese Entfremdung macht die Menschen zwischen Flensburg und Garmisch besonders kritisch gegenüber der Bank, die den Namen ihres Landes trägt und die für sie zum Mobiliar der Republik zählt. Deswegen erwarten sie von ihrem Chef ein besonderes Bekenntnis zu Deutschland. Wenn er Ausländer ist, noch mehr als von einem Einheimischen.

Wobei im Falle Josef Ackermanns fast die Hälfte der Deutschen überhaupt nicht um seine Schweizer Herkunft weiß. Draußen in der Welt wird der Deutsche-Bank-Chef ohnehin überall als Deutscher wahrgenommen. Und widerspricht dem auch nie. »Als Herr Putin in Moskau einmal zu mir sagte, er wünsche sich, dass unsere beiden Länder im Finale der Fußball-Europameisterschaft gegeneinander spielen, hat er bestimmt nicht die Schweiz gemeint. Ich habe ihn nicht korrigiert.«

Ackermann sei es viel zu wichtig, was über ihn gesagt und geschrieben wird, monieren manche, das sei seine große Schwäche. Tatsächlich liegt dem Deutsche-Bank-Chef sehr viel daran, wie er ankommt und was andere über ihn denken. Nach öffentlichen Auftritten will er die Zahl der Teilnehmer wissen und fragt nach ihrem Feedback. War er im Fernsehen, erkundigt er sich nach den Einschaltquoten. Sogar Ex-Finanzminister Steinbrück, selbst nicht gerade ein Mauerblümchen, bescheinigt dem Schweizer ein ausgeprägtes »Darstellungsbedürfnis«.

Mir ist von Anfang an klar, warum sich Josef Ackermann so um seine Popularität sorgt. Von Kindesbeinen an ist er es gewohnt, im Mittelpunkt zu stehen, bewundert und umschwärmt zu sein. Zu Hause, in der Schule, beim Militär, an der Universität, in seiner Bankkarriere – das ganze Leben läuft für Josef Ackermann wie am Schnürchen. Dann, er ist schon fast 50 Jahre, kommt der erste Rückschlag bei der SKA, der aber durch den prompten Wechsel und weiteren Aufstieg bis an die Spitze der Deutschen Bank schnell kompensiert wird. Josef Ackermann ist wieder auf Kurs – bis zum Mannesmann-Prozess. Die völlig ungewohnte, harsche und anhaltende Kritik im Zusammenhang mit dem Untreue-Vorwurf erschüttert ihn in seinem Innersten und verunsichert ihn zutiefst. Seitdem hat er nicht mehr aufgehört, sich selbst zu hinterfragen – um sich seiner selbst immer wieder zu vergewissern.

Mancher mag das als eine Schwäche betrachten – in der Krise erweist es sich jedenfalls als Stärke: Der Deutsche-Bank-Chef ist nicht wie so viele andere in solchen Positionen abgestumpft. Er hat die Lebenswirklichkeit nicht aus den Augen verloren, er hört zu, lässt Kritik an sich herankommen und ist bereit, ständig dazuzulernen – über seine Branche, die Politik, die Deutschen, die Medien und sich selbst.

Josef Ackermann sucht nicht nur fachliche Anerkennung, er will auch, dass die Menschen ihn mögen – ohne dass er sich dafür jedoch verbiegen muss. Er will alles. Mit wachsender Genugtuung nimmt er denn auch über die Jahre zur Kenntnis, dass sowohl seine eigenen Reputationswerte immer besser werden als auch die Werte für sein Haus während der Krise vergleichsweise wenig einknicken und sich schneller wieder erholen als die anderer Institute.

Auf dem European Banking Congress in Frankfurt im November 2008 legt der Schweizer öffentlich das Versprechen ab, alles zu tun, um die »Fehler der Vergangenheit zu korrigieren und ähnliche Dinge in der Zukunft zu vermeiden«. Er beurteile inzwischen manches anders als früher, sei in manchen Fragen, so sagt er selbst, »vom Saulus zum Paulus« geworden.

»Ein Banker geht büßen«, titelt die *tageszeitung* anderntags und schreibt, Ackermann begleite »den Triumph, kein Staatsgeld anzunehmen«, mit einer »Demutsoffensive«.

Die Zahlen, die der Deutsche-Bank-Chef in diesen Tagen auf den Tisch bekommt, geben allen Anlass zu Demut. Im vierten Quartal und für das gesamte Jahr 2008 droht ein tiefrotes Ergebnis, das erste seiner Amtszeit und in der Geschichte des Instituts. Ende November 2008 rutscht der Börsenkurs auf unter 20 Euro ab, der tiefste Stand seit über zehn Jahren und meilenweit entfernt von den über 90 Euro noch ein Jahr zuvor. Die Marktkapitalisierung beträgt gerade mal noch ein Drittel des Buchwertes.

In einem Brief an die Führungskräfte der Bank kündigt Josef Ackermann eine strategische Neuausrichtung an: Die riskanten Eigenhandelsgeschäfte sollen nahezu vollständig zurückgestutzt werden, 900 der insgesamt 7000 Stellen im Handelsbereich in London und New York entfallen. Risikopositionen will er beschleunigt abbauen und die im Vergleich zu ihren US-Wettbewerbern hohe Verschuldungsquote (Leverage Ratio), also die Bilanzsumme im Verhältnis zum Eigenkapital, drastisch verringern. Die Quote, die noch Mitte 2008 nach amerikanischer Rechnungslegung bei 40:1 gelegen hatte, fällt schließlich bis auf 23:1.

Die Börse honoriert die Strategiekorrektur mit einem Kurssprung von fast 25 Prozent. Bereits im Monat zuvor hatte Ackermann auf einer Investorenkonferenz in London durchblicken lassen, den Bereich Privat- und Geschäftskunden in Europa deutlich ausbauen zu wollen.

Mitte Dezember meldet die US-Investmentbank Goldman Sachs, die zusammen mit JP Morgan und der Deutschen Bank bis dahin am besten durch die Krise gesteuert war, erstmals seit ihrem Börsengang zehn Jahre zuvor ein Quartal mit roten Zahlen. Das Minus beträgt über zwei Milliarden Dollar. Einen Tag später folgt die Investmentbank Morgan Stanley mit einem Quartalsverlust von 2,3 Milliarden Dollar.

Nun nehmen auch entsprechende Spekulationen für die

Deutsche Bank von Tag zu Tag zu. Anfang Januar 2009 wird bekannt: Boaz Weinstein, seit dem Weggang von Rajeev Misra ein Jahr zuvor zusammen mit Colin Fan für den weltweiten Wertpapierhandel zuständig, muss die Bank verlassen. Weinstein, 35, leidenschaftlicher Pokerspieler, Black-Jack-As und Schachmeister, hatte darauf gewettet, dass sich die Verwerfungen auf den Kreditmärkten rasch wieder abbauen würden, und damit 1,8 Milliarden Dollar verspielt. Der Gewinn von schätzungsweise anderthalb Milliarden Dollar, den er in den beiden Jahren zuvor im Eigenhandel für die Bank eingespielt hatte, war ausradiert.

Josef Ackermann lässt den Bereich, eine Art Hedgefonds innerhalb der Bank, schließen. Die Krise habe »einige Schwächen im Handelsgeschäft offenbart«, sagt er auf der Jahrespressekonferenz einen Monat später. Um im Eigenhandel die angepeilten zwei Milliarden Euro einzunehmen, müsse die Bank fünf bis zehn Milliarden vom eigenen Kapital riskieren. Das sei »kein attraktives Verhältnis«. Man könne »leicht zwei bis drei Milliarden verlieren. Das haben wir 2008 gesehen, und das ist etwas, was wir nicht noch einmal sehen wollen.«

Die Botschaft ist klar: Das große Spiel auf Pump an den Märkten ist vorbei. Für so manches moderne Finanzprodukt, für große Schuldenhebel und Leute wie Weinstein ist in seinem Haus kein Platz mehr. »Eine Rückkehr zur Tagesordnung ist für uns keine Option«, so Ackermann. Im Lichte der Erfahrungen aus der Finanzkrise will der Schweizer die Bank neu ausrichten –auch wenn dies nicht überall auf freudige Zustimmung stößt. Das Institut soll künftig weniger riskant und auf sich bezogen operieren und stattdessen wieder voll seinen »genuinen Aufgaben als Diener der realen Wirtschaft gerecht werden«, wie er einmal sagt.

Binnen eines einzigen Jahres geht die Bilanzsumme von

2,2 Billionen Euro um 600 Milliarden, der doppelte Umfang des gesamten Bundeshaushalts, auf 1,6 Billionen Euro zurück. Aber die Bank baut nicht nur massiv Risikopositionen ab, Josef Ackermann fährt auch die Risikoneigung zurück. Dazu lässt der Deutsche-Bank-Chef das Vergütungssystem grundlegend reformieren und auf langfristige Wertsteigerung ausrichten. Der Bonustopf wird verkleinert. Der fixe Anteil nimmt gegenüber den variablen Komponenten zu. Der größere Teil der variablen Vergütung erfolgt über drei bis vier Jahre aufgeschoben abhängig vom Erfolg der Bank – und kann von dieser sogar zurückgeholt werden. Außerdem wird ein beträchtlicher Teil nicht mehr in bar, sondern in eigenen Aktien ausgezahlt.

Dass die Investmentbanker 70 Prozent und mehr zum Gewinn des Hauses beisteuern, hat Josef Ackermann nie behagt. Er weiß, wie volatil das Kapitalmarktgeschäft sein kann. Sein Ziel ist ein ausgeglichenes Verhältnis zwischen Investmentbank und Privatkundenbank, ein Haus, das auf zwei etwa gleich starken Säulen ruht. Dies würde sowohl die Unternehmenskultur verändern als auch dem Aktienkurs zugutekommen.

Obwohl das Investmentbanking in den Jahren vor der Krise eindeutig Vorrang genossen hatte, war das Geschäft mit Privatkunden ebenfalls gewachsen – in europäischen Ländern wie Italien, Spanien und Polen vor allem, aber auch in China und Indien. In Deutschland hatte Ackermann 2006 die Berliner Bank und die auf Verbraucherkredite spezialisierte Norisbank in Nürnberg erworben. Gelegenheiten für einen großen Zukauf waren jedoch rar in dieser Zeit und die dafür aufgerufenen Preise dem Schweizer zu hoch.

In der Krise kommt Bewegung in die Branche. Die Allianz verkauft ihre Tochter Dresdner Bank an die Commerzbank. Die Münchner hatten sich das Geldhaus, an dem sie bereits gut 20 Prozent besaßen, für rund 24 Milliarden Euro vollständig einverleibt. Sie waren damit nie glücklich geworden. Nach der Pleite von Lehman Brothers und dem folgenden beschleunigten Verfall von Finanzwerten kann der Versicherer jetzt nur noch gut fünf Milliarden Euro dafür erlösen. Damit hatte eine der größten Fehlinvestitionen in der Unternehmensgeschichte des Landes ein Ende gefunden – wenn auch ein Ende mit Schrecken.

Schon am Tag nach dem Zusammenschluss, die Aktie seines Hauses war seit der Nachricht um über zehn Prozent eingebrochen, fordert Commerzbank-Chef Blessing als Herr über nunmehr zusammen gut elf Millionen Kunden die Deutsche Bank in der *Bild*-Zeitung offen heraus: »Wir schaffen einen echten Marktführer. Wir haben mehr Privat- und Firmenkunden im Inland als jede andere Bank.«

Josef Ackermann nimmt die Kampfansage an. Wenn sein Institut, so sagt er, weltweit zu den Besten gehören wolle, müsse es »zu Hause die Nummer eins sein«. Dies sei eine »conditio sine qua non«. Zumal wenn man »Deutsche Bank« heiße.

Der Schweizer ist aber weiterhin nicht bereit, jeden Preis zu zahlen und zuzukaufen, nur um größer zu werden. Schon die Dresdner war zuerst ihm angeboten worden. Auch bei der Privatkunden-Tochter der Citibank in Deutschland mit ihren gut drei Millionen Kunden winkt er schließlich ab. Sie geht für fünf Milliarden Euro an die französische Genossenschaftsbank Crédit Mutuel. Dem Deutsche-Bank-Chef wäre sie nicht einmal vier Milliarden wert gewesen. Gerade in der Krise gilt es, das Kapital zusammenzuhalten. Ein Fehlkauf jetzt könnte tödlich sein. »Wir schätzen unternehmerischen Mut, für Abenteuer sind wir nicht zu haben«, so Ackermann.

Um die unbestrittene Marktführerschaft auf dem Heimatmarkt zu sichern, bleibt schließlich nur noch die Postbank mit Sitz in der früheren Bundeshauptstadt Bonn.

Deren Mehrheitsaktionär Deutsche Post, an der der Staat noch mit gut 30 Prozent beteiligt ist, will sich auf ihre Kernkompetenz Logistik konzentrieren und hatte das Geldhaus mit seinen 14 Millionen Kunden und Einlagen von über 120 Milliarden Euro schon im Herbst 2007 ins Schaufenster gestellt.

Auch wenn die Begeisterung für einen Erwerb der Postbank keineswegs allgemein ist, spricht der Deutsche-Bank-Chef bereits seit Monaten diskret mit Post-Chef Frank Appel, einem ehemaligen McKinsey-Mann und nüchternen Analytiker. Die beiden verstehen sich gut, die Gespräche machen Fortschritte. Im Hotel Dolder in Zürich, gleich um die Ecke von Ackermanns Zuhause, kommt es schließlich zum Durchbruch.

Am Mittwochabend, dem 10. September 2008, berichtet der *Bonner Generalanzeiger* vorab aus seiner Donnerstagsausgabe, die Deutsche Bank werde mit knapp unter 30 Prozent bei der Postbank einsteigen und sich ein Vorkaufsrecht für die restlichen Anteile sichern. Die Information ist so konkret, dass die Bank die fortgeschrittenen Verhandlungen aus aktienrechtlichen Gründen bestätigen muss.

Am 13. September, drei Tage vor dem Zusammenbruch von Lehman Brothers, melden Ackermann und Appel auf einer gemeinsamen Pressekonferenz im Post-Tower am Bonner Rheinufer Vollzug: Die Deutsche Bank steigt für 2,8 Milliarden Euro mit zunächst 29,75 Prozent bei der Postbank ein. Dadurch verhindert sie, dass das nach Kunden größte Geldhaus im Inland in andere Hände fällt, und sichert sich die Option auf eine spätere vollständige Übernahme. Durch den Stufenplan vermeidet sie eine kräfteraubende Restrukturierung mitten in der Krise und schont zudem ihr Eigenkapital.

Bis zuletzt war die spanische Banco Santander in Bonn mit im Rennen. Doch Ackermann hat die Unterstützung der

Bundesregierung und der Gewerkschaft Verdi, weil er die Eigenständigkeit der Marke nicht antasten will.

Nach dem Zusammenbruch von Lehman und dem nachfolgenden Absturz der Postbank-Aktie von gut 50 auf unter 15 Euro kann die Deutsche Bank das Geschäft noch nachverhandeln. Beide Parteien einigen sich schließlich auf einen raffinierten mehrstufigen Deal aus vorübergehender Beteiligung der Post an der Deutschen Bank, Optionen und einer Pflichtwandelanleihe.

Auf einen einfachen Nenner gebracht, überweist die Bank der Post den Kaufpreis für ihre Postbank-Aktien weit früher als ursprünglich geplant und erhält dafür einen Preisnachlass. Für die Mehrheit von gut 62 Prozent, die die Frankfurter an dem Bonner Geldhaus auf diese Weise übernehmen, werden so etwas weniger als fünf Milliarden Euro fällig. Inklusive der Papiere der verbleibenden Minderheitsaktionäre muss das Institut am Ende gut sechs Milliarden Euro zahlen. Zum Zeitpunkt des Einstiegs im Herbst 2008 war die Postbank noch mit etwa neuneinhalb Milliarden bewertet worden.

Mit dem Zusammengehen eröffnet sich der Deutschen Bank die Möglichkeit zu einer Mehrmarken-Strategie für dann insgesamt 24 Millionen Kunden in Deutschland bzw. 29 Millionen weltweit – ein Schritt, der ihr einst mit der »Deutsche Bank 24« nicht gelungen war.

Um ihr Eigenkapital zu schonen und bei der Gelegenheit sogar noch etwas aufzupolstern, finanzieren die Frankfurter die Übernahme und Konsolidierung durch eine Kapitalerhöhung. Mit dem Verkauf neuer Aktien im Wert von gut zehn Milliarden Euro, annähernd die Hälfte der damaligen Marktkapitalisierung, wird sie die größte ihrer Geschichte und die zweitgrößte in der Wirtschaftsgeschichte des Landes überhaupt. Und sie wird zu einem glänzenden Erfolg:

Der Abschlag gegenüber dem Kurs der alten Papiere, den die Bank dabei in Kauf nehmen muss, hält sich in Grenzen. Über 90 Prozent der Summe bringen zudem Altaktionäre auf, die von ihrem Bezugsrecht Gebrauch machen – ein großer Vertrauensbeweis in Josef Ackermanns Strategie und die Zukunft der Bank. Die Investoren bauen offenkundig darauf, dass der Schweizer mit der Postbank die von ihm selbst verkündete Vision umsetzen kann, »im Privatkundengeschäft eine ähnliche Erfolgsstory zu schreiben wie im Investmentbanking«, in die »Champions League des europäischen Privatkundengeschäfts« aufzusteigen und »stabilere und besser ausgeglichene Erträge« zu erwirtschaften.

Auch Ackermann übt seine Bezugsrechte vollständig aus und erwirbt für über sechs Millionen Euro aus seinem Privatvermögen neue Aktien seines Hauses. Und dies, obwohl ihm damals bereits Deutsche-Bank-Papiere im Wert von über 15 Millionen Euro gehören. Solange der Schweizer in Frankfurt ist, hat er nie auch nur eine einzige Aktie verkauft. Er handelt, wie er redet.

Um die Position auf dem Heimatmarkt und das Gewicht der sogenannten stabilen Geschäftsfelder weiter zu stärken sowie die Bank noch besser auszubalancieren, tätigt Ackermann ein Jahr später, im Herbst 2009, noch zwei weitere Einkäufe. Nach langem Hin und Her mit der Regierung in Den Haag gelingt es ihm mit Hilfe der EU-Kommission schließlich, große Teile des Firmenkundengeschäfts der niederländischen Bank ABN Amro zu übernehmen. Und ihm fällt Sal. Oppenheim & Cie. in den Schoß, das 1789 gegründete traditionsreiche Privatbankhaus mit Stammsitz in Köln.

Vier Revolutionen, ein halbes Dutzend Kriege sowie sechs Währungsumstellungen hatte die einst jüdische, später zum christlichen Glauben konvertierte Bankiersdynastie der Oppenheims überstanden und ihre Unabhängigkeit bewahrt. Mit der Agrippina, der Colonia und der Kölnischen Rückversicherung hatte sie die Rheinmetropole zu einem bedeutenden Versicherungsplatz gemacht, mit der Centralbodenkredit AG die erste große Hypothekenbank des Landes gegründet, war mit der Finanzierung von Eisenbahnen und Schwerindustrie Pionier bei der Industrialisierung Deutschlands. Die Reichsten der Republik vertrauen der Bank ihr Geld an. Köln verdankt ihr den Botanischen Garten, den Zoo und die Fertigstellung des Doms. Als der letzte Patriarch der Sippe Alfred (»Alfi«) Freiherr von Oppenheim 2005 stirbt, wird die Totenmesse für den Protestanten in Deutschlands berühmtester katholischer Kirche gelesen – ein Novum in der Geschichte der Kathedrale. Sogar Bundeskanzlerin Merkel reist an.

»Sal. Oppenheim«, so der Historiker Michael Stürmer, »gehörte über Jahrhunderte zu den Stützpfeilern des Landes«. Doch dann, in der siebten Generation, verspielen der in die Familie eingeheiratete Matthias Graf von Krockow und seine Partner in einer Mischung aus Geltungssucht, Überheblichkeit und Inkompetenz die ruhmreiche Tradition innerhalb weniger Jahre.

Das Erbe tritt ausgerechnet der Mann an, den der Graf gerade mal gut ein Jahr zuvor, im Sommer 2008, ohne ihn freilich beim Namen zu nennen, in der *Börsenzeitung* heftig attackiert hatte: »15 Prozent nachhaltige Eigenkapitalrendite sind mit einem normalen, soliden Geschäft einfach nicht machbar«, so Krockow in Anspielung auf das Renditeziel von Josef Ackermann. »Die Gier muss gestoppt werden. Man kann nicht mit fremder Leute Geld große Spielkasinos betreiben.«

Im Herbst desselben Jahres schließt der Sal.-Oppenheim-Chef auch »definitiv« aus, Staatshilfe in Anspruch zu nehmen: »Wir verfügen über eine gesunde Eigenkapitalausstattung und solide Bilanzrelationen.« Er prahlt damit, »zu günstigen Kursen wertvolle Beteiligungen zu erwerben«, und verkündet hochgemut: »Sal. Oppenheim ist als unabhängige Privatbank seit 220 Jahren in Familienbesitz, und daran wird sich auch nichts ändern.«

Ein derartiges Maß an Selbstüberschätzung ist selbst in der nicht gerade zur Bescheidenheit neigenden Geldbranche selten. Schon wenige Monate später steht das Traditionshaus am Rand des Zusammenbruchs. Die Mesalliance mit dem Troisdorfer Immobilienentwickler und Vermögensverwalter Josef Esch, riskante Spekulationen im Eigenhandel mit Zertifikaten, vor allem aber kapitale Fehlinvestitionen wie die bei dem maroden Karstadt-Mutterkonzern Arcandor, der im Juni des darauffolgenden Jahres Insolvenz anmelden muss, haben es dahin gebracht.

Die BaFin schreitet ein und verlangt ultimativ eine deutliche Kapitalerhöhung. Die Gesellschafter haben sich jedoch finanziell bereits völlig verausgabt. Am Ende können sie froh sein, dass die Deutsche Bank in die Bresche springt und unter ihrem Konzerndach wenigstens der Markenname und eine gewisse Eigenständigkeit erhalten bleiben. Die Partner aus der ehemals »Chefcabinet« genannten Führungsspitze der Bank werden von der BaFin zum Rücktritt gezwungen und müssen sich inzwischen auch vor Gericht verantworten.

Sal. Oppenheim kostet 1,3 Milliarden Euro, inklusive ihrer Banktochter BHF (Buchwert: 650 Millionen Euro) und anderer Bereiche neben der Vermögensverwaltung. »Ein Schnäppchenpreis«, kommentiert das *Handelsblatt.*

Der Deutschen Bank fließen durch die Übernahme über 130 Milliarden Euro verwaltetes Vermögen in dem heißumkämpften Markt der Reichen und Superreichen zu, rund 50 Milliarden davon in Deutschland. Damit verdoppelt sie fast die Größe ihrer Vermögensverwaltung und rückt den Schweizer Vorbildern in diesem Geschäft, die in der Krise starke Abflüsse hinnehmen mussten, ein Stück näher.

Mit dem Erwerb von Postbank, Teilen von ABN Amro sowie Sal. Oppenheim hat Josef Ackermann die Voraussetzungen für ein stärker am Kunden orientiertes, stabileres und besser ausbalanciertes Haus geschaffen. Seine dritte bleibende Leistung als Bankchef, nachdem er die Paradebank des Landes zuvor bereits in die Spitzengruppe der globalen Investmentbanken und dann vergleichsweise unbeschadet durch die Klippen der schwersten Finanzkrise seit Menschengedenken manövriert hatte.

KAPITEL 8
DER SCHLIMMSTE TAG

Die Herausforderungen der Krise, das rastlose Reisen, die immer wiederkehrenden öffentlichen Anfeindungen zeichnen mit der Zeit auch den robusten Schweizer. Die Haare werden grau, die Ringe um die Augen dunkler, die Furchen im Gesicht tiefer, er altert rapide.

In den letzten Monaten des Jahres 2008 drückt zudem das zu erwartende schlechte Jahresergebnis schwer auf sein Gemüt. Zum ersten Mal zeigt sich der sonst immer so gelassene Mann dünnhäutig. Vor Weihnachten hört er zeitweise sogar auf, sich jeden Nachmittag den Bericht genau anzusehen, der ihn darüber informiert, wo die Bank steht. Die Zahlen sind gar zu deprimierend.

Die Festtage bringen auch wegen des persönlichen Angriffs von Bischof Huber keine Erholung. Am 14. Januar des neuen Jahres muss der Chef der Deutschen Bank schließlich den schwersten Gang seines Lebens antreten und für das vierte Quartal des abgelaufenen Jahres einen Verlust von 4,8 Milliarden Euro und für das Gesamtjahr ein Minus von 3,9 Milliarden Euro einräumen. Und dabei hatte er sogar noch Glück. Elf von vormals zwölf Milliarden für Übernahmekredite konnten im vierten Quartal aus den Büchern gestrichen werden, weil sie von den Investoren abgesagt worden waren. Auch so kommen auf das gesamte Jahr gesehen noch rund sieben Milliarden Euro an Wertberichtigungen auf Handelspositionen und Kredite für Unternehmensübernahmen zusammen. Die Investmentbank, allen voran der Handelsbereich, Profitmaschine der Bank in den Jahren zuvor, hat 8,5 Milliarden Euro Verlust gemacht, der Eigenhandel mit Kreditprodukten, Aktien und Aktienderivaten hat allein im vierten Quartal 5,5 Milliarden verloren. Der einstige Gewinngenerator ist zum Bremsklotz geworden.

In einer Telefonkonferenz mit Analysten zeigt sich der Deutsche-Bank-Chef »sehr enttäuscht«, besonders über das Handelsergebnis. Einige Positionen, so kritisiert er, seien »schlichtweg zu groß« gewesen.

Der Tag, den er selbst als den »schlimmsten Tag« seiner beruflichen Laufbahn bezeichnet, wird für ihn zur Tortur. Innerlich schämt sich der sieg- und erfolgsverwöhnte Schweizer für dieses Ergebnis, nach außen macht er gute Miene zum bösen Spiel. »Das hat mich viel Kraft gekostet«, sagt er. Besonders von den Investmentbankern, die er stets so gefördert hatte, fühlt er sich im Stich gelassen. Aber er widersteht der Versuchung, offen mit dem Finger auf sie zu zeigen.

Nach Analysten-Gespräch, Jahrespressekonferenz und vielen weiteren dichtgedrängten Terminen vom frühen Morgen bis in den späten Nachmittag in Frankfurt steht am Abend in Berlin auch noch der traditionelle Neujahrsempfang der Bank auf dem Programm. In der Hauptstadtrepräsentanz Unter den Linden schüttelt Ackermann zur Begrüßung tapfer lächelnd über 200 Gästen die Hand und versucht sich anschließend an einer launigen Ansprache: »Wenn wir nur Berlin hätten, hätten wir heute ein besseres Ergebnis gehabt.« Danach heißt es, tausend Fragen zu beantworten und immer eisern Haltung zu wahren.

Irgendwann macht aber selbst seine Bärennatur nicht mehr mit. Gegen 21 Uhr, die meisten Gäste sind schon wieder gegangen, verschlingt er im Stehen eilig ein paar Nürnberger Würstchen mit Sauerkraut, die erste feste Nahrung an diesem langen, bitteren Tag. Kurz darauf spürt Josef Ackermann Übelkeit in sich aufsteigen. Er wird kreidebleich. Etwas abrupt, wie es sonst überhaupt nicht seine Art ist, verabschiedet er sich von seinem Gesprächspartner. Ohne dass es groß auffällt, gelingt es ihm gerade noch, sich über einen Seitenausgang in einen Nebenraum zurückzuziehen. Dort setzt er sich auf einen Klavierhocker und stützt sich auf den dazugehörigen Flügel, der kalte Schweiß bricht ihm aus, schließlich wird er ohnmächtig.

Ein schnell herbeigerufener Notarzt konstatiert einen Kreislaufkollaps, will aber auf Nummer sicher gehen, obwohl sich der Deutsche-Bank-Chef schon wieder erholt hat. Im Notarztwagen fahren wir mit Blaulicht, aber ohne Sirene zu einer genaueren Untersuchung in das nahegelegene Bundeswehr-Krankenhaus. Die Ärzte dort geben endgültig Entwarnung, und Josef Ackermann kann in sein Hotel am Gendarmenmarkt zurückkehren. Alles ist noch einmal gutgegangen.

Oder besser: fast. Irgendjemand muss wieder geplaudert haben. Am nächsten Morgen berichtet *Bild online* groß über den Kollaps des Deutsche-Bank-Chefs, Spekulationen über seinen Gesundheitszustand schießen ins Kraut, der Kurs der Bank sackt binnen Minuten um drei Prozent ab.

In einem rasch arrangierten Telefonat mit dem stellvertretenden *Bild*-Chef Nikolaus Blome kann dieser sich davon überzeugen, dass Ackermann wieder voll auf der Höhe ist. Als *Bild online* von dem Gespräch berichtet, erholt sich der Kurs ebenso schnell, wie er zuvor gefallen ist. »Ich fühle mich ausgezeichnet«, sagt der Deutsche-Bank-Chef, »und bin seit 9 Uhr wieder an der Arbeit.« An seinem Terminplan für die nächsten Tage ändere sich nichts. Er betrachte den Vorfall aber »als Warnschuss« und werde künftig besser auf sich aufpassen.

Tatsächlich achtet Josef Ackermann fortan darauf, regelmäßig etwas zu sich zu nehmen. Und auf seinem Schreibtisch steht jetzt immer eine Flasche Sprudelwasser.

Aber der Schwächeanfall des scheinbar unverwüstlichen

Schweizers hat mehr bewirkt. Viel mehr. Der seit nunmehr sieben Jahren als Chef der Deutschen Bank nahezu pausenlos tätige Josef Ackermann hält inne – und fasst den Entschluss, den Weg für eine neue Generation frei zu machen und sein Amt bereits ein Jahr vor Ende seines im Mai 2010 ablaufenden Vertrages in andere Hände zu legen.

Das Bankgeschäft befindet sich an einer Epochenwende, nach den Gipfelstürmen der Vergangenheit stehen nun die Mühen der Ebene an, das Kappen von Kosten und Arbeitsplätzen, das Kürzen von Bilanz und Fremdkapital. Über die gesamte Branche droht eine Klageflut enttäuschter Investoren hereinzubrechen und ihr ohnehin schon ramponiertes Ansehen weiter zu beschädigen.

Mit dem Risikoabbau, der Vergütungsreform, dem Einstieg bei der Postbank und dem begonnenen Kulturwandel zurück zu einem kundenzentrierten Geschäft sind im eigenen Haus die Weichen für die Zukunft gestellt. Die Bilanz ist mit dem Abschluss für 2008 schon ein gutes Stück bereinigt, die Bank besser kapitalisiert und für das laufende Jahr bereits weitgehend refinanziert. 2009 hat sehr gut begonnen, die Erträge im Januar liegen mit fast drei Milliarden Euro kaum unter dem Rekordjahr 2007.

Für das erste Quartal, ohnedies traditionell das stärkste, noch ein gutes Ergebnis abliefern, so den Nachweis liefern, dass die Bank das Schlimmste hinter sich und eine gute Zukunft vor sich hat – und dann ein kurzfristiger Rücktritt zur Hauptversammlung im Mai. Das ist der Plan.

Als Josef Ackermann mich einweiht, bin ich nicht sonderlich überrascht. Sosehr ich es bedaure, dass unsere Zusammenarbeit schon nach zwei Jahren zu Ende sein soll, so gut kann ich seinen Entschluss nachvollziehen.

Eine gewisse Rolle spielt bei den Rückzugsüberlegungen des Schweizers am Rande und für eine gewisse Zeit auch, dass die von der Finanzkrise böse gebeutelte UBS ihre Führung komplett neu besetzen muss. Der in Deutschland so erfolgreiche Ackermann, für viele Schweizer so etwas wie ein verlorener Sohn des Landes, steht auf den Besetzungslisten ganz mit obenan. Sein Name wird schon seit Wochen gehandelt. Zuerst als CEO, nach der Besetzung dieses Postens durch Oswald Grübel, den früheren Chef der Credit Suisse, Ende Februar dann als Verwaltungsratspräsident – ein Amt, das erheblich mehr Macht beinhaltet, als ein Aufsichtsratsvorsitzender in Deutschland hat.

Die CEO-Position bei der UBS kommt für Ackermann schon aus Altersgründen nicht in Betracht. Mit einem Wechsel in die operative Führung eines direkten Wettbewerbers, das ist ihm zudem klar, würde er in Deutschland verbrannte Erde hinterlassen und den Reputationsgewinn der vergangenen Jahre wieder zunichtemachen. Einem Ruf aus dem Vaterland, als Verwaltungsratschef die größte Bank des Landes mit aus ihrer tiefen Krise zu führen, das wäre schon etwas anderes – zumal hochgestellte Mitglieder der Regierung in Bern wie Pascal Couchepin oder Doris Leuthard ebenso wie etwa der bekannte Biotech-Unternehmer und UBS-Verwaltungsrat Ernesto Bertarelli oder der Uhren-Unternehmer Nicolas G. Hayek sich für den Melser stark machen.

»Wir sind ein kleines Land«, sagt Hayek, »so viele gute Leute haben wir nicht. Deshalb sollte man Joe Ackermann aus Deutschland zurückholen. Wir müssen ihn in die Pflicht nehmen und mit patriotischen Argumenten überzeugen.« Auch die Boulevard-Zeitung *Blick*, das Schweizer Pendant der *Bild*, hält das »für die beste Lösung«.

Sosehr ihm das heimatliche Werben schmeichelt – ein Ausstieg bei der Deutschen Bank kommt für Josef Ackermann nur in Betracht, wenn er sich mit Stil und Würde und ohne böses Blut vollziehen lässt. Das ist nicht zuletzt eine Zeitfrage. Vor Herbst 2009 jedenfalls geht gar nichts. So lange kann die UBS jedoch nicht warten. Und so lösen sich alle diesbezüglichen Gedankenspiele schnell wieder in Luft auf. Die Absicht, schon im Mai zu gehen, aber bleibt.

Auf der Jahrespressekonferenz Anfang Februar 2009 war der Schweizer trotz des Verlusts alles andere als kleinlaut aufgetreten. Allen Spekulationen, er werde den Soffin vielleicht doch noch um Hilfe angehen müssen, hatte er eine klare Absage erteilt: »Diese Bank bestimmt ihr Schicksal selbst.«

Den staunenden Medienvertretern hatte er beschrieben, wie er sich sein Haus in Zukunft vorstellt: Drei Milliarden Gewinn aus dem Privatkundengeschäft inklusive Postbank, zwei Milliarden aus dem Zahlungsverkehrsgeschäft und eine weitere Milliarde aus der Vermögensverwaltung – macht zusammen sechs Milliarden Euro Gewinn pro Jahr allein aus relativ stabilen Geschäftsfeldern. Das wäre, selbst wenn sich die Gewinnstärke im Investmentbanking wieder bis auf vier bis fünf Milliarden wie in den Jahren 2005 und 2006 erholt, eine ganz andere Bank als vor der Finanzkrise: noch profitabler, zugleich aber wesentlich stabiler. Eine Bank mit weniger hohen Bonuszahlungen, in der nicht mehr das Kapitalmarktgeschäft dominiert, sondern das kundenzentrierte Geschäft mit Unternehmen und Privatleuten.

»Wir wollen unsere Erträge mit weniger Risiko erreichen«, so Ackermann. Drei Viertel des Eigenhandels sind zu dem Zeitpunkt bereits abgebaut, fast 60 Prozent der CDO-Positionen und fast zwei Drittel des RMBS-Bestands. Nahezu ein Drittel der Stellen im Handelsbereich ist weggefallen, die Mitarbeiterzahl in den sogenannten stabilen Geschäftsbereichen dagegen deutlich gewachsen. Die Bank wirbt in diesen Tagen großformatig mit der Aussage: »Eine neue Zeit beginnt. Wir sind bereit.«

Was für die neue Zeit noch fehlt, ist ein neuer Chef. Als ein Journalist, von Ackermanns offensivem Auftreten offensichtlich beeindruckt, diesen fragt, ob er seinen Vertrag bei der Deutschen Bank über 2010 hinaus verlängern wolle, antwortet der Schweizer mit spürbarer Verve, das komme nicht in Frage: »Die Hauptversammlung 2010 ist definitiv mein letzter Arbeitstag.«

Prompt fangen die Medien an zu spekulieren, wer in gut einem Jahr in die Fußstapfen des Schweizers treten könnte. Sie stellen schnell fest: Der große Vorsitzende hat es, wie so viele herausragende Manager vor ihm, versäumt, einen Kronprinzen aufzubauen.

Die Wahrheit ist: Er hat sich um das Thema nie gekümmert. Es ist einer der größten Fehler, die dieser herausragende Unternehmensführer in seinem Berufsleben gemacht hat. Und Gegenstand der einzigen grundlegenden Meinungsverschiedenheit, die es zwischen uns beiden gegeben hat.

Dass die Nachfolge kein Thema für Josef Ackermann ist, war mir schon in einem Gespräch aufgefallen, das wir Ende August 2008 im Auto auf der Rückfahrt von einem Vortrag in der Fabrik des schwäbischen Maschinenbauers Trumpf in Grüsch im Schweizer Prättigau nach Zürich geführt hatten.

Zum einen fällt es Ackermann grundsätzlich schwer, andere durch seine Protektion zu begünstigen. Der puristische Verfechter des Leistungsprinzips glaubt daran, dass jeder sich aus eigener Kraft durchsetzen muss – und wenn er wirklich gut ist, auch wird. Einen Kronprinzen aufzubauen ist dem Schweizer Demokraten wesensfremd. Zum anderen betrachtet er die Auswahl eines geeigneten Nachfolgers schlicht nicht als seine Aufgabe, sondern als die des Aufsichtsrats, vornehmlich dessen Vorsitzenden. So steht es ja auch im Aktiengesetz.

Mit meinen Gegenargumenten dringe ich nicht durch: Das Gesetz ist das eine, die öffentliche Wahrnehmung etwas ganz anderes. Wer so mächtig ist wie kein Deutschbanker seit dem legendären Hermann-Josef Abs vor ihm dessen Nachfolger gilt in den Augen des Publikums zwangsläufig als seine Wahl. Es sei denn, er hätte mehr oder weniger offen Position gegen ihn bezogen.

Darüber hinaus hat der Vorstand der Deutschen Bank seine Chefs, da nur Sprecher und keine Vorsitzenden, bisher stets aus seiner Mitte heraus selbst bestimmt. Mit Josef Ackermann ist diese Tradition zu Ende gegangen. Noch als Sprecher von seinen Kollegen gewählt, ist er inzwischen der erste Vorsitzende des Vorstands der Deutschen Bank. Seinen Nachfolger muss der Aufsichtsrat wählen.

Aber lange Traditionen wirken nach. Der Vorstand der Bank, so meine Vermutung, würde ein Wort bei der Chefsuche mitreden wollen. Aus meiner Sicht ein Grund mehr, dass Ackermann sich des Themas frühzeitig annehmen sollte. Doch er lässt die Dinge laufen.

Als im Frühjahr 2009 die Nachfolge-Diskussion beginnt, wird schnell offenkundig, dass kein rundum überzeugender Kandidat bereitsteht. Immer wieder aufs Neue gehen die Medien alle denkbaren Möglichkeiten durch und verwerfen sie wieder.

Die beiden Leiter der Investmentbank, Michael Cohrs und mehr noch Anshu Jain, seien nach den Verlusten des abgelaufenen Jahres – zumindest auf absehbare Zeit – kaum vermittelbar und sprächen kein Deutsch. Zudem gehörten sie nicht einmal dem Vorstand an. Letzteres gelte auch für den 44-jährigen Rainer Neske, den Chef des Privatkundengeschäfts, der für den Top-Job überdies noch etwas jung sei und bei den Investmentbankern nicht die nötige Akzeptanz genieße, sowie für Deutschland-Chef Jürgen Fitschen. Mit über 60 Jahren erscheint der als zu alt. Finanzchef Krause sei erst zu kurz dabei und nicht ausreichend erprobt. Personal- und Infrastrukturchef Lamberti habe zu wenig öffentliches Profil und sich in den jüngsten Bonusrunden bei den Investmentbankern unbeliebt gemacht.

Risikochef Bänziger, eigentlich ein logischer Kandidat, nachdem die Bank vergleichsweise sicher durch die Finanzkrise gekommen ist und Sicherheit jetzt überall großgeschrieben wird, haften ebenfalls Handicaps an: Mit ihm würde schon wieder ein Schweizer Chef der Deutschen Bank, daneben habe auch er bei den Investmentbankern kaum noch Freunde, seit er ihnen zusammen mit Vorstandschef Ackermann die Flügel gestutzt habe. Außerdem sei er wegen eines raubeinigen Managementstils berüchtigt und auch beim Aufsichtsratsvorsitzenden Clemens Börsig, zuvor als Finanz- und Risikochef sein Vorgesetzter, nicht wohlgelitten.

Auch Börsig selbst, vor dem Wechsel an die Spitze des Kontrollgremiums im Vorstand für Finanzen zuständig, werden Ambitionen auf die Chefposition der Bank nachgesagt. In einem Interview mit der *Frankfurter Allgemeinen Sonntagszeitung* hatte er einige Wochen zuvor auf die Frage nach diesbezüglichen Absichten auffällig ausweichend geantwortet.

Mitte März beruft die Deutsche Bank Anshu Jain, Michael Cohrs, Rainer Neske und Jürgen Fitschen, die bisher nur im operativen Führungsgremium (GEC) vertreten waren, auch in den Vorstand. Die einen sehen den Schritt als Vorbereitung auf die anstehende Auswahl eines Ackermann-Nachfolgers, andere als Maßnahme des Aufsichtsratsvorsitzenden, mehr Macht zu gewinnen, weil er nun künftig auch die Vertreter der wichtigsten Geschäftssparten direkt kontrollieren kann. Wieder andere vermuten ein raffiniertes Manöver Börsigs, sich im neuen Vorstand den Rückhalt für eigene Pläne im Hinblick auf die Spitzenposition zu sichern.

Am Dienstag, dem 28. April 2009, soll das Ergebnis für das erste Quartal des Jahres bekanntgegeben werden. Was bis zuletzt nur wenige wissen: Ackermann will an diesem Tag auch seinen vorzeitigen Abschied zur nächsten Hauptversammlung knapp einen Monat später verkünden. Der für Vorstandspersonalien zuständige vierköpfige Präsidialausschuss des Aufsichtsrats ist seit längerem eingeweiht und hat sich in den vergangenen Wochen darauf verständigt, dem gesamten Kontrollgremium, das am Tag zuvor zusammenkommt, Clemens Börsig als neuen Vorstands- und den früheren SAP-Chef Henning Kagermann als künftigen Aufsichtsratsvorsitzenden vorzuschlagen. Alles scheint sauber eingetütet. Ich mache mir schon meine Gedanken, wie es für mich selbst danach weitergeht.

Doch bei dem üblichen Treffen der Arbeitnehmervertreter vor der entscheidenden Sitzung des gesamten Kontrollgremiums am Montag formiert sich plötzlich unerwarteter Widerstand gegen den Aufsichtsratsvorsitzenden. Seine Rückkehr ins Management erscheint einer Reihe von Arbeitnehmervertretern schon grundsätzlich problematisch. Hinzu kommen seit langem bestehende persönliche Animositäten gegenüber dem ruppigen Börsig sowie Bedenken hinsichtlich der Eignung von Kagermann als Oberaufseher einer internationalen Großbank – und nicht zuletzt eine irritierende Information, die kurzfristig an die Ohren einiger Kontrolleure gedrungen sein muss: Eine externe Detektei habe im Auftrag der Konzernsicherheit einen Aktionär ausgeforscht, der bei der Hauptversammlung durch kritische Fragen aufgefallen war. Die Aktion sei durch ein Gespräch Börsigs mit dem Leiter der Abteilung Investor Relations ausgelöst worden.

Auch auf Seiten der Anteilseigner regen sich infolge der noch ungeklärten Ausforschungsaktion Zweifel. Eine einvernehmliche Entscheidung jedenfalls scheint aussichtslos.

Damit ist die Operation gescheitert. Alles andere als ein einhelliges Votum kommt gerade in diesem Fall nicht in Frage. Der einzige Ausweg: Ackermann muss weitermachen. Börsig erhält den Auftrag, den Schweizer umzustimmen. Dem bleibt nichts anderes übrig, als der Bitte zu entsprechen. Ein Nein hätte die Bank in schwerste Turbulenzen gestürzt, ein derart kurzfristiger Rückzug ohne Nachfolgeregelung seinen Ruf schwer beschädigt. Fahnenflucht ist für einen Offizier der Schweizer Armee keine Option.

Am Montagnachmittag beschließt das Kontrollgremium der Bank auf seiner Sitzung einstimmig, den Vertrag des amtierenden Vorstandsvorsitzenden um drei weitere Jahre, bis zur Hauptversammlung 2013, zu verlängern. Auf einer kurzfristig für den nächsten Tag anberaumten Pressekonferenz, bei der er ursprünglich seinen nahe bevorstehenden Abschied bekanntgeben wollte, verkündet Ackermann nun: »Ich sehe mich in der Pflicht und stelle meine persönlichen Interessen zurück.« Medien und Märkte begrüßen nahezu einhellig, dass der Schweizer länger bleibt.

Über der Personalie geht das gute Ergebnis der Bank im ersten Quartal fast unter. Mit einem Gewinn von 1,8 Milliarden vor Steuern übertrifft es deutlich die Erwartungen der Experten. Dank reger Ausgabe von Unternehmensanleihen zeigt sich gerade das Investmentbanking mit einem Ergebnisbeitrag von 1,3 Milliarden Euro gut erholt. Dazu kommen erstmals seit langem statt Abschreibungen Höherbewertungen und eine bessere Zinsmarge. So schafft die Bank erstmals seit Ausbruch der Krise wieder 25 Prozent Eigenkapitalrendite brutto.

Zur Hauptversammlung Ende Mai 2009 aufzuhören wäre für den Banker Josef Ackermann wohl auch deshalb der optimale Zeitpunkt gewesen. Ein Abgang damals hätte ihm vor allem das hässliche Gezerre um die Nachfolge einige Jahre später erspart. Was aber seinerzeit noch nicht erkennbar war: In der bald ausbrechenden europäischen Staatsschuldenkrise hätte der Schweizer der Bank, und nicht nur ihr, gefehlt.

Nach der Vertragsverlängerung dominiert Ackermann die Bühne jedenfalls noch mehr als zuvor. Beim üblichen Briefing der leitenden Mitarbeiter zum Quartalsergebnis empfangen ihn diese stehend mit langem Beifall. Aufsichtsratschef Börsig dagegen sieht sich mit Stimmen konfrontiert, die seinen Rücktritt fordern. Das Kontrollgremium fühlt sich veranlasst, eine Ehrenerklärung für ihren Anführer abzugeben: »Der Aufsichtsrat der Deutschen Bank AG hat unverändert volles Vertrauen in seinen Vorsitzenden Dr. Clemens Börsig und steht einhellig hinter ihm.«

Die Spekulationen über die überraschenden Ereignisse an der Spitze der Bank vermag dies jedoch nicht zu stoppen. Die *Frankfurter Allgemeine Sonntagszeitung* munkelt von einem Putschversuch des Aufsichtsrats- gegen den Vorstandsvorsitzenden und einen Gegenputsch desselben. »Aus dem Aufsichtsrat« sei zu hören, so das Blatt, Ackermann habe den Putschversuch selbst »provoziert«. Immer wieder sei er für internationale Spitzenjobs gehandelt worden, nie habe er »sich eindeutig zur Erfüllung seines Vertrags in Frankfurt bekannt«. Als Ackermann von Börsigs Umsturzvorbereitungen Wind bekommen habe, sei er seinerseits aktiv geworden und habe den Aufsichtsratschef »ausgebremst«. Sein »Coup« sei »aktiv vorbereitet« gewesen.

Den Vorstands- und Aufsichtsratsvorsitzenden wird weithin ein gespanntes Verhältnis zueinander unterstellt, seit Börsig nach seinem Wechsel vom Posten des Finanzchefs an die Spitze des Aufsichtsrats in einem Interview mit der *Welt am Sonntag* gesagt hatte: »Herr Ackermann kommt heute meist zu mir ins Büro, während früher ich ihn aufsuchte.« Viele hatten dies als bewusste Provokation gegenüber dem Mann aufgefasst, der bis vor kurzem noch sein Vorgesetzter war.

Die beiden Männer an der Spitze von Deutschlands größter Bank waren gewiss nie Freunde, dafür sind sie zu verschieden. Aber die Realität ist meist viel langweiliger als Machiavelli. Die angeblich »konspirativen Treffen« mit anderen Aufsichtsratsmitgliedern im Münchner Privathaus des Oberkontrolleurs, von denen manche Medien berichten, hatten nicht der Vorbereitung eines Putsches gedient. Nach der kurzfristigen Ankündigung Ackermanns, schon im Mai gehen zu wollen, mussten sich die Kapitalvertreter rasch und diskret auf einen Nachfolger einigen.

Bei der Hauptversammlung der Bank am 27. Mai 2009 feiern die Aktionäre den Vorstandsvorsitzenden, obwohl er dort über den größten Verlust in der Geschichte des Hauses Rechenschaft ablegen muss. Sie feiern ihn für das gute jüngste Quartalsergebnis. Dafür, dass er das Institut für die Zukunft stabiler aufgestellt hat. Dafür, dass er sich demütig zeigt und einräumt: »Wir Banken haben Fehler gemacht, teilweise sogar schwere. Da schließe ich die Deutsche Bank ausdrücklich mit ein.« Die Bilanzsumme sei zu groß gewesen, vor allem die Bestände im Handelsbuch und die Kredite für Unternehmensübernahmen. Josef Ackermann bekommt Beifall dafür, dass er kein Staatsgeld nehmen will und weiter 25 Prozent Eigenkapitalrendite anstrebt. Und vor allem dafür, dass er bleibt.

Versammlungsleiter Börsig dagegen muss sich zum Teil heftige Attacken und Rücktrittsforderungen gefallen lassen. Zu Beginn der Versammlung hatte Präsidiumsmitglied

Todenhöfer ihn noch einmal verteidigt und Folgendes verkündet: Der Aufsichtsrat habe es als seine Aufgabe angesehen, in der Nachfolgefrage »alle Alternativen zu bedenken, bis hin zu der Notwendigkeit, Dr. Börsig in die Pflicht zu nehmen«.

Auch Ackermann springt dem angeschlagenen Oberkontrolleur auf die Frage eines Aktionärs hin schließlich zur Seite und erklärt, er sehe »keinen Grund« für dessen Rücktritt, die Zusammenarbeit mit ihm funktioniere »sehr gut«, er freue sich auf die Fortsetzung. Eingangs hatten sich beide vor aller Augen freundlich begrüßt und Börsig hatte gesagt, er freue sich »persönlich sehr, dass Dr. Ackermann bereit ist, die Bank weiter zu führen«. Nach dessen vielbeklatschter Rede merkt er schließlich noch an: »Der Applaus spricht für sich.« Feindschaft sieht anders aus.

Wenige Tage vor der Hauptversammlung war die Ausforschungsaktion, die als »Spitzelaffäre« bekannt werden sollte, bekanntgegeben worden. Die Bank habe bereits die Anwaltskanzlei Cleary Gottlieb Steen & Hamilton mit einer unabhängigen Untersuchung beauftragt und auch die BaFin eingeschaltet, die ihrerseits eine Sonderprüfung durchführe.

Die über 5000 Aktionäre in der Frankfurter Festhalle wissen zu dem Zeitpunkt allerdings noch nichts von der Rolle des Versammlungsleiters Börsig und dass einer aus ihren Reihen Objekt der Ausforschung war – der notorische Hauptversammlungs-Opponent Michael Bohndorf. Dieser hatte, obwohl ebenfalls noch ahnungslos, gleich zu Beginn der Aussprache wieder einmal beantragt, Börsig als Versammlungsleiter abzuwählen, und war dafür von einem anderen Aktionär verdächtigt worden, Leo Kirch habe ihn für die »Posse« bezahlt.

Das Kirch-Lager drangsaliert seit der Pleite des Medienimperiums, für die es ein Interview des ehemaligen Vorstandssprechers Breuer aus dem Jahr 2001 verantwortlich macht, die Bank mit allen juristischen und publizistischen Mitteln. Herauszufinden, ob Bohndorf damit in Verbindung steht, war das Ziel der Nachforschungen.

Auf der Hauptversammlung erklärt Josef Ackermann die Angelegenheit zur Chefsache. Er habe »persönlich alle Schritte für eine rückhaltlose Aufklärung eingeleitet« und sich »an die Spitze dieser Aufklärung gesetzt«. Dabei lasse er sich von dem »Prinzip der ›Null Toleranz‹ bezüglich Vergehen und Verfehlungen« leiten. Dies sei Teil der Unternehmenskultur der Bank. »Die Prüfung«, so der Schweizer unter dem Beifall der Aktionäre, »umfasst auch die Verantwortung der Organe der Bank.«

Josef Ackermann will die Bank nicht nur strategisch neu aufstellen – weniger abhängig vom Investmentbanking und mit weniger Risiko. Er will darüber hinaus einen Kultur- und Bewusstseinswandel in die Wege leiten, der in allen Bereichen seines Hauses ein Handeln gewährleistet, das nicht nur wirtschaftlichen Erfolg verspricht, sondern sich auch ethisch-moralisch begründen lässt. Sein Umgang mit der sogenannten Spitzelaffäre ist dafür beispielgebend.

KAPITEL 9
SPITZEL UND STREUBOMBEN

Am Samstag, dem 4. April 2008, trifft sich die »Initiative für Deutschland« (IfD), ein diskreter Zirkel von Chefs führender Unternehmen des Landes, zu einem seiner vertraulichen Kolloquien. Ort des elitären Treffens ist diesmal die Firmenzentrale des mittelständischen Maschinenbauers Trumpf im schwäbischen Ditzingen, Gastgeber dessen Patriarch Berthold Leibinger.

Wenige Wochen zuvor war der langjährige Vorstandsvorsitzende der Deutschen Post, Klaus Zumwinkel, wegen des Vorwurfs schwerer Steuerhinterziehung vor den Augen der Fernsehkameras in seiner Villa in Köln-Marienburg festgenommen worden. Die Finanzkrise spitzt sich immer weiter zu. Unter dem Vorsitz des damaligen BASF-Chefkontrolleurs, Jürgen Strube, diskutieren die Teilnehmer des Treffens den gefährlichen Ansehensverlust der ökonomischen Führungseliten und mit ihnen des gesamten Wirtschaftssystems.

Im Laufe des Gesprächs bringt Josef Ackermann einen Arbeitskreis ins Spiel, der Vorschläge dafür ausarbeiten solle, wie der vornehmlich moralisch begründeten Kritik an Unternehmensführern im öffentlichen Diskurs besser begegnet und das Vertrauen in die Soziale Marktwirtschaft und ihre Repräsentanten wieder gestärkt werden könne. Die Anregung wird dankbar aufgenommen, und schon bald trifft sich eine Handvoll Vertreter deutscher Spitzenunternehmen auf meine Einladung hin zur ersten Sitzung bei der Deutschen Bank in Frankfurt.

Unterstützt durch den renommierten Münchner Wirtschaftsethiker Professor Karl Homann und das Wittenberg-Zentrum für Globale Ethik unter der Leitung von Professor Andreas Suchanek erarbeitet die Gruppe ein »Leitbild für verantwortliches Handeln in der Wirtschaft«. Das von dem ehemaligen Außenminister Hans-Dietrich Genscher mitgegründete Zentrum beschäftigt sich mit den ethischen Voraussetzungen einer erfolgreichen Globalisierung.

Um die erwünschte Breitenwirkung zu entfalten, muss sich das Leitbild von Anfang an auf eine kritische Masse in der deutschen Wirtschaft stützen können. Die Abstimmungsarbeit zieht sich lange hin, und so dauert es mehr als zwei Jahre, bis das Manifest schließlich von Jürgen Strube zusammen mit Josef Ackermann und weiteren Wirtschaftsführern im Berliner Haus der Künste am Pariser Platz der Öffentlichkeit vorgestellt wird. Dafür haben über 20 Unternehmenschefs, darunter neben Josef Ackermann auch Martin Winterkorn von VW, Jürgen Hambrecht von der BASF und Franz Fehrenbach von Bosch, den ersten firmenübergreifenden Ethikkodex in Deutschland da bereits unterschrieben.

»Als Entscheider verpflichten wir uns zur erfolgs- und werteorientierten Führung«, heißt es in dem Dokument. »Verantwortliches Gewinnstreben heißt für uns, sowohl den langfristigen Unternehmenswert zu steigern als auch die hierfür notwendigen Voraussetzungen zu erhalten und zu stärken. Zu diesen zählen insbesondere der Rechtsstaat sowie der Ordnungsrahmen der Sozialen Marktwirtschaft mit den Prinzipien der unternehmerischen Freiheit und Sozialpartnerschaft; hinzu kommen der soziale Zusammenhalt, eine lebenswerte Umwelt sowie gesellschaftliches Vertrauen in die Wirtschaft, in Unternehmen und ihre Entscheider.«

Im April desselben Jahres hatte die Deutsche Bank schon ihren hauseigenen Ethikkodex in diesem Sinne aktualisiert. Das von Vorstand und Aufsichtsrat verabschiedete Dokument legt die Mindeststandards für das Verhalten aller Mitarbeiter untereinander, gegenüber Kunden, Geschäftspartnern und Wettbewerbern fest. Darin heißt es unter anderem: »Die Deutsche Bank fordert aufrichtiges und ethisch einwandfreies Verhalten bei allen geschäftlichen Aktivitäten.« Und: »Im Interesse unserer Kunden zu handeln ist wesentlicher Teil unseres Leitbilds und unserer Werte. Wir stellen Transparenz und Integrität in den Mittelpunkt unserer Geschäftstätigkeit.« Wie ernst es die Führung der Bank damit meint, zeigt eine Whistleblower-Klausel in der Einleitung zu der Mitarbeiter-Broschüre: »Die reine Lektüre des Kodex reicht jedoch nicht aus. Wir müssen auch konsequent handeln, wenn wir Verstöße gegen seine Bestimmungen vermuten oder beobachten ... Die Deutsche Bank untersagt jegliche Benachteiligung von Mitarbeitern, die in gutem Glauben einen vermutlichen Verstoß durch andere melden.«

Schon lange hatte Josef Ackermann immer wieder auf die Bedeutung nicht nur rechtlich, sondern auch moralisch einwandfreien Verhaltens hingewiesen. »Kein Geschäft ist es wert, den guten Ruf der Bank aufs Spiel zu setzen«, hatte er auf der Hauptversammlung im Mai 2007 unter dem Eindruck der Siemens-Korruptionsaffäre gesagt. Für ethisch und rechtlich unkorrektes Verhalten gelte in seinem Hause das Prinzip »Null Toleranz«. Und der *Zeit* hatte er seinerzeit anvertraut: »Wenn wir nur ansatzweise Grauzonen zulassen, dann ist das nicht mehr kontrollierbar.«

Josef Ackermann meint, was er sagt. Und handelt entsprechend. Als im Mai 2009 die sogenannte Spitzelaffäre ihren Lauf nimmt, tut er alles, um die Vorgänge ohne Ansehen der Person aufklären zu lassen. Selbst auf die Gefahr hin, damit das Verhältnis zu seinem Aufsichtsratsvorsitzenden zu belasten.

Ein Musterbeispiel dafür, wie rigoros der Schweizer seine Überzeugungen gegen Freund und Feind vertreten kann, stellt die Korruptionsaffäre bei Siemens dar. Der langjährige Chef des Unternehmens, Heinrich von Pierer, war während des Mannesmann-Prozesses immer eine seiner verlässlichsten Stützen im Aufsichtsrat der Deutschen Bank gewesen. Dennoch hatte Ackermann in dem Schmiergeldskandal an der Seite von Aufsichtsratschef Gerhard Cromme, dem Gesamtbetriebsratsvorsitzenden Ralf Heckmann und Berthold Huber aus der IG-Metall-Spitze auf konsequente Aufklärung und Sanktionierung gedrängt.

Nun sind diese im eigenen Haus gefordert. In einer Nachbesprechung der Hauptversammlung Anfang Juli 2006 hatte Clemens Börsig den Chef der Abteilung Investor Relations (IR) gefragt, was man eigentlich über den Aktionär Michael Bohndorf wisse; sei der vielleicht dem Kirch-Lager zuzurechnen? Der Rechtsanwalt, der ganze fünf Deutsche-Bank-Aktien in einem Depot bei der Hamburger Sparkasse sein Eigen nennt, war dem Aufsichtsratsvorsitzenden und Versammlungsleiter auf dem Aktionärstreffen unangenehm aufgefallen. Bohndorf hatte heftige Kritik an den 17 Millionen Euro Abgeltungsleistungen für Börsig bei dessen Wechsel aus dem Vorstand an die Spitze des Kontrollgremiums geübt.

Der IR-Chef versteht die Frage des Oberaufsehers, der als Vorstandsmitglied für Finanzen bis vor kurzem noch sein direkter Vorgesetzter war, als Auftrag, mehr über den Aktionär in Erfahrung zu bringen. Er wendet sich an den Deutschland-Chef der Abteilung Konzernsicherheit. Dieser vergibt ein Mandat an ein unabhängiges Detektivbüro, das selbst wiederum Subunternehmer einsetzt.

Die Detektive mieten für eine Zeitlang inkognito unter anderem Bohndorfs kleine Finca in den Bergen von Ibiza an, um dessen »Lebensverhältnisse«, »privates Umfeld« und »persönliche Schwächen und Vorlieben« auszuforschen. Der so Ausgespähte behauptet später zudem, die Bank habe eine »gutaussehende Brasilianerin« namens Adriana als Lockvogel auf ihn angesetzt, wofür sich allerdings keinerlei Belege finden lassen.

Die spektakulären Spitzelaffären bei Bahn und Telekom schrecken 2008 / 2009 die gesamte deutsche Wirtschaft auf. Der Konzernsicherheit der Deutschen Bank kommen nachträglich Bedenken über die Aktion drei Jahre zuvor. Sie meldet den Vorgang nach oben.

Als Ackermann davon erfährt, stößt er zusammen mit dem Prüfungsausschuss-Vorsitzenden, Arcandor-Chef Karl-Gerhard Eick, sofort eine unabhängige Untersuchung durch die Rechtsanwaltskanzlei Cleary Gottlieb Steen & Hamilton an. Die Bank informiert die BaFin und die hessische Datenschutzbehörde und danach auch selbst die Öffentlichkeit. »So viel freiwillige und breitgestreute Transparenz« habe es »in der 140-jährigen Geschichte der Bank wohl kaum jemals gegeben«, wundert sich der *Spiegel*.

Die Untersuchung von Cleary Gottlieb soll zehn Jahre zurückgehen und auch mögliche andere fragwürdige Fälle dieser Art unter die Lupe nehmen. Dabei stellt sich heraus, dass in dieser Zeitspanne nach einem Informationsleck auch ein Journalist sowie ein Vertreter der Arbeitnehmer im Aufsichtsrat ausgeforscht worden waren. Weiterhin kommt zum Vorschein, dass ein Dienstleister bei einer Übung der Sicherheitsabteilung, die den Schutz der Führungsmannschaft der Bank überprüfen sollte, zu weit gegangen war und dabei unter anderem an einem Privatauto der Familie des Vorstandsmitglieds Hermann-Josef Lamberti einen Peilsender angebracht hatte.

Mitte Juli 2009 legen die Anwälte von Cleary Gottlieb bereits ihren Bericht vor. Einige Tage darauf gibt die Bank die wesentlichen Ergebnisse bekannt: Allen Ausspähaktionen, insgesamt vier über einen Zeitraum von zehn Jahren, hätten ursprünglich »legitime Absichten« zugrunde gelegen, »im Verlaufe ihrer Ausführung« sei es dann jedoch zu »rechtlich bedenklichen Aktivitäten durch die beauftragten Dienstleister« gekommen. Ein »systematisches Fehlverhalten« auf Seiten der Bank habe »nicht festgestellt« werden können. Die Sicherheitsabteilung habe beim Engagement und der Überwachung externer Dienstleister allerdings die nötige Sorgfalt vermissen lassen. In der Folge werden die Regeln für solche Engagements erheblich verschärft.

Der zuständige Leiter der Abteilung Konzernsicherheit für Deutschland ist da bereits fristlos gekündigt. Auch der IR-Chef hatte gehen müssen. Beide klagen vor dem Arbeitsgericht gegen ihre Entlassung.

Zwischendurch spekulieren einzelne Medien immer wieder, Ackermanns Eifer bei der Aufklärung der Affäre sei ein Rachefeldzug für den behaupteten Putschversuch des Aufsichtsratsvorsitzenden gegen ihn, den es allerdings nie gegeben hat. Die Pressemitteilung der Bank über die Ergebnisse der Cleary-Untersuchung verschafft den Verschwörungstheorien jedoch neue Nahrung. Es gebe keine Hinweise darauf, dass »heute amtierende« Vorstandsmitglieder der Bank »verwickelt oder informiert« gewesen seien, heißt es dort. Zugleich ist schwarz auf weiß nachzulesen, was im Hause inzwischen längst Gesprächsthema Nummer eins ist: Die Nachforschungen über den Aktionär Bohndorf seien durch ein Gespräch des Aufsichtsratsvorsitzenden mit dem Leiter von Investor Relations »ausgelöst« worden.

»Deutsche Bank demontiert Chefaufseher«, schreibt die *Financial Times Deutschland* daraufhin, die *Welt* spricht von einer »Schlammschlacht«, das Schwesterblatt *Welt am Sonntag* meint, der Chefkontrolleur sei »gezielt belastet« worden.

Was von außen auf den ersten Blick vielleicht so aussehen mag, ist jedoch schlicht ein Gebot der Offenheit und Ehrlichkeit – und der Vernunft. Zwei wichtige Mitarbeiter der Bank wegen der Affäre fristlos zu entlassen und zu verschweigen, wie dem unabhängigen Untersuchungsbericht zufolge alles angefangen hatte, hätte nicht nur Josef Ackermanns Versprechen gegenüber den Aktionären Hohn gestraft, die Affäre ohne Ansehen der Person aufzuklären. Das Faktum war im Haus bereits weithin bekannt und wäre spätestens in dem Arbeitsgerichtsprozess des entlassenen Leiters der IR-Abteilung auch öffentlich zur Sprache gekommen. Die Bank, ihr Vorstandschef und nicht zuletzt ihr Aufsichtsratsvorsitzender hätten sich dann den Vorwurf gefallen lassen müssen, etwas vertuschen zu wollen.

Dennoch bekommt das Verhältnis der beiden Spitzenleute der Bank durch den öffentlichen Hinweis auf das Gespräch des Oberaufsehers mit dem IR-Chef einen Knacks. Börsig habe ihr durch einen Mittelsmann »mitteilen« lassen, schreibt die *Frankfurter Allgemeine Sonntagszeitung*, er lasse sich »nicht erpressen«. Bei dem Treffen des Kontrollgremiums am 28. Juli 2009 weist der Aufsichtsratsvorsitzende dies allerdings zurück und dementiert, einen Medienberater mandatiert zu haben. Vorstandschef Ackermann seinerseits entgegnet den Spekulationen, er habe sich mit der strikten Untersuchung an seinem Chefkontrolleur rächen wollen, diese sei vom Prüfungsausschuss des Aufsichtsrats in Auftrag gegeben worden, dem Börsig selbst angehöre. Der das Gremium beratende Anwalt Michael Hoffmann-Becking von der Kanzlei Hengeler Mueller gibt eine rechtliche Beurteilung von Börsigs Verhalten bei der Spitzelaktion ab, die den Aufsichtsratsvorsitzenden entlastet.

Am Ende der Sitzung verkünden die Kontrolleure, »Aufsichtsrat und Vorstand« hätten den Bericht der Anwaltssozietät Cleary Gottlieb »zur Kenntnis« genommen. Danach seien »die zweifelhaften Methoden nicht von Mitgliedern des Aufsichtsrats oder Vorstands legitimiert« worden. Die *Süddeutsche* bezeichnet das Ergebnis als »Burgfrieden«.

Nach der Sommerpause geht die Affäre in die nächste Runde. Die Klagen der beiden geschassten Mitarbeiter am Arbeitsgericht Frankfurt stehen zur Verhandlung an. Die Gütetermine zu Beginn des Prozesses bleiben ohne Ergebnis. In den Medien werden immer wieder neue Details der Affäre breitgetreten. So wird mit Verweis auf den Cleary-Report etwa kolportiert, die Aussagen des IR-Chefs und Börsigs widersprächen sich. Im April 2010, kurz vor dem erwarteten Urteilsspruch des Arbeitsgerichts, einigt sich die Bank schließlich mit den beiden entlassenen Mitarbeitern auf eine »einvernehmliche Beendigung des Arbeitsverhältnisses«. Kurz vor Weihnachten 2009 hatte bereits die BaFin als Ergebnis der von ihr veranlassten Sonderprüfung organisatorische Mängel im Bereich der Sicherheitsabteilung konstatiert, das Institut und seine Organe aber entlastet.

Damit ist die Affäre beendet. In der Bank hinterlässt sie eine Menge an gegenseitigem Misstrauen und wirkt Jahre nach. Das Verhältnis zwischen Ackermann und Börsig ist nun tatsächlich lädiert. Der Null-Toleranz-Kurs hat seinen Preis. Doch der Schweizer lässt sich dadurch nicht beirren. Er will, dass seine Bank nicht nur eine blitzsaubere Bilanz hat, sondern auch eine blitzsaubere Weste.

Ein gutes Beispiel dafür, wie sehr bei der Jagd nach Rendite und Bonus das Gefühl für Moral und Anstand gelitten hatte und wie weit die Branche von der realen in eine synthetische Parallelwelt abgedriftet war, ist der »db kompass Life 3 Fonds«.

Ende des Jahres 2007 entwickeln die Zertifikate-Entwickler der Bank zwei frühere Anlageprodukte im Zweitmarkt für Lebensversicherungen weiter, Kompass Life 1 und 2. Nach dem Vorbild ihrer Kollegen, die sich mit synthetischen Produkten vom Angebot an realen Hypotheken unabhängiger machen wollen, bilden sie Lebensversicherungen synthetisch nach.

Dafür stellen sie eine Gruppe von 500 älteren US-Bürgern zusammen, lassen durch Mediziner deren Lebenserwartung begutachten und bauen darauf eine Wette auf: Leben die Probanden im Schnitt höchstens ein Jahr länger, als die Gutachter geschätzt haben, errechnet sich für den Anleger eine Rendite von über sechs Prozent pro Jahr. Sind sie dann noch nicht gestorben, schrumpft die Rendite und geht schließlich in einen Verlust über.

Etwa 10000 Anleger investieren insgesamt über 200 Millionen Euro in das Papier. Sie haben damit offensichtlich genauso wenig ethische Probleme wie deren Erfinder, die in dem dazugehörigen Verkaufsprospekt verkünden, es seien »nicht die Dinge an sich, die den Kurs unseres Lebens bestimmen, sondern es ist unsere Sicht der Dinge«.

Anfang 2012 wendet sich ein von der Rendite enttäuschter Anleger an die Kundenbeschwerdestelle des Bundesverbands deutscher Banken in Berlin. Sein Verdacht: Den für den Anlageerfolg entscheidenden medizinischen Gutachten seien veraltete Sterbetafeln zugrunde gelegt worden. Die Gutachter hätten deshalb womöglich die Lebenserwartung der Referenzpersonen systematisch zu kurz eingeschätzt – und so die Deutsche Bank einseitig begünstigt.

Der Beschwerdeführer bekommt eine unerwartete Antwort: Das von ihm gewünschte Schlichtungsverfahren werde abgelehnt, da als Voraussetzung für einen Schadenersatzanspruch zunächst die Rechtsfrage zu klären sei, ob »die Wette auf die Lebensdauer eines ausgewählten Personenkreises nicht gegen sich aus unserer Sittenordnung ergebende Verhaltensverbote« verstoße. »Bestimmte Menschen« würden mit dem Zertifikat »instrumentalisiert, um Kapitalanlegern oder der Emittentin und den Verkäufern der Anlage eine Rendite zu verschaffen«. Dies sei mit »unserer Werteordnung, insbesondere der in ihrem Mittelpunkt stehenden Unantastbarkeit der menschlichen Würde (Art. 1 Absatz 1 GG), kaum in Einklang zu bringen«.

Eine Woche später ist die Antwort des Bankenverbands überall in den Medien nachzulesen: »Zynisches Investment«, schreibt der *Spiegel*, »Wetten auf den Tod« die *Süddeutsche*. Zwar sei »jede Versicherung eine Wette, und jede (Risiko-) Lebensversicherung eine Wette auf den Tod«, erläutert die Zeitung, das Produkt »Kompass Life 3« sei jedoch etwas ganz Besonderes.

Das ist es in der Tat: Seit längerem gibt es Fonds, deren Emittenten Inhabern von Kapitallebensversicherungen, die diese nicht mehr wollen, brauchen oder sich die Beiträge nicht mehr leisten können, ihre Police abkaufen, um am Ende die Ablaufleistung zu kassieren. Dies stellt jedoch keine Spekulation auf die Lebensdauer der Versicherungsnehmer dar. Bei kompass 3 wird zudem niemandem eine Police abgekauft, der diese loswerden will oder muss. Es ist eine reine Wette »ohne ein ausgleichendes soziales Gut«, wie es Michael J. Sandel, Professor für Moralphilosophie an der Harvard University, in seinem Bestseller »Was man für Geld nicht kaufen kann – Die moralischen Grenzen des Marktes« ausdrückt. Derartige »Todeswetten dienen keinem gesellschaftlich nützlichen Zweck«.

Als ich Josef Ackermann über das Produkt informiere,

will er das Gehörte zunächst nicht glauben: »Wie kann man nur?«, sagt er. Und handelt umgehend: Zwei Wochen später, im Februar 2012, bietet die Bank den Anlegern an, ihr Engagement kurzfristig zu beenden und ihnen das investierte Kapital abzüglich zwischenzeitlich erfolgter Ausschüttungen zurückzuzahlen. »Das Großreinemachen geht weiter«, kommentiert die *Frankfurter Rundschau* den Ausstieg.

Zur selben Zeit versucht der Deutsche-Bank-Chef auch, und das nicht zum ersten Mal, den bereits über zehn Jahre alten Rechtsstreit der Bank mit Leo Kirch respektive seinen Erben beizulegen. Die Kirch-Familie hat bei Gericht mittlerweile Schadenersatzforderungen von über 3,3 Milliarden Euro zuzüglich einer Milliarde Euro Zinsen geltend gemacht. Der Vorwurf: Die Deutsche Bank und besonders ihr einstiger Vorsitzender Breuer hätten das Medienimperium in die Pleite getrieben. Leo Kirch ist inzwischen verstorben; seine Erben hatten zuletzt signalisiert, sich mit einer Vergleichszahlung in Höhe von rund 800 Millionen Euro zufriedengeben zu wollen.

Auch Josef Ackermann kann sich mit der Vergleichsidee anfreunden. Obwohl die Bank eine Schuld an dem Konkurs nach wie vor vehement bestreitet, war sie zuletzt vor Gericht zunehmend ins Hintertreffen geraten. Das Risiko, am Ende womöglich noch mehr zahlen zu müssen, war deutlich gewachsen. Der Schweizer trifft sich im Münchner Hotel Vier Jahreszeiten mit der Witwe des verstorbenen Medien-Moguls zum Sonntagskaffee und verspricht, die Bank werde eine Lösung des Dauerstreits auf dieser Basis ernsthaft prüfen.

Doch die vom Vorstand eingeholten Rechtsgutachten fallen nicht eindeutig aus. Das Risiko von Aktionärsklagen bei einer derart hohen Vergleichssumme erscheint dem Gremium schließlich zu hoch. Aus der Sache wird wieder nichts.

Mehr Erfolg hat der Schweizer beim Entschärfen eines anderen brisanten Themas. Bei der Hauptversammlung des Geldhauses am 25. Mai 2011 fordert Branislav Kapetanovič, Sprecher einer Protestgruppe gegen die Produktion von Streubomben namens Cluster Munition Coalition, die Führung der Deutschen Bank mit eindringlichen Worten auf, Geschäfte mit Herstellern solcher Waffen einzustellen. Der ehemalige serbische Minenräumer war nach dem Balkan-Krieg im Jahr 2000 durch eine explodierende Streubombe des amerikanischen Herstellers Alliant TechSystems fast ums Leben gekommen. Ihm mussten beide Arme und Beine abgenommen werden.

2008 haben zahlreiche Länder, darunter auch Deutschland, nicht aber etwa die USA, Russland oder China, eine internationale Konvention unterschrieben, die die Produktion und den Einsatz von Streubomben ächtet. Seitdem macht die Deutsche Bank keine Geschäfte mehr mit Herstellern solcher Waffen. Dem Serben geht es nun darum, dass das Institut auch alle Geschäftsverbindungen zu Muttergesellschaften von Firmen einstellt, die Streubomben produzieren. Dabei handelt es sich vor allem um amerikanische Mischkonzerne wie Lockheed Martin, Raytheon oder Textron. »Ich bin hergekommen, um an Ihre Menschlichkeit zu appellieren. Verzichten Sie auf todbringende Rendite«, sagt der Mann im Rollstuhl an Josef Ackermann gerichtet.

Der hatte zuvor gegenüber den mehr als 5000 Aktionären in der Frankfurter Festhalle wieder einmal die soziale Verantwortung der Bank unterstrichen: »Alle unsere Geschäfte müssen rechtlich und ethisch einwandfrei sein.« Der Appell des verstümmelten Minenräumers macht ihn sichtlich betroffen. »Es tut mir persönlich sehr leid, was Ihnen widerfahren ist«, sagt er, »das ist schrecklich und das darf sich nicht wiederholen. Ich bin sehr gegen Streubomben.« Die Bank werde ihre Geschäftsbeziehungen zu Mischkonzernen überprüfen, zu denen auch Hersteller solcher Waffen gehören.

Nicht einmal ein halbes Jahr später meldet die Bank Vollzug: Auch die Geschäftsbeziehungen zu Konglomeraten mit Streubombenherstellern im Portfolio werden eingestellt. Bestehende vertragliche Verpflichtungen müsse man noch erfüllen. Neue Beziehungen kämen aber »nur dann in Frage, wenn die Kunden sich dezidiert verpflichten, so schnell wie möglich aus diesem Geschäftsbereich auszusteigen«.

Je näher Josef Ackermanns letzter Arbeitstag bei der Deutschen Bank rückt, desto schwieriger wird es allerdings für ihn, sich wie gewohnt durchzusetzen. Seit Sommer 2011 steht fest, dass er im Mai 2012 gehen wird. Seine Nachfolger sind bereits vom Aufsichtsrat gewählt. In der Bank findet statt, was in Organisationen dieser Art in solchen Fällen immer passiert – sie beginnt sich auf die Zeit danach einzustellen.

Solange damit gerechnet werden muss, dass der Schweizer als Aufsichtsratsvorsitzender weiter mit von der Partie sein wird, verläuft dieser Prozess sehr verhalten. Mitte November entfällt diese Perspektive aber, und nach seiner letzten Bilanzpressekonferenz Anfang Februar 2012 ist er endgültig nur noch ein Chef auf Abruf, dem die Truppen nicht mehr so bereitwillig folgen wie zuvor. Zudem scheut Ackermann in den letzten Monaten seiner Amtszeit auch davor zurück, noch weitreichende Entscheidungen durchzuboxen, deren Folgen nicht mehr ihn selbst, sondern seine Nachfolger betreffen.

So etwa bei der Kontroverse um das Geschäft mit Agrar-Rohstoffen, die die Verbraucherschützer von foodwatch im Oktober 2011 auslösen. Schon einmal hatte die Deutsche

Bank wegen dieser Geschäfte kurzen, aber heftigen Ärger: Im April 2008 fällt der Bereich X-Markets der Bank, Spezialist für Zertifikate und passiv geführte Fonds, mit einer Werbeaktion der besonderen Art auf. Die Immobilienmärkte versprechen auf absehbare Zeit keine weiteren Preissteigerungen mehr. Als Alternative machen die Banken Rohstoffmärkte aus. Allein in den drei Jahren zuvor hatten sich die Weltmarktpreise für Nahrungsmittelrohstoffe wie Weizen, Reis, Mais oder Sojabohnen verdoppelt. X-Markets kommt mit dem »Agriculture Euro Fonds« auf den Markt, der auf die Wertentwicklung von sieben wichtigen Nahrungsmitteln setzt. Auf Brötchentüten einer Frankfurter Bäckereikette preist die Deutsche Bank mit dem Spruch »Freuen Sie sich über steigende Preise?« das Produkt an. Allein in den ersten drei Monaten gehen dafür fast 450 Millionen Euro Kundengelder ein.

Die öffentliche Empörung über die Werbeaktion lässt jedoch nicht lange auf sich warten. Das globalisierungskritische Netzwerk attac zieht gegen die »Geschäftemacherei mit dem Hunger« zu Felde und fordert einen »Stopp der Spekulation mit Nahrungsmitteln«. Josef Ackermann sorgt dafür, dass die Werbeaktion innerhalb von Tagen eingestellt wird. Das Thema verschwindet aus den Schlagzeilen.

Im Herbst 2011 kehrt es nun mit Wucht zurück. Unter dem Titel »Die Hungermacher« stellt foodwatch am 18. Oktober einen 86 Seiten starken Report des Journalisten Harald Schumann vor, in dem dieser nachweisen will, dass die wachsenden Finanzinvestitionen in Agrarrohstoffe die Nahrungsmittelpreise in die Höhe treiben. Banken, die in diesem Geschäft tätig seien wie die Deutsche Bank, machten sich damit »mitschuldig an Hungersnöten in den ärmsten Ländern der Welt«.

In einem Offenen Brief fordert der Gründer und Anführer der Organisation, Thilo Bode, Ackermann als obersten Deutschbanker auf, »mit gutem Beispiel voranzugehen« und aus der »Spekulation mit Nahrungsmitteln« auszusteigen. Als IIF-Chef solle er zudem Regulierungen unterstützen, um deren »schädlichen Einfluss« zu verhindern. Am selben Tag spricht sich auch Jacques Diouf, Präsident der Welternährungsbehörde FAO in Rom, gegen die »Spekulation« in diesem Bereich aus. Die Aufsicht für die Rohstoffterminbörse in den USA begrenzt die Anzahl der Terminkontrakte, die ein Händler halten darf.

Als Ackermann von dem Offenen Brief und dem foodwatch-Report hört, reagiert er wieder sofort. »Ich will kein Hungermacher sein. Wir werden das jetzt selbst gründlich untersuchen und je nachdem, was dabei herauskommt, entsprechend handeln«, sagt er mir. Schon am Tag darauf antwortet er Bode in einem Schreiben, das die Bank ebenfalls öffentlich macht.

Er teile die »Betrübnis darüber, dass viele Menschen auf dieser Welt immer noch in Armut leben und Hunger leiden müssen«, so der Schweizer. Sein Haus werde daher den vorgelegten Report zu den Auswirkungen des Rohstoffhandels »gründlich prüfen«. Sollten sich dabei »ausreichende Belege« dafür finden, dass diesbezügliche Aktivitäten der Bank die von foodwatch beschriebenen Auswirkungen haben könnten, werde sie »entsprechende Konsequenzen« ziehen. Die Bank wolle sich um eine »möglichst rasche und detaillierte Antwort bemühen«.

Bode ist verdutzt über die prompte und positive Reaktion. Josef Ackermann will sich und der Bank nicht nachsagen lassen, dass ihretwegen Menschen in der Welt hungern oder gar verhungern müssen. Das Thema droht seinem und dem Ruf seines Hauses schweren Schaden zuzufügen.

Um ihrem Anliegen Nachdruck zu verleihen, startet foodwatch unter dem Motto »Hände weg vom Acker, Mann!«

eine E-Mail-Aktion. Binnen kurzer Zeit melden sich Zehntausende Unterstützer im Internet zu Wort. Die Deutsche Bank erlebt den ersten »Shitstorm« ihrer Geschichte. Eine Umfrage des Meinungsinstituts Forsa Mitte November zeigt: 84 Prozent der Bundesbürger halten »Spekulation mit Nahrungsmitteln« für »nicht akzeptabel«.

Auch die Politik wird hellhörig. Anfang März 2012 veranstalten CDU und CSU in Berlin einen Kongress über Rohstoffhandel. »Dieses Thema ist wichtig für uns«, so Klaus-Peter Flosbach, finanzpolitischer Sprecher der Unionsfraktion im Bundestag. »Finanzmarktspekulationen mit Nahrungsmitteln kann ich weder mit meinem Gewissen vereinbaren, noch können wir es mit dem ›C‹ in unserem Namen in Einklang bringen.« Sein Parteifreund Finanzminister Schäuble kündigt auf derselben Veranstaltung eine stärkere Regulierung der Rohstoffmärkte an. »Wenn wir dem Treiben tatenlos zusehen, haben wir aus der Finanzkrise nichts gelernt.« Raimund Röseler, Chefaufseher für Banken bei der BaFin, berichtet, einschließlich Indexfonds und Zertifikaten sei das Engagement von Finanzinstituten auf den internationalen Rohstoffmärkten zwischen 2003 und 2011 von 26 auf 400 Milliarden Dollar angeschwollen. Viele Handelspraktiken hätten mit einer sinnvollen Absicherung von Rohstoffkontrakten nichts mehr zu tun.

Andererseits sehen zahlreiche ernstzunehmende Forscher keinen signifikanten Einfluss von »Spekulation« auf die Nahrungsmittelpreise und den Hunger in der Welt. Diese hätten vielmehr vor allem fundamentale Ursachen: das Wachstum der Weltbevölkerung, schrumpfende landwirtschaftliche Flächen, wachsender Fleischkonsum infolge steigenden Wohlstands sowie die Einführung von Bio-Treibstoff.

Listigerweise hat foodwatch in seinem Report denn auch die Beweislast umgekehrt: Nicht diejenigen, die Spekulation für schädlich halten, müssen den Beleg dafür erbringen, sondern die Spekulanten müssen nachweisen, dass sie niemandem schaden. Das allerdings ist ein Ding der Unmöglichkeit. Wenn man allgemein nach diesem Prinzip verführe, müssten zum Beispiel auch alle Autos vom Markt genommen werden. Bei jedem Produkt kann es nur um eine sorgfältige Abwägung der Vor- und Nachteile gehen – und die Aufgabe, Letztere zu begrenzen.

Kurz vor Weihnachten, zwei Monate nach seinem ersten Brief und einem aus seiner Sicht wenig konstruktiv verlaufenen Gespräch mit Mitarbeitern der Bank in London, schreibt Bode erneut an Ackermann und äußert die Besorgnis, dass eine ernsthafte Prüfung gar nicht beabsichtigt sei. Der Deutsche-Bank-Chef versichert dem Verbraucherschützer postwendend, dass sein Haus diese Überprüfung sogar »sehr ernst« nehme und sich deshalb »sachlich, gründlich und gewissenhaft« mit den zentralen Thesen des foodwatch-Reports auseinandersetzen wolle. Dies werde allerdings »noch einige Zeit in Anspruch nehmen«, da die Materie »sehr komplex« sei. Er müsse daher »um Geduld bitten«.

Bodes Geduld reicht nur für weitere vier Wochen. Am 18. Januar 2012 schreibt er dem Bankchef zum dritten Mal und beklagt sich jetzt, das Institut wolle die Angelegenheit »auf die lange Bank schieben«. Ende des Monats wirft er dem Schweizer sogar öffentlich Wortbruch vor, seine Ankündigung im Oktober sei »nur ein PR-Trick gewesen, um die Öffentlichkeit zu beruhigen«.

Zum Beweis des Gegenteils lässt Josef Ackermann nach einer Diskussion im Vorstand Anfang März verkünden, die Bank werde ihre Untersuchung wie versprochen fortsetzen, eine umfassende Studie erstellen und diese mit NGOs diskutieren. Bis dahin würden im laufenden Jahr vorsorglich keine neuen börsengehandelten Investmentprodukte auf der Basis von Grundnahrungsmitteln mehr aufgelegt.

Außerdem wolle die Bank aktiv den Fünf-Punkte-Aktionsplan unterstützen, den die G20 auf ihrem Gipfel in Cannes zum Thema Ernährungssicherheit beschlossen haben. Dieser sieht neben Strukturreformen im landwirtschaftlichen Sektor und im internationalen Handel auch neue Börsenregulierungen vor, die Manipulationen verhindern und die Transparenz in dem Bereich erhöhen sollen.

Foodwatch bezeichnet die Maßnahmen als »nicht einmal halbherzig«. Dennoch nimmt der Chef der Organisation dem noch bis Ende Mai amtierenden Vorstandsvorsitzenden der Bank sein ehrliches Bemühen ab: Ackermanns »guter Wille« sei »begrüßenswert«, aber die Frage sei, »ob er sich damit durchsetzt«, so Bode gegenüber der *Süddeutschen Zeitung*. Widerstand verortet er vor allem in London. Seit seinem Gespräch mit Rohstoffhändlern der Bank dort sei er skeptisch.

»Ackermann distanziert sich zunehmend von den Auswüchsen des Investmentbankings, betont die Verantwortung von Banken, erklärt, sie müssten sich auf ihre Rolle als Dienstleister der Realwirtschaft besinnen«, konstatiert das Blatt. In London werde das »als Affront gesehen«. Es sei ein schon »fast klassischer Konflikt«: »Hier der alte Chef, der auf seine alten Tage die Moral hochhält, dort der neue Chef, der vor allem an künftige Profite denkt.« Wenige Monate vor seinem Ausscheiden will Josef Ackermann die endgültige Entscheidung zu dem Thema seinen Nachfolgern überlassen.

Auch die Themen Umsatzsteuerbetrug beim Handel von Emissionsrechten und Manipulation von Referenzzinssätzen wie Libor und Euribor kann der Schweizer nicht mehr abräumen.

Im April 2010 lässt die Generalbundesanwaltschaft im Rahmen einer bundesweiten Großrazzia unter anderem die Büros der Deutschen Bank in Frankfurt durchsuchen. Die Fahnder sind Firmen auf der Spur, die dem deutschen Fiskus offenbar Umsatzsteuern aus dem Handel mit Emissionsrechten für Kohlendioxid im Umfang von mehreren Hundert Millionen Euro hinterzogen haben. Sieben Mitarbeiter der Bank sollen ihnen dabei womöglich geholfen haben. Gegen sie wird ein Ermittlungsverfahren eingeleitet. »Josef Ackermann wird das maßlos ärgern«, meint *Spiegel Online*, »kämpft er doch seit geraumer Zeit vehement um sein Image. Und um das der Bank.«

Tatsächlich wächst mit jeder neuen Klage, jedem neuen Reputationsproblem der Ärger des Schweizers auf die »nicht einmal zehn Prozent der Bank, welche die anderen mehr als 90 Prozent in Verruf gebracht haben, die sich immer anständig verhalten haben«, wie er sagt. Er fragt sich, ob er das als Unternehmenschef hätte verhindern können, ob er zu viel Vertrauen gezeigt und zu wenig Kontrolle ausgeübt hat.

Im Frühjahr 2011, als die Klageflut und die Vorwürfe unethischen Verhaltens in der Zeit vor der Krise gegen das Institut sich im Wochenrhythmus häufen, sprechen wir einmal über die Möglichkeit, die politische Gesamtverantwortung für alle Verfehlungen zu übernehmen und den Weg für einen Neuanfang frei zu machen. In der Siemens-Korruptionsaffäre hatte Josef Ackermann der *Zeit* einmal gesagt: »Wenn in der Deutschen Bank systematisch solche Dinge aufbrechen würden, würde ich morgen zurücktreten. Denn entweder war ich Teil davon, dann gehöre ich sowieso weg, oder ich habe es nicht gewusst, dann habe ich nicht geführt.«

Der Schweizer verwirft die Rücktrittsoption jedoch am Ende. Zum einen ist die Situation mit der einst bei Siemens nicht vergleichbar. Während in weiten Teilen des Münchner Unternehmens offenbar jahrelang systematisch schwarze Kassen unterhalten, Belege frisiert und Schmiergelder gezahlt wurden, stammen die großen Rechts- und Reputationsprobleme der Bank fast durchweg aus einem einzigen Bereich, der nur einen kleinen Teil der Mitarbeiter ausmacht. Während die illegalen Praktiken bei dem Industriekonzern bis weit hinauf in der Unternehmenshierarchie bekannt gewesen sein sollen, haben selbst die schärfsten Ackermann-Kritiker nie behauptet, er habe die diversen fragwürdigen Produkte und Praktiken seines Hauses gekannt oder auch nur kennen müssen. Sie werfen ihm nur allgemein vor, mit seinem 25-Prozent-Ziel den Nährboden für solche Verfehlungen bereitet zu haben. Dass sich das Renditeziel jedoch auf saubere Weise erreichen lässt, beweisen unzählige deutsche Mittelständler bis heute.

Ein Rücktritt des Vorstandsvorsitzenden hätte zudem unweigerlich auch mindestens das Ausscheiden des für den fraglichen und nach wie vor wichtigsten Bereich zuständigen Vorstandsmitglieds Anshu Jain zur Folge. Die Bank wäre enthauptet gewesen. Darüber hinaus hätte ein Abtreten Ackermanns auch einen schweren Rückschlag für die Bemühungen bedeutet, die europäische Staatsschuldenkrise zu entschärfen. Diese treibt gerade ihrem Höhepunkt zu, und Josef Ackermanns Unterstützung ist besonders gefragt (siehe Kapitel 11 »Vom Banker zum Staatsmann«).

Es gilt also abzuwägen: Die politische Gesamtverantwortung für Regelverletzungen im Ganzen gesehen weniger Mitarbeiter zu übernehmen steht gegen die Verantwortung für die Gesamtbank sowie für Deutschland und Europa. Vor diese Alternative gestellt, entschließt sich der Schweizer, ein Jahr vor seinem allgemein ohnedies erwarteten Ausscheiden weiterzumachen und mit der »bösen Seite der Bank« (*Börsenzeitung*) selbst noch aufzuräumen, so gut er kann.

Als Josef Ackermann von dem Verdacht der Beihilfe von Mitarbeitern seines Instituts an einem Umsatzsteuer-Betrug erfährt, lässt er die Anwaltskanzlei Clifford Chance mit einer unabhängigen Untersuchung beauftragen. Ohne deren Ergebnisse abzuwarten, verschärft das Haus binnen weniger Wochen seine internen Regeln in diesem Bereich, insbesondere müssen Geschäftspartner künftig noch genauer unter die Lupe genommen werden. Clifford Chance kann nichts finden, was den Beihilfe-Verdacht gegen die Mitarbeiter erhärtet. Im Verlauf des Prozesses gegen die Mitglieder des Betrüger-Netzwerks vor dem Landgericht Frankfurt im darauffolgenden Jahr werden die fraglichen Bankmitarbeiter jedoch immer stärker belastet. Das Institut verzichtet daher von sich aus »vorsorglich« darauf, die an seine Geschäftspartner gezahlte Mehrwertsteuer in Höhe von mehr als 300 Millionen Euro auf dem Wege des Vorsteuerabzugs beim Fiskus geltend zu machen. Ackermann will, wo immer möglich, reinen Tisch machen.

Doch das war mit der Übernahme des Steuerschadens leider offenbar immer noch nicht der Fall. Kurz vor Weihnachten 2012, Monate nach Ackermanns Abschied, kommt es erneut zu einer Großrazzia bei der Bank. Begründung der Staatsanwaltschaft: Mitarbeiter des Geldhauses hätten bei der Aufklärung des Falles nicht voll kooperiert und Informationen zurückgehalten. Einige Deutschbanker müssen sogar vorübergehend in Haft. Der *Spiegel* nimmt den Vorgang zum Anlass für die zweite Titelgeschichte über die Bank in dem Jahr. Schlagzeile: »Die Deutsche Skandalbank«. Zum Jahresbeginn war das Magazin bereits mit der Coverstory »Die Zocker AG« erschienen.

Wie immer das spektakuläre Verfahren am Ende ausgeht, noch spektakulärer ist der Fall, der mit dem Namen Libor (London Interbank Offered Rate) verknüpft ist. Zusammen mit anderen großen Geldinstituten wird der Deutschen Bank vorgeworfen, jahrelang den wichtigsten Referenz-Zinssatz weltweit sowie sein europäisches Pendant, den Euribor, manipuliert zu haben. Allein am Libor hängen die Zinssätze für Kredite im Umfang von schätzungsweise bis zu 500 Billionen Euro weltweit.

In ihrem Geschäftsbericht für das Jahr 2011 bestätigt die Bank im Frühjahr 2012, »verschiedene förmliche Auskunftsersuchen im Zusammenhang mit der Quotierung von Zinssätzen im Interbankenmarkt für verschiedene Währungen« erhalten zu haben. Zudem seien gegen sie in diesem Zusammenhang eine Reihe zivilrechtlicher Klagen einschließlich Sammelklagen in den USA eingegangen.

Zu diesem Zeitpunkt läuft nach einem Verdachtshinweis vonseiten der Aufsichtsbehörden längst eine interne Untersuchung in dem Institut. »Ich habe immer wieder aufs Tempo gedrückt«, so Josef Ackermann. Aber es müssen massenweise E-Mails gesichtet werden. Erst im Oktober 2011 kann der Manipulationsverdacht von der Bank offenbar erhärtet werden. Seitdem haben mehrere Händler in diesem Zusammenhang das Haus verlassen müssen.

Josef Ackermanns Position zu dem Fall ist glasklar: »Den Leitzins zu manipulieren ist absolut kriminell. Jeder, der hier Verantwortung trägt, muss zur Rechenschaft gezogen werden.« Im Herbst 2012 teilt der Aufsichtsratsvorsitzende der Deutschen Bank der Öffentlichkeit mit, die interne Untersuchung zur Libor-Manipulation habe keinerlei Hinweise auf Verwicklungen von aktuellen oder früheren Mitgliedern der Führungsorgane des Hauses, also Vorstand, GEC und Aufsichtsrat, ergeben. Die von der BaFin parallel mit einer Sonderprüfung in der Sache beauftragten Wirtschaftsprüfer von Ernst & Young haben bis dato offenbar dieselbe Erkenntnis gewonnen.

Die Bank muss sich jedoch auf eine hohe Strafzahlung und eventuell noch höhere Schadenersatzforderungen geprellter Anleger einstellen. Die Schweizer UBS ist wegen Libor-Manipulationen bereits zu einer Strafe von umgerechnet 1,5 Milliarden Dollar verdonnert worden. Die britische Barclays Bank muss 450 Millionen Dollar zahlen. Sowohl deren CEO als auch der Chairman und der Chef des Investmentbankings verlieren ihre Posten. Das Strafgeld für die Royal Bank of Scotland (RBS) beläuft sich auf über 600 Millionen Dollar. John Hourican, der Chef des Investmentbankings, muss gehen.

Bei der Deutschen Bank hat mit Anshu Jain derweil der oberste Investmentbanker das Erbe von Josef Ackermann angetreten. Dem Journalisten und Buchautor Georg Meck (»The Deutsche – Investmentbanker an der Macht«), der den neuen Co-Chef (zusammen mit Jürgen Fitschen) danach fragt, ob er angesichts der vielen Rechtsstreitigkeiten und Reputationsprobleme, die ihren Ursprung in seinem Verantwortungsbereich haben, der Richtige für den Spitzenposten sei, antwortet er: »Wenn man in diesem Bereich etwas ändern will, holt man sich am besten jemanden, der etwas davon versteht.«

So kann man es auch sehen.

KAPITEL 10
KAMPF UMS ERBE

Die Hauptversammlung der Deutschen Bank ist schon seit vier Stunden im Gange, Josef Ackermann hat bereits mehrere Fragerunden hinter sich, als ein Aktionär von ihm wissen will, was es denn zum Thema Nachfolge Neues gebe. Die Frage erscheint im Mai 2010, gerade mal ein Jahr, nachdem der Schweizer seinen Vertrag bis 2013 verlängert hatte, reichlich deplatziert. Alle erwarten, dass der Deutsche-Bank-Chef sie freundlich routiniert abräumt, wie es gewöhnlich seine Art ist: Das sei jetzt noch kein Thema, die Aktionäre könnten sich darauf verlassen, dass die Bank zur rechten Zeit eine gute Lösung parat haben werde. Dafür würden der Aufsichtsratsvorsitzende und er mit vereinten Kräften sorgen. Oder so ähnlich. Nichts Konkretes, schon gar nichts, woraus sich eine Meldung machen ließe.

Doch Josef Ackermann sorgt für eine Eilmeldung: Er sei »seit Monaten in intensiven Gesprächen mit dem Aufsichtsratsvorsitzenden über dieses Thema«, antwortet er, und die Medienvertreter im Saal horchen auf. Noch während er spricht, merkt der Schweizer, dass in seinen Worten eine unerwartete Dringlichkeit mitschwingt, und versucht sie wieder einzufangen: Das sei aber »aktuell noch nicht akut«.

Zu spät! Schon wenige Minuten danach läuft die Schlagzeile über den *Reuters*-Ticker: »Deutsche Bank will Ackermann-Nachfolge früh klären«. Der Vorstandsvorsitzende bekommt die Meldung auf dem Podium sofort vorgelegt und unternimmt erneut einen Versuch, das Gesagte ungesagt zu machen: Man habe ihn da offensichtlich missverstanden, es gehe bei den Gesprächen nicht etwa um einen

Wechsel vor der Zeit, sondern nur um den Fahrplan bis hin zum Wechsel.

Aber nachdem der Schweizer schon vor einem Jahr vorzeitig gehen wollte, glaubt keiner mehr so recht, dass er tatsächlich bis 2013 bleibt. Alle nehmen an, dass er sich ein Jahr früher verabschiedet. Dass also bis zur nächsten Hauptversammlung die Nachfolgefrage geklärt werden müsse. Für 2011 hat Ackermann bereits die neue Rekordmarke von zehn Milliarden Euro Gewinn vor Steuern im operativen Geschäft vorgegeben. Die Vermutung liegt nahe, dass dies der Schlussakkord für seine dann zehnjährige Amtszeit sein soll. Diese Erwartung hat er mit seiner Bemerkung jetzt bestätigt und damit genau das ausgelöst, was er stets partout vermeiden wollte: eine lange, quälende Nachfolgediskussion.

Es ist wieder einer dieser Momente: Warum sorgt Josef Ackermann immer wieder für Aufregung und Missverständnisse? Das V-Zeichen, die Zweifel an den Selbstheilungskräften der Märkte, der Schämen-Satz, der »wunderschöne Abend« im Kanzleramt? Und jetzt das?

Die Erklärung ist einfach: Keinen Wirtschaftsführer haben die Medien hierzulande auch nur annähernd so intensiv verfolgt wie den Schweizer. Niemand aber kann unter Dauerbeobachtung tagein tagaus, jahrein jahraus hochkonzentriert sein. Wer ständig in schwerer Rüstung unterwegs sein muss, um sich gegen die Pfeile von Konkurrenten und Widersachern zu schützen, braucht immer mal wieder eine Pause, in der er das Visier hochklappen und durchatmen kann. Oder, wie es Manfred Pohl, der frühere Haushistoriker der Bank, in seiner Biographie (»Josef Ackermann – Leistung aus Leidenschaft«) über den Schweizer formuliert: »Auch Lionel Messi verschießt gelegentlich einen Elfmeter.« Wenn man dies bedenkt und wie turbulent die Zeiten waren, zeugen eine Handvoll Ausrutscher, missverständlicher oder kontroverser Äußerungen während einer ganzen Dekade an der Spitze einer so wichtigen Institution wie der Deutschen Bank von großer Disziplin.

Hinzu kommt: So berechenbar und verlässlich der Schweizer normalerweise ist, von Zeit zu Zeit geht die Spontaneität mit ihm durch, die im Sternzeichen des Wassermann Geborenen gerne nachgesagt wird. Anke Leise und Beate Schnabel, seine beiden langjährigen Sekretärinnen, die ihn wie wenige andere kennen, beschreiben ihn übereinstimmend als »Freigeist«.

Einmal liest Josef Ackermann in der Zeitung vom Wunsch eines Schülers, ihn in seinem Büro besuchen zu können. Der Bankchef sorgt spontan dafür, dass der Wunsch in Erfüllung geht, und unterhält sich eine Stunde lang mit dem aufgeweckten Jungen hoch oben in den Türmen über seine Welt, während dessen Eltern unten im Foyer warten. Josef Ackermann mag Kinder und junge Leute, »weil sie so spontan und neugierig sind«. Spontaneität und Neugier, das kennzeichnet auch ihn.

Deshalb streicht der sonst stets so disziplinierte Mann immer mal wieder kurzfristig alle Termine für einen Tag aus dem Kalender; schüttelt seine Sicherheitsleute ab, setzt eine große Sonnenbrille auf und bummelt alleine durch eine Stadt. Oder legt das sorgsam vorbereitete Manuskript einfach beiseite und redet frei und ungeschützt. Offenbar braucht er solche kleinen Fluchten, um sich in dem Dickicht der Pflichten, das ihn umgibt, nicht selbst und sein inneres Gleichgewicht zu verlieren.

Die gelegentlichen Schwächen und Ausrutscher haben, so viel Aufregung und Ärger sie verursachen, auch ihr Gutes. Josef Ackermann bekommt dadurch Ecken und Kanten, klare Konturen. Und er wirkt menschlich, authentisch und glaubwürdig – zentrale Voraussetzung für Vertrauen, das wichtigste Kapital eines Bankers.

Am 27. Mai 2010 jedenfalls feuert der Schweizer ungewollt selbst den Startschuss für das Rennen um seine Nachfolge ab. Schon bald nach dem Start wird der erste Ausfall gemeldet. Michael Cohrs, in der Investmentbank zuständig für das klassische Industriegeschäft mit Fusionen und Übernahmen sowie Börsengängen und zusammen mit Anshu Jain (Wertpapierhandel), Rainer Neske (Privatkundengeschäft) und Jürgen Fitschen (Mittelstandskunden und Landesorganisation) erst ein Jahr zuvor in den Vorstand aufgerückt, kündigt seinen Ausstieg aus der Firma noch im laufenden Jahr an.

Damit fällt einer der von Ackermann persönlich am meisten geschätzten Kollegen in der Führung der Bank für die Nachfolge aus. Dem feinsinnigen und zurückhaltenden Mann mit deutschen Vorfahren und einem MBA der Harvard University hätte der Schweizer zugetraut, was er mit am wichtigsten für einen Deutsche-Bank-Chef hält: die beiden so unterschiedlichen Kulturen des Hauses, die einer traditionellen deutschen Bank und die einer angelsächsischen Investmentbank, die er selbst wenigstens halbwegs unter einen Hut gebracht hat, auch in Zukunft beisammenhalten zu können.

Cohrs, ein passionierter Fliegenfischer, hatte im zurückliegenden Jahrzehnt seinen als Königsdisziplin des Investmentbankings angesehenen Bereich, in dem die Bank früher unter »ferner liefen« rangierte, mit Geduld in die Spitzengruppe der globalen Berater für Fusionen und Börsengänge geführt. Sein Problem: Das klassische Investmentbanking mit seiner engen Kundenbeziehung steht zwar im Zentrum einer Investmentbank, die großen Gewinne fallen jedoch woanders an – im Handelsbereich. Den leitet Co-Chef Jain. Im ersten Quartal des Jahres hat er gerade rund 80 Prozent des Gesamtgewinns der Bank eingefahren. Und während Jain den Spitzenjob unbedingt will, ist der Nahkampf nicht die Sache des Gentleman-Bankers Cohrs. Er steigt aus dem Rennen aus, ehe es richtig in Gang gekommen ist.

Trotz der von Anshu Jain zu verantwortenden Milliarden-Verluste im Jahr 2008 vertraut Ackermann dem Chef des Wertpapierhandels die gesamte Investmentbank an. Die vielen Rechts- und Reputationsprobleme, die vor allem in Jains Handelsbereich ihren Ursprung haben, sind damals noch nicht bekannt. Abgesehen davon trennt sich der Schweizer nicht einfach von Führungskräften, »die viele Jahre lang gut gearbeitet haben und dann einmal einen Fehler machen«, wie er selbst sagt. Gute Entscheidungen, so seine Überzeugung, könne man nur treffen, wenn man Erfahrung habe. Und die hole man sich nicht zuletzt »auch durch Fehler«.

In den Augen der meisten Beobachter rückt Jain mit der Übernahme der gesamten Investmentbank zum Kronprinzen auf. Josef Ackermann jedoch kann nicht daran gelegen sein, das Rennen um seine Nachfolge bereits jetzt als entschieden erscheinen zu lassen. Er will nicht vor der Zeit eine »lahme Ente« werden, ein Chef auf Abruf sein. Was das heißt, hat er bei seinem Vorgänger Breuer zwei Jahre lang selbst aus nächster Nähe erlebt. »Der Torschützenkönig ist nicht automatisch auch der beste Mannschaftskapitän«, antwortet er deshalb vieldeutig, wenn er auf das Thema angesprochen wird.

Und Anshu Jain fehlt ja in der Tat noch einiges zum idealen Nachfolger. Neben der weiteren Expansion in den wachstumsstarken Schwellenländern sind mit dem Kauf der Postbank auch der deutsche Heimatmarkt und mit der zunehmenden Regulierung die Politik noch wichtiger geworden. Die Deutsche Bank ist nicht nur eine Bank, sie hat besonders in Deutschland eine wichtige politische Rolle, wie der Schweizer selbst erst mühsam lernen musste.

In punkto deutsche Politik aber weist der gebürtige Inder mit britischem Pass noch größere Defizite auf als der Deutschschweizer zu Beginn seines Regnums. Zudem spricht er so gut wie kein Wort Deutsch. Ein weiteres Handikap: Er steht für den Wertpapierhandel, also jenen Bereich des Investmentbankings, der seit der Krise weithin als Kasino-Banking verschrien ist. Entsprechend groß sind die Vorbehalte gegen ihn in Deutschland.

Um die aufkeimende Nachfolgedebatte zu stoppen, lässt der Schweizer zudem wissen, es mache ihm »sehr viel Spaß, in diesen turbulenten Zeiten die Bank zu führen«. Ihn motiviere besonders, an einem »besseren Finanzsystem« mitzubauen. Niemand, so die Botschaft, könne einfach davon ausgehen, dass er seinen Vertrag nicht bis 2013 erfüllen werde. Bis dahin aber sind es noch fast drei Jahre. Viel zu früh also, um über die Zeit nach ihm zu reden.

Tatsächlich hat der Schweizer an der Position, die er ein Jahr zuvor noch vorzeitig räumen wollte, wieder neu Gefallen gefunden. In aller Welt wird der Deutsche-Bank-Chef dafür bewundert, wie sicher er sein Haus durch die Krise gesteuert hat. Und der Rat des IIF-Präsidenten ist in der Diskussion um die Reform der Finanzbranche und neuerdings auch bei der Lösung der europäischen Staatsschuldenkrise überall gefragt. Josef Ackermann ist zum Doyen der globalen Finanzbranche aufgestiegen.

Mehr noch als in den Jahren davor jettet er rund um den Globus. Peking, Schanghai, Hongkong, Singapur, Tokio, Seoul, Neu Delhi, London, Paris, Den Haag, Mailand, Istanbul, St. Petersburg, Buenos Aires, Lima, Brasilia – das sind nur einige der Stationen, an denen er in diesen Monaten haltmacht. Und fast überall wird er vom Regierungschef oder Staatsoberhaupt empfangen.

Als Dominique Strauss-Kahn, der Chef des Internationalen Währungsfonds, über eine Sex-Affäre stürzt, dauert es nicht lange, bis auch der Name Ackermann als Nachfolgekandidat fällt. Sogar einflussreiche Mitglieder der Berliner Regierungskoalition wie der Union-Fraktionsvize Michael Fuchs setzen sich für den Schweizer als deutschen Gegenkandidaten zur französischen Finanzministerin Christine Lagarde ein.

Während sich Josef Ackermann zunehmend auf der großen Weltbühne tummelt, dreht sich die »speculatio praecox« (*Börsenzeitung*) um die Nachfolge zu Hause im Kreis. Stets aufs Neue werden die üblichen Verdächtigen aus dem Führungszirkel der Bank genannt, ihre jeweiligen Vor- und Nachteile gegeneinander abgewogen, um am Ende immer wieder festzustellen: Einen Kronprinzen gibt es nicht. Einmal steht der eine Kandidat im Scheinwerferlicht, dann wieder eine anderer.

Einmal rückt Risikochef Hugo Bänziger in den Fokus der Aufmerksamkeit. Die Global Association of Risk Professionals in New York hat ihn gerade frisch zum »Risiko-Manager des Jahres« gewählt. Und in Berlin siedelt er ein globales Zentrum für Risikomanagement an, das bis zu 700 hochqualifizierte Arbeitsplätze umfassen soll. Gibt hier jemand seine Bewerbungsunterlagen für den Top-Job ab?, fragen sich manche.

Wenige Tage darauf kommt dann plötzlich Deutschlandchef Jürgen Fitschen groß heraus. Fitschen, so die *Financial Times Deutschland*, sei »für die Deutsche Bank eine Schlüsselfigur« und gelte vielen als »zweitwichtigster Manager des Finanzkonzerns«. Sein Vertrag laufe in gut einem Jahr aus, werde er verlängert und finde Börsig nicht parallel dazu einen wirklich starken Nachfolger für Ackermann, wäre Fitschen »unweigerlich der ungekrönte König der Bank«. Dies würde »die Fliehkräfte zwischen dem deutschen Kern und dem angelsächsisch geprägten Investmentbanking noch verstärken – vor allem, wenn der von den Kapitalmärkten favorisierte Chefinvestmentbanker Anshu Jain an die Stelle Ackermanns rückte«. Der Artikel mutet manche schon damals wie ein Referenzschreiben für eine Doppelspitze Jain-Fitschen an.

Ende August 2010 beraten die Vertreter der Kapitalseite im Beisein des Vorstandsvorsitzenden auf einer Klausurtagung im Golfhotel Margarethenhof oberhalb des Tegernsees darüber, was der künftige Deutsche-Bank-Chef idealerweise für den Posten mitbringen sollte. Ergebnis: Der Neue sollte die Bank nach innen operativ führen und nach außen in der Welt repräsentieren sowie die Bank zusammenhalten können, sich im europäischen Kulturraum zu Hause fühlen und Deutsch sprechen – »eine Art Ackermann II«, wie das *managermagazin* schreibt. »Der Chef der Deutschen Bank«, hatte der Schweizer selbst einmal gesagt, »braucht ein gutes Verständnis der globalen Zusammenhänge, zugleich aber auch der deutschen Verhältnisse, und er muss die unterschiedlichen Kulturen in den verschiedenen Geschäftsbereichen zusammenführen können.« Dabei seien »Fähigkeiten und Charakter« wichtiger als der Bereich, aus dem er komme.

Als ich Josef Ackermann in diesem Herbst frage, wen er sich denn als seinen Nachfolger vorstellen könne, antwortet er: »So jemanden wie Axel Weber.« Aus seiner Bewunderung für den ehemaligen Volkswirtschaftsprofessor und amtierenden Bundesbankpräsidenten hatte er seit dem Rettungskrimi um die HRE keinen Hehl gemacht. In Axel Weber erkennt sich Josef Ackermann zu einem guten Teil selbst wieder.

In vielen Begegnungen hat er den Pfälzer als brillanten Analytiker, global vernetzten Notenbanker und, besonders bei der Rettung der HRE, als ebenso stressresistenten, besonnenen sowie entschlossenen und durchsetzungsfähigen

Akteur kennen- und schätzengelernt. Eine »Persönlichkeit«, die »steht, wenn es kritisch wird«, wie er sagt. Hinzu kommt: Weber ist völlig unbelastet von den Exzessen der Finanzbranche und deshalb für einen Neuanfang nach der großen Krise besonders glaubwürdig. Außerdem weiß er als Mitglied zahlreicher Aufsichtsgremien wie kein Zweiter, wo die Reise der Regulatoren künftig hingehen wird.

Allerdings hat er einen entscheidenden Nachteil: Er amtiert als Präsident der Bundesbank und gilt als Top-Kandidat für die Nachfolge von EZB-Präsident Trichet. Mit ihm ist für die Chefposition bei der Deutschen Bank also nicht zu rechnen.

Auf der Jahrespressekonferenz der Bank Anfang Februar 2011 geht alle Welt davon aus, dass Josef Ackermann in gut einem Jahr seinen Posten vorzeitig aufgibt. In seiner Heimat wird er inzwischen als Favorit für den Verwaltungsratsvorsitz bei dem internationalen Versicherungskonzern Zurich gehandelt. Jede Bewegung, jede Äußerung eines der potentiellen Kandidaten sehen die Medien jetzt unter dem Blickwinkel Nachfolge.

Was heißt es, wenn Josef Ackermann, der nicht gerade dafür bekannt ist, mit Lob großzügig umzugehen, seinen Finanzchef Stefan Krause auf offener Bühne für dessen kreativen Beitrag zur Strukturierung des Postbank-Erwerbs derart preist, dass dieser vor Stolz errötet? Ist es Zufall, wenn Anshu Jain, den Rucksack auf dem Rücken, sich nach der Veranstaltung zum ersten Mal länger unter die Medienvertreter mischt?

Wenige Tage später läuft das Rennen schlagartig heiß. Am Abend des 8. Februar 2011, es ist ein Dienstag, trommelt Bundesbankchef Weber kurzfristig die Mitglieder seines Vorstands zusammen und eröffnet ihnen im Vertrauen, dass er keine zweite Amtszeit anstrebe und damit auch nicht mehr für das Amt des EZB-Präsidenten kandidiere. Dies wolle er am folgenden Tag bekanntgeben.

Schon am frühen Morgen des darauffolgenden Tages kursieren in der Finanzgemeinde Gerüchte. Um 11 Uhr 32 meldet die Nachrichtenagentur *Reuters*, die Bundesbank beabsichtige im Verlaufe des Tages eine »Mitteilung zur beruflichen Zukunft« ihres Chefs zu machen. Die Bundesbank wolle das aber nicht kommentieren. Einige Minuten später legt die Agentur nach: Axel Weber stehe »nicht für den EZB-Chefposten zur Verfügung«. Um 12 Uhr 32 dementiert die Notenbank die »Gerüchte über eine bevorstehende Mitteilung« zur beruflichen Zukunft ihres Präsidenten, nicht aber, dass er vorhabe zurückzutreten.

Angela Merkel ist von Webers Amtsverzicht völlig überrascht. Als der Bundesbankchef die Bundeskanzlerin am Morgen telefonisch über seinen Entschluss unterrichtet, bittet sie ihn, den Rücktritt erst am Freitag zu verkünden, damit sie gleich auch einen Nachfolger präsentieren kann. Der Notenbankchef folgt dem Wunsch, auch wenn er dadurch für zwei Tage ein Kommunikationschaos in Kauf nehmen muss.

Dann aber wird es offiziell: Weber gibt sein Amt auf. Nachdem er die Käufe von Anleihen finanzschwacher Euroländer durch die EZB im Mai des vorausgegangenen Jahres abgelehnt hatte, sieht er sich unter seinen europäischen Kollegen zunehmend isoliert und vermisst offenbar die gewünschte Rückendeckung durch die Kanzlerin.

Der bevorstehende Abschied Webers von der Bundesbank verleiht der Nachfolgediskussion bei der Deutschen Bank zusätzlichen Schub. Was bisher bloß eine Wunschvorstellung von Josef Ackermann war, erscheint plötzlich als reale Option.

Zum Erstaunen des Schweizers regt sich daran allerdings sofort heftige Kritik. Obwohl Weber geahnt haben muss, dass er mit seinem hartnäckigen Eintreten für eine strikt stabilitätsorientierte Geldpolitik auch in der europäischen Staatsschuldenkrise die Krönung seiner Karriere mit dem Posten als EZB-Chef riskiert, war er seiner Überzeugung treu geblieben. »Ich werde mich für diesen Job nicht verbiegen«, hatte er schon im Oktober am Rande des G20-Treffens in Südkorea in kleiner Runde gesagt.

Diese Prinzipientreue und Geradlinigkeit werden dem Pfälzer, der sich erst einmal für ein Jahr als Gast-Professor an die renommierte University of Chicago verabschieden will, jedoch auch im eigenen Lande nicht gelohnt. Viele kreiden ihm an, aus der Verantwortung zu fliehen – und sprechen ihm kurzerhand auch gleich die Eignung für den Spitzenjob bei der Deutschen Bank ab.

Dafür führen sie etliche Argumente ins Feld: Webers fehlende Geschäftsbank-Erfahrung, sein Insiderwissen über andere Geldinstitute, das Kommunikationschaos um seinen Rücktritt und die Verärgerung, die sein überraschender Rücktritt angeblich bei der Kanzlerin ausgelöst habe.

Ein führender *Welt*-Journalist will dem Deutsche-Bank-Chef den Kandidaten Weber schon kurz nach der Rücktrittsankündigung in einem mitternächtlichen Gespräch im Regent-Hotel in Hongkong bemerkenswert engagiert ausreden: Der Bundesbanker verstehe doch nichts vom kommerziellen Bankgeschäft!

Ohne konkret auf den Pfälzer einzugehen, erwidert Ackermann, er habe offenbar falsche Vorstellungen von den Aufgaben eines Vorstandsvorsitzenden. Dabei gehe es weniger um banktechnische Detailkenntnisse als um die großen Linien und strategisches Denken. Im Übrigen könne »die richtige Persönlichkeit alles lernen«, Persönlichkeit hingegen könne man nicht lernen.

In den folgenden Wochen und Monaten setzen die *Welt* und ihr Schwesterblatt *Welt am Sonntag*, so hat es den Anschein, gleichwohl alles daran, Axel Weber als Nachfolger von Josef Ackermann zu verhindern. Sie können sich dabei offenbar auf starke Kräfte innerhalb der Bank stützen. Ende Februar berichtet die *Welt am Sonntag*, in der Deutschen Bank gebe es »breiten Widerstand« gegen den scheidenden Bundesbanker. Lasse der Vorstandsvorsitzende nicht von seinem Favoriten ab, sei gar eine »Palastrevolution« nicht mehr auszuschließen. Ackermann spiele »auf Zeit«. Damit wolle er Weber im Rennen halten, mit dem erst ab Mai Gespräche geführt werden könnten, nachdem er die Bundesbank verlassen habe. »Immer mehr führende Vertreter des Hauses« wollten dies nicht länger hinnehmen. »Ihre einhellige Meinung«: Entweder der Schweizer gebe jetzt ein »klares Bekenntnis für den Verbleib bis zum Ende seiner Amtszeit« im Mai 2013 ab und distanziere sich gleichzeitig von Weber, damit »wieder Ruhe in die Bank« komme, »oder der Prozess muss beschleunigt werden«.

Tatsächlich hat jedoch nicht nur Josef Ackermann Weber auf dem Zettel, sondern auch der zuständige dreiköpfige Nominierungsausschuss des Aufsichtsrats (Mitglieder: Clemens Börsig, sein Freund Tilman Todenhöfer sowie Ex-Bayer-Chef Werner Wenning). Sie wollen mit dem Bundesbankchef sprechen, sobald er aus dem Amt ausgeschieden ist. Zumal mit den Klagen der US-Regierung und der Stadt Los Angeles gegen die Deutsche Bank der Stern des internen Topkandidaten Jain gerade zusehends an Strahlkraft verliert.

Im April heizt ein Bericht der *Frankfurter Allgemeinen Sonntagszeitung* den »Kampf der Diadochen«, wie das Blatt die Auseinandersetzung um das Ackermann-Erbe nennt, weiter an. In der Bank gebe es »Getuschel«, Stefan

Krause, im Vorstand für Finanzen zuständig, habe eine neue Partnerin, ein »ehemaliges Model«, das in New York eine Lifestyle-Marke u.a. für »Taschen aus Krokodil- und Schlangenleder« betreibe. Die »glamouröse Jet-Setterin« habe eine »kurzfristige Vorgängerin« abgelöst, die der ehemalige BMW-Manager »an der nominellen Gattin vorbei« von München nach Frankfurt »mitgebracht« habe. Das »Zwischenglück« sei »eher unschön« zu Ende gegangen. Garniert wird das Ganze mit einem Schnappschuss, der das Paar in ausgelassener Stimmung bei einer Poolparty in Monte Carlo zeigt.

Als ich am Sonntagmorgen mit Josef Ackermann über den Bericht telefoniere, ist er für eine Weile sprachlos. In seinem langen Berufsleben hat er schon manches erlebt – aber eine solche Intrige ist ihm noch nicht untergekommen. Natürlich geht auch er davon aus, dass der Artikel nicht zufällig erschienen ist, sondern gezielt angestoßen wurde. Ich soll herausfinden, von wem.

Als langjähriger Journalist weiß ich, dass seriöse Medien ihre Quellen hüten wie ihren Augapfel. So bleibt nur die Frage: Cui bono? Schon am nächsten Tag verbreiten Spin-Doktoren in Frankfurt, mit dem Artikel sollte die gefährlichste deutsche Alternative zu Axel Weber im Vorstand der Bank diskreditiert und diesem der Weg geebnet werden. Der Schmutzfink sei demnach im Ackermann-Lager zu verorten. Der Pfeil aus dem Hinterhalt zielt auf mich.

Es ist eine bewusste und böswillige Falschinformation. Tatsache ist hingegen: Der Artikel lädt die Atmosphäre im Haus dramatisch auf, Unruhe und gegenseitiges Misstrauen nehmen sprunghaft zu. Diejenigen, die schon seit Monaten auf eine schnelle Lösung der Top-Personalie drängen, bekommen Rückenwind.

Und ich weiß jetzt endgültig, dass ein harter, auch über die Medien ausgetragener Erbfolgestreit bevorsteht, der die

Bank, ihren Chef und nicht zuletzt auch mich als Kommunikationschef vor besondere Herausforderungen stellt.

Um etwas Abstand vom Büro zu bekommen und meine Gedanken zu ordnen, setze ich mich am Nachmittag ins Auto, verlasse das Gehege der Geldtürme und fahre in den nahen Rheingau bei Wiesbaden. Die Gegend liebe ich seit meiner Zeit als Finanzkorrespondent des *Spiegel* in Frankfurt. Beim Wandern durch die Weinberge ist mir hier oft ein guter Einstieg in eine Geschichte oder ein zielführender Rechercheschritt eingefallen.

Der Zauber der malerischen Landschaft wirkt auch jetzt. Schon nach wenigen Minuten zu Fuß ist mein Kopf frei und ich sehe klar: Im Streit um das Erbe von Josef Ackermann bleibt mir, der ich immer einen offensiven Kommunikationskurs verfolgt hatte, nur die Defensive. Eine Parteinahme für oder gegen den einen oder anderen Kandidaten, intern oder extern, verbietet sich von selbst – unabhängig davon, wo die persönlichen Sympathien des Vorstandsvorsitzenden oder meine eigenen liegen mögen. Zusammen mit meinen Kollegen kann ich jetzt nur darauf hinweisen, dass die Bank in der glücklichen Lage ist, mehrere Optionen zu besitzen. Ich kann versuchen, tatsächlichen oder vermeintlichen Auseinandersetzungen, soweit sie öffentlich werden, die Schärfe zu nehmen, und stets der Überzeugung Ausdruck verleihen, dass so oder so am Ende ein gutes Ergebnis stehen wird.

Als ich Josef Ackermann am nächsten Morgen meine Überlegungen mitteile, stimmt er ohne Zögern zu: »Let's stay on the high road.« Will heißen: Wir verkämpfen uns in der Frage nicht!

Das öffentliche Ansehen des Schweizers hat gerade einen neuen Höhepunkt erreicht. In Washington verleiht ihm die einflussreiche außenpolitische Denkfabrik Atlantic Council für seine Verdienste bei der Bekämpfung der Finanzkrise den »Business Leadership Award«. Der ehemalige US-Präsident Bill Clinton schwärmt dabei auf offener Bühne von seinem »Freund Joe«. Der damalige Senator Chuck Hagel, heute Verteidigungsminister des Landes, hält die Laudatio. Als der Deutsche-Bank-Chef nach vorne geht, um den Preis entgegenzunehmen, ertönt aus den Lautsprechern der Gassenhauer »Das ist die Berliner Luft«. Ackermann hatte es sich so gewünscht.

In Frankfurt folgt bald darauf die traditionsreiche Auszeichnung als »European Banker of the Year« durch die internationalen Finanzjournalisten vor Ort, eine Ehrung, die in den Jahren zuvor EZB-Präsident Jean-Claude Trichet und dem Luxemburger Premier und Präsidenten der Eurogruppe, Jean-Claude Juncker, zuteilgeworden war. Und im feinen Grosvenor House Hotel an Londons Park Lane überreicht Princess Anne dem Deutsche-Bank-Chef bereits zum dritten Mal die begehrte Branchen-Trophäe »Bank of the Year« der Fachzeitschrift *IFR*.

In der *New York Times* und im *Spiegel* erscheinen große Porträts über Achermann. Das Hamburger Nachrichtenmagazin bezeichnet ihn als »mächtigsten Mann Deutschlands«, die wichtigste Zeitung der USA als den »mächtigsten Banker Europas«. Die *ARD* strahlt zur besten Sendezeit ein 45-minütiges Filmporträt des Deutsche-Bank-Chefs aus.

Angesichts der sich häufenden Rechtsstreitigkeiten unterstreicht Josef Ackermann auf dem Aktionärstreffen Ende Mai erneut, welche Bedeutung er Moral im Geschäft beimisst: »Wir wollen unsere Gewinne auf verantwortungsvolle Weise erwirtschaften«, sagt er. Obwohl er das so oder so ähnlich schon öfter gesagt hatte, wird es nun im Kontext der Nachfolgediskussion interpretiert. Auf die *Süddeutsche* etwa wirkt die Passage »wie ein Seitenhieb auf Jain«. Die

Zeitung konstatiert eine »Entfremdung« zwischen dem Bankchef und den Investmentbankern. »Seit Jahren« schon drifte der Schweizer »langsam weg von seinen einstigen Weggefährten«.

So sehen es offenbar auch einige Investmentbanker in London, sie fürchten um ihren Einfluss in der Bank und gehen zum Frontalangriff über. Längst zugeschüttet geglaubte Gräben brechen wieder auf. Am Samstag, dem 28. Mai 2011, zwei Tage nach der Hauptversammlung, berichtet die britische *Financial Times* auf ihrer Titelseite, Top-Manager der Bank stünden »am Rande eines offenen Krieges«, und zitiert anonym einen Londoner Deutschbanker, der Josef Ackermann hart attackiert. Dieser wirft dem Schweizer vor, entgegen den Regeln guter Unternehmensführung das Nachfolge-Verfahren an sich zu reißen (im englischen Original ist von »hijacking« die Rede) und sich zunehmend gegen Anshu Jain zu stellen. Der jedoch sei »eindeutig die Wahl der Investoren« und passe wegen seiner indischen Herkunft im Übrigen auch hervorragend zu der Strategie der Bank, gerade in den Schwellenländern Asiens zu wachsen.

Kurz darauf macht sich Laurence Fink, Chef des weltgrößten Investmentfonds Black Rock und zugleich größter Einzelaktionär der Deutschen Bank, für Jain stark: »Anshu hat einen phantastischen Job gemacht. Er wäre«, so Fink, »ein sehr guter Deutsche-Bank-Chef oder Chef irgendeiner anderen erstklassigen Finanzinstitution.«

Unterdessen hat sich der Nominierungsausschuss des Aufsichtsrats mit Axel Weber getroffen. Die Ober-Kontrolleure sind von dem Gespräch offenbar sehr angetan, ihr Anführer soll den Faden weiterspinnen.

Ende Juni verkündet jedoch der Schweizer Wettbewerber UBS für viele überraschend, dass der ehemalige Bundesbankpräsident im Mai des darauffolgenden Jahres in seinen

Verwaltungsrat eintreten und ein weiteres Jahr später dann dessen Vorsitz übernehmen werde. Der Posten ist eine dem Chairman im angelsächsischen Management Board vergleichbare Funktion ohne operative Verantwortung für das Tagesgeschäft, aber – anders als beim deutschen Aufsichtsratsvorsitzenden – mit bestimmendem Einfluss auf die Strategie.

Weber »hätte Ackermanns Nachfolge gerne angetreten«, schreibt die *Süddeutsche*, die mit dem Pfälzer anscheinend gesprochen hatte. Börsig habe ihm gegenüber aber »offensichtlich die Bedenken in den Mittelpunkt« gestellt, »ein klares Bekenntnis« zu ihm sei ausgeblieben.

Alle Welt fragt sich nun, hat der Aufsichtsratsvorsitzende es vermasselt? Hat er vielleicht sogar Ackermann ausgebremst? Oder hat Axel Weber für sich schlicht die bessere Lösung gewählt? Josef Ackermann weiß nicht, was er glauben soll. Er ist schwer verschnupft.

Sicher ist: Clemens Börsig ist kein begnadeter Unterhändler. Sicher ist ebenso: Er und Axel Weber sind sich noch fremder als er und Josef Ackermann. Und sicher ist schließlich: Der Posten in der Schweiz hat für den Ex-Notenbanker im Vergleich zur Deutschen Bank einige erhebliche Vorzüge.

Drei Einwände, die in Deutschland gegen ihn erhoben worden waren, entfallen hier. Erstens: mögliche Interessenkonflikte als ehemaliger Euro-Hüter und Bankenaufseher. Zweitens: die fehlende operative Erfahrung in einer Geschäftsbank. Und drittens: gewichtige Vorbehalte oder gar Widerstände beim neuen Arbeitgeber.

Josef Ackermann jedenfalls sieht sich düpiert. Nun muss er den Preis dafür bezahlen, dass er dem Thema Nachfolge immer zu wenig Beachtung geschenkt hat.

Ackermann ist kein Mensch, der in Seilschaften denkt. Daheim im Elternhaus in Mels hat er gelernt, dass jeder seines Glückes Schmied ist. Protektion erscheint dem Schweizer Demokraten als feudalistisches Überbleibsel, der Anhänger des Leistungsprinzips sieht darin eine Verzerrung des Wettbewerbs und eine Qualitätsbremse.

Abgesehen davon, dass nach dem deutschen Aktienrecht die Wahl des Vorstandsvorsitzenden dem Aufsichtsrat obliegt, denkt er so gar nicht daran, einen Nachfolger aufzubauen. Nach dem missglückten Wechsel 2009 muss er sich auf ausdrücklichen Wunsch des Kontrollgremiums dann doch um das Thema kümmern.

Anspruchsvoll und zugleich kompromisslos wie Ackermann ist, spricht er sich für den in seinen Augen besten Mann aus. Einen Externen, bis vor kurzem noch Bundesbankchef und EZB-Chef in spe, den zu holen so oder so keine leichte Übung sein würde.

Und diese delikate Aufgabe zu erledigen, die Personalie in trockene Tücher zu bringen, das muss der Schweizer dann jemandem überlassen, der nicht gerade für sein Fingerspitzengefühl bekannt ist. Und zu dem er seit seinem unnachsichtigen Kurs in der sogenannten Spitzelaffäre überdies ein angespanntes Verhältnis hat.

Schließlich, als wäre das immer noch nicht genug für Murphy's Gesetz: Just zu dem Zeitpunkt, da der Nachfolge-Prozess in seine entscheidende Phase kommt, ist der Deutsche-Bank-Chef durch Griechenland und die Euro-Schuldenkrise maximal absorbiert und als Shuttle-Diplomat ständig zwischen Europas Hauptstädten unterwegs.

Nach der Absage Webers geht alles ganz schnell. Anfang Juli, noch bevor der Nominierungsausschuss zur Vorbereitung der entscheidenden Sitzung des Aufsichtsrats über die Top-Personalien entschieden hat, können die Mitglieder des Kontrollgremiums der *Welt* entnehmen, Vorsitzender Börsig werde bald mit einem »plausiblen Vorschlag aufwarten«. Das Blatt weiß auch schon, wie dieser aussieht: Eine Doppelspitze aus Jürgen Fitschen und Anshu Jain habe »vieles von dem, was die Deutsche Bank jetzt braucht«. Der Deutsche könne dem gebürtigen Inder mit britischem Pass »den Weg dahin ebnen, eines Tages im Alleingang dieser schwierigen Aufgabe gewachsen zu sein«.

Eine Reihe von Arbeitnehmervertretern im Aufsichtsrat empfindet den Artikel offenbar als Versuch, sie vor vollendete Tatsachen zu stellen, und ist erbost. Bald darauf meldet *Spiegel Online*, neun der zehn Arbeitnehmervertreter hätten sich dafür ausgesprochen, dass Ackermann Börsig ablösen solle. Sie wünschten ein starkes Gegengewicht gegen den nach Webers Absage als Ackermann-Nachfolger gesetzten Investmentbanker Jain und das angelsächsische Element in der Bank. Mit dem Übergangskandidaten Fitschen als Co-Chef hielten sie dies nicht für ausreichend gewährleistet.

Marlehn Thieme, die Vertreterin der Leitenden Angestellten im Aufsichtsrat, Mitglied im Rat der Evangelischen Kirche Deutschlands und im Fernsehrat des *ZDF* sowie im Rat für Nachhaltige Entwicklung der Bundesregierung, den sie inzwischen leitet, wendet sich sogar offen und direkt an Ackermann. »Im Auftrag vieler leitender Angestellter« bittet sie ihn ebenfalls, sich entgegen seinen bisherigen Bekundungen in das Kontrollgremium wählen zu lassen. Der Schweizer habe sich, so sagt Thieme der Nachrichtenagentur *dpa*, dazu ihr gegenüber »nicht definitiv ablehnend geäußert«.

Zwei Tage bevor der Nominierungsausschuss des Aufsichtsrats am Sonntag, dem 10. Juli, in Frankfurt den Personalvorschlag für die Ackermann-Nachfolge verabschieden will, berichtet die *Welt* von dem Geheimtermin. Und meldet gleich mit, dass Chefkontrolleur Börsig nicht beabsichtige, für Ackermann »das Feld zu räumen«. Es ist die Ankündigung eines finalen Showdowns.

Der Chef der Deutschen Bank ist an diesem Freitag in London, um am Abend eine weitere Ehrung entgegenzunehmen. Die angesehene Zeitschrift *Euromoney* hat seinem Haus den Preis als »Best Global Bank 2011« zugesprochen. Die Coverstory des Fachmagazins ist eine Hymne auf den Schweizer, der »seit nunmehr fast einem Jahrzehnt seine Kritiker stets aufs Neue eines Besseren belehrt« und immer wieder Dinge erreicht habe, die »sie nicht für möglich gehalten« hätten. Mit der »Gewichtsverlagerung der Bank weg von der übermäßigen Abhängigkeit von seiner aus allen Rohren schießenden Investmentbank« zurück zu ihren deutschen Wurzeln sei ihm »vielleicht sein größtes Meisterstück gelungen«.

In seinem Hotel, dem Berkeley im Stadtteil Knightsbridge direkt am Hyde Park, vernimmt es Josef Ackermann mit Wohlgefallen – und geht bei Gurken-Sandwiches und Mineralwasser seine Optionen für die Zukunft durch.

Er könnte die prominente Preisverleihung am Abend nutzen und mit einem Big Bang zurücktreten. Alle Welt vermutet ja, dass er in nicht einmal einem Jahr ohnedies gehen wolle. So ließe sich die ungeliebte Zeit als »lahme Ente« vermeiden. Aber: Sähe das nicht wie Hinwerfen aus? Das ist nicht seine Art. Würde er dann nicht womöglich sogar als Verlierer betrachtet? Das will er auf keinen Fall.

In das Kontrollgremium der Bank zu wechseln und dessen Vorsitz zu übernehmen, war nie sein Ziel und ist es immer noch nicht. »Ich wäre ein schlechter Aufsichtsratsvorsitzender«, hatte er einmal öffentlich gesagt, »weil ich viel zu stark im Geschäft bin und nicht loslassen könnte.« Außerdem verfügt ein deutscher Aufsichtsratsvorsitzender über zu wenige Befugnisse, um einen Machtmenschen wie ihn zu reizen. Den ganzen Tag auf den Frankfurter Opernplatz hinunterzuschauen, gelegentlich eine Rede zu guter Unternehmensführung zu halten und Repräsentationspflichten nachzukommen – das ist nichts für Josef Ackermann.

Warum also nicht einfach weitermachen und seinen Vertrag bis 2013 erfüllen? Niemand könnte ihn daran hindern. International steht er im Zenit seines Ansehens. Beim Ringen der Eurostaaten um die Rettung Griechenlands vor dem Staatsbankrott und den Erhalt ihrer gemeinsamen Währung sitzt er für die Finanzbranche mit Staats- und Regierungschefs am Verhandlungstisch. Sein eigenes Haus hat im ersten Quartal ein glänzendes Ergebnis hingelegt, und auch das zweite ist gut gelaufen – alles ist so weit im Plan für das angepeilte Rekordergebnis von zehn Milliarden.

Andererseits: Erklärt er nun, bis 2013 bleiben zu wollen, würde das ein Tohuwabohu an der Spitze der Bank auslösen. Aufsichtsratschef Börsig wäre ein weiteres Mal mit der Nachfolgeregelung und damit endgültig gescheitert, Jürgen Fitschen, kaum jünger als Ackermann, hätte keine Chance mehr auf den Chefposten, und Anshu Jain müsste für zwei weitere Jahre in die Warteschleife – mit ungewissem Ausgang.

Die Entscheidung des gesetzlich zuständigen Gremiums hat der Schweizer so oder so zu respektieren. Die Doppelspitze Fitschen-Jain, die der Aufsichtsratsvorsitzende will, ist nicht seine Wunschlösung, aber es sind Kollegen, mit denen er seit vielen Jahren zusammengearbeitet hat. Alle Welt frotzelt ihn in diesen Tagen überdies schon an, dass es wohl gleich zwei Mann brauche, um ihn zu ersetzen – es gibt Schlimmeres! Auch auf Hermann-Josef Abs, der die Deutsche Bank nach dem Krieg wieder zu neuem Glanz geführt hatte, waren einst zwei Sprecher gefolgt.

Vor allem aber weiß Josef Ackermann, dass die Mitarbeiter ein Ende der ewigen Personaldiskussionen herbeisehnen, endlich Klarheit haben wollen und ihn gerne an der Stelle von Clemens Börsig auch in Zukunft weiter an der

Spitze dabei sähen. Müssten sie es nicht als eigensüchtig empfinden, würde er sich diesem Wunsch und einer Lösung verweigern, die die Bank befriedet? Würde sein guter Ruf bei der Truppe dadurch nicht schwer beschädigt?

Das gibt für den stark in militärischen Ehrkategorien denkenden Schweizer am Ende den Ausschlag. Und so ruft er Werner Wenning an, der in diesen Tagen als Vermittler zwischen ihm und Börsig hinter den Kulissen nach einem Ausweg aus der verfahrenen Lage sucht, und sagt ihm, dass er sich entgegen seiner Lebensplanung und trotz der hohen gesetzlichen Hürden für einen direkten Wechsel einem Ruf an die Aufsichtsratsspitze nicht verschließen würde.

Damit ist der Weg frei für einen Kompromiss: Jain und Fitschen sollen mit Ablauf der Hauptversammlung Ende Mai 2012 Co-Chefs der Bank werden. Clemens Börsig setzt damit seine Nachfolgelösung durch. Zum selben Zeitpunkt tritt er jedoch als Aufsichtsratsvorsitzender zurück. Seine Stelle soll künftig Josef Ackermann einnehmen.

Darauf einigen sich schließlich alle Beteiligten. Und diesmal bleibt alles unter Verschluss. Die mühsam gefundene Lösung darf nicht öffentlich zerredet, die erst gut zwei Wochen später anstehende Aufsichtsratssitzung nicht präjudiziert werden.

Am 25. Juli verabschiedet das Kontrollgremium der Bank einstimmig das Paket, das der Nominierungsausschuss mit dem Vorstandsvorsitzenden zusammen geschnürt hatte: »Ackermann stürzt Börsig«, titelt die *Financial Times Deutschland.* »Und er bleibt doch«, stöhnt die *Welt am Sonntag*, die den Schweizer bereits abgeschrieben und dicke Krokodilstränen geweint hatte.

Ermüdet von dem nervigen Nachfolge-Gezerre und der Schuldenkrise in Europa geht Josef Ackermann in den Sommerurlaub. Im Herbst spitzt sich die Lage auf den europäischen Finanzmärkten erneut zu. 2011 sollte für die Bank, so ihr Chef, nach einem »Jahr des Säens« eigentlich ein »Jahr des Erntens« werden. Doch die Staatsschuldenkrise macht dem Schweizer einen Strich durch die Rechnung, die Saat geht nicht auf. Der angepeilte Rekordgewinn von zehn Milliarden Euro in seinem letzten vollen Jahr an der Spitze des Vorstands gerät außer Reichweite, weil die Investmentbank ihre Ziele nicht erreicht. Und die Herausforderungen in der Eurozone werden immer größer.

Zugleich zeichnet sich auch immer deutlicher ab, dass ein direkter Wechsel in den Aufsichtsrat schwieriger wird als ohnehin schon vermutet. Die großen Investoren haben strikte Regelwerke für Corporate Governance, die einen solchen Jobtausch eigentlich nicht erlauben. Dies macht für Josef Ackermann ein sehr kleinteiliges, zeitaufwendiges Werben nötig, um mit Sicherheit die nötige Stimmenzahl zu erlangen. Ein Werben, das die Bank ihrem Vorsitzenden zudem nicht abnehmen kann, sondern das der selbst ganz persönlich auf sich nehmen müsste.

Die kontroverse Diskussion in der Öffentlichkeit tut ein Übriges. Zeitweise wird dort sogar über eine »Lex Ackermann« diskutiert, die dem Schweizer den direkten Weg an die Aufsichtsratsspitze per Gesetz verbauen soll.

Josef Ackermann wäre es gerade recht gewesen. Einen besseren Notausgang hätte er sich nicht wünschen können. Denn mit seiner Entscheidung vom Juli hat er sich nie wirklich wohl gefühlt. Sie war ihm immer nur als das kleinste Übel erschienen, aus der Not und der Situation geboren.

Soll er in der schwersten Krise seit Bestehen der Europäischen Union, in seinem Alter und mit seiner Lebensleistung reihum Vertreter von Kleinaktionären und Corporate-Governance-Verantwortliche der Großaktionäre abklappern, mit ihnen über sein Rollenverständnis als Oberkontrolleur diskutieren und sie bitten, für ihn eine Ausnahme von der Regel zu machen? Mit am Ende vielleicht dennoch ungewissem Ausgang? Und wäre es nicht auch Wasser auf die Mühlen aller, die behaupten, er könne nicht loslassen?

Ende August lässt der Schweizer in einem Hintergrundgespräch mit führenden Finanzjournalisten im Gästehaus der Bank, der Villa Sander direkt neben den Türmen, schon durchblicken: »Wenn ich auf der Hauptversammlung nicht gewählt werde, ist das kein Problem für mich.«

Anfang November 2011 sieht er dann den Moment zum Rückzug gekommen. Gerade hatte er seinen internationalen Bankerkollegen die Zustimmung abgerungen, auf die Hälfte ihrer Forderungen gegenüber Griechenland zu verzichten, damit den Weg zur Rettung des Landes vor dem finanziellen Kollaps und zum Zusammenhalt der Eurozone freigemacht und sich einen Platz in der europäischen Wirtschaftsgeschichte gesichert.

Ackermann teilt dem Aufsichtsrat mit, doch nicht für dessen Vorsitz bereitstehen zu wollen. Respektabler Ersatz ist bald gefunden: Paul Achleitner, einst Deutschland-Chef der Investmentbank Goldman Sachs und zuletzt viele Jahre im Vorstand der Allianz, soll Ende Mai 2012 den Posten übernehmen.

Nach Bekanntgabe der neuerlichen Volte spottet die *Börsenzeitung*, Ackermanns Kurs in eigener Sache sei »ungefähr so geradlinig wie die Streckenführung der Rhätischen Bahn«. Den Perfektionisten stört das selbst am meisten, aber im Laufe der Zeit hat auch er lernen müssen, dass das Leben nicht immer in geraden Bahnen verläuft. Seine größte Sorge ist, wie die Mitarbeiter reagieren. In wenigen Tagen steht eine Veranstaltung der Leitenden Angestellten im Hause an, bei der er eine Ansprache halten soll. Nie habe ich Josef Ackermann vor einem Auftritt nervöser erlebt.

Schon als er den Versammlungssaal betritt, merkt er jedoch, dass alles gut wird. Die Anwesenden empfangen ihn mit lang anhaltendem Beifall, manche haben sogar feuchte Augen. Sie spüren: Eine Ära geht zu Ende. Der Respekt überwiegt in diesem Moment die Enttäuschung. Ackermann ist erleichtert, eine schwere Last fällt von ihm ab, nun kann er im Mai 2012 guten Gewissens in seine Heimat zurückkehren und dort wie schon länger beabsichtigt den Vorsitz des Verwaltungsrats der Zurich-Versicherungsgruppe übernehmen, eine der bedeutendsten Assekuranzen der Welt.

Auch ich bin froh, dass die Ära Ackermann nun nach einem Jahrzehnt mit einem sauberen Schnitt enden wird. Nicht nur, weil dies zufällig mit meinem letzten Arbeitstag bei der Bank zusammenfällt. Eine Verlängerung als Chefkontrolleur – noch dazu eines Führungsduos, das für ihn nicht die erste Wahl gewesen war – würde weder der Bank noch seinem eigenen Rufe guttun. Aufgrund seiner außerordentlichen Prominenz würde die Öffentlichkeit alles, was bei der Deutschen Bank geschieht, weiter an ihm festmachen – auch wenn er das allermeiste davon in Wahrheit gar nicht entschieden hat. Ein Rezept für Konflikte.

Bis zur Jahrespressekonferenz im Februar 2012 behält Josef Ackermann die Zügel fest in der Hand. Erst in den letzten drei, vier Monaten seiner Amtszeit lässt er locker, um seinen Nachfolgern den Start zu erleichtern. Bis zum Schluss räumt der Schweizer noch möglichst viele Altlasten beiseite, treibt die Reform seiner Zunft voran und widmet seine Kräfte der Lösung der europäischen Schuldenkrise.

KAPITEL 11
VOM BANKER ZUM STAATSMANN

Es ist Donnerstag, der 20. Juli 2011. Im 8. Stock des Berliner Kanzleramts sitzen Angela Merkel und Nicolas Sarkozy zusammen mit Finanzminister Wolfgang Schäuble beim Abendessen. Der französische Staatspräsident war am Nachmittag kurz entschlossen von Paris nach Berlin geflogen, um mit der Bundeskanzlerin den Gipfel der europäischen Staats- und Regierungschefs am nächsten Tag in Brüssel vorzubereiten. Er muss ein Erfolg werden, sonst droht dem Euro ein Desaster.

Inzwischen ist neben Griechenland, Spanien, Portugal und Irland auch Italien ins Visier der internationalen Kapitalanleger geraten. Die europäische Staatsschuldenkrise, die seit Anfang 2010 den Kontinent und die Welt in Atem hält, treibt einem neuen Höhepunkt zu.

Um die Finanzmärkte zu beruhigen, ist ein zweites Milliardenprogramm für Griechenland erforderlich. Doch die Europäer sind sich uneins. Seit Wochen gibt Angela Merkel die eiserne Kanzlerin. Deutschland werde nur weiter Geld geben, wenn auch der Privatsektor mitmache, also Banken, Versicherungen und andere Investoren auf einen Teil ihrer Forderungen verzichten. Sogar das Gipfeltreffen selbst stellt sie bis zum Schluss in Frage. Es werde nur stattfinden, wenn es auch etwas zu entscheiden gebe.

Frankreich wehrt sich gegen einen Forderungsverzicht gegenüber Griechenland. Er träfe seine Banken besonders hart, da sie in dem Mittelmeerland stark engagiert sind und auf die Staatsanleihen Athens in ihren Büchern bisher kaum Abschreibungen vorgenommen haben. EZB-Chef Trichet ist ebenfalls dagegen. Er fürchtet, dass die Investoren bei einem Schuldenschnitt auch die Staatspapiere anderer Problemstaaten abstoßen, die Ratingagenturen einen solchen Verzicht nicht als freiwillig anerkennen und den Konkursfall für Griechenland erklären – genau das, was die Eurostaaten partout verhindern wollen. Ohne die Zustimmung der Europäischen Zentralbank ist eine Lösung aber undenkbar.

Merkel und Sarkozy beschließen an diesem Donnerstagabend deshalb, Jean-Claude Trichet nach Berlin zu bitten. Der Franzose sitzt gerade in Frankfurt mit seinen Kollegen vom Zentralbankrat zusammen, als ihn der Anruf aus der deutschen Hauptstadt erreicht. Er macht sich sofort auf den Weg. Ihm schwant, was man von ihm will: Er soll seinen Widerstand gegen einen Forderungsverzicht aufgeben.

Trichet weiß, dass Josef Ackermann in seiner Eigenschaft als IIF-Präsident seit Wochen hinter den Kulissen mit Banken, Ratingagenturen, Wirtschaftsprüfern und europäischen Politikern der höchsten Ebene berät, wie sich ein Forderungsverzicht bewerkstelligen lässt, ohne dass die Ratingagenturen Griechenland für zahlungsunfähig erklären. Der Schweizer ist in diesen Tagen und Wochen »omnipräsent«, so die *Frankfurter Allgemeine Zeitung*.

Noch am Donnerstag der Vorwoche hatte er Jean-Claude Juncker, den Chef der Eurogruppe der Finanzminister, in seinem kleinen Ministerpräsidentenbüro in Luxemburg aufgesucht, um mit ihm abzusprechen, wie man Deutschland und Frankreich doch noch auf eine Linie bringen kann. Beide halten eine Einigung für dringend geboten. Juncker will für Dienstag der folgenden Woche ein gemeinsames Treffen mit Bundesfinanzminister Schäuble und dessen französischem Kollegen François Baroin in Brüssel arrangieren. Doch daraus wird nichts. Der Franzose sagt ab. Nun hängt alles an Merkel und Sarkozy.

Bevor Trichet nach Berlin fliegt, ruft er Ackermann an, der sich bereits seit Dienstag in Brüssel aufhält, um mit Juncker, EU-Ratspräsident Herman van Rompuy und Kommissions-Chef Manuel Barroso den Gipfel vorzubereiten. Der Schweizer versichert ihm, dass er seine Banker-Kollegen zu einem freiwilligen Forderungsverzicht bewegen kann und der Euro dabei keinen Schaden nehmen werde.

Der EZB-Chef bleibt vorsichtig: »I take note«, ich nehme es zur Kenntnis, sagt er nur. Aber er vertraut letztlich auf Ackermanns Wort. Im Kanzleramt eingetroffen, gibt er seinen Widerstand gegen einen Forderungsverzicht der privaten Gläubiger auf. Der Weg ist frei für eine Einigung zwischen Deutschland und Frankreich und damit auch für eine Lösung auf dem Gipfel am folgenden Tag.

Die Staatsschuldenkrise war Ende 2009 als Folge der Finanzkrise ausgebrochen. Um ihre Banken und mit ihnen das gesamte Finanzsystem vor dem Zusammenbruch und die Wirtschaft vor einer neuen Depression zu bewahren, hatten die Staaten Europas enorme Kredite aufgenommen, rund 800 Milliarden Euro zusätzlich allein 2009. Die Schulden im Privatsektor, genauer: im Bankensystem, waren auf diesem Wege zu einem guten Teil zu öffentlichen Schulden geworden.

Dabei war der staatliche Schuldenberg in Europa schon vor der Krise auf schwindelnde Höhen angewachsen. Nach dem Beitritt zum Euro hatten vor allem die Südländer Griechenland, Italien, Spanien und Portugal, aber nicht nur sie, sich auf den niedrigen Zinsen ausgeruht, Jahr für Jahr an Wettbewerbsfähigkeit verloren, immer größere Leistungsbilanz- und Haushaltsdefizite angehäuft, kurz: über ihre Verhältnisse gelebt. Während etwa die Lohnkosten in

Deutschland seit der Jahrhundertwende kaum gestiegen waren, hatten sie in den genannten Ländern um etwa ein Drittel zugenommen.

Die internationalen Investoren waren angesichts der überbordenden Defizite zunehmend nervös geworden. Bereits 2007 hatte Thomas Mayer, damals Chefvolkswirt der Deutschen Bank in London, vor »wirtschaftlichen Tretminen mitten in Euroland« gewarnt, »die praktisch jederzeit explodieren können«. Über die gemeinsame Währung würden Erschütterungen in einem Land sich dann zwangsläufig auch auf die Gemeinschaft übertragen. Dennoch dauert es noch zwei Jahre, bis die erste Tretmine hochgeht.

Im Herbst 2009 räumt die neugewählte Regierung in Athen unter Giorgos Papandreou ein, dass die Neuverschuldung des Landes in diesem Jahr mit fast 13 Prozent des Bruttoinlandsprodukts (BIP) doppelt so hoch ausfallen werde wie zunächst kalkuliert und damit mehr als viermal so hoch wie die drei Prozent, die der Maastricht-Vertrag erlaubt. Rund 300 Milliarden Euro Schulden hat das Land inzwischen angehäuft. Das Haushaltsdefizit steuert auf die Rekordmarke von 125 Prozent des BIP zu, über das Zweifache der 60 Prozent, die der Maastricht-Vertrag als Obergrenze für den Euroraum vorsieht. Die EU-Finanzminister stellen Athen unter besondere Aufsicht. Bis Januar soll die neue Regierung einen umfassenden Reformplan zum Defizitabbau vorlegen.

Josef Ackermann erkennt sofort die Gefahr, die von Griechenland ausgeht. Obwohl das Land nur 2,5 Prozent der Wirtschaftsleistung der EU ausmacht, ist der gesamte Euroraum anfällig für eine Ansteckung. Weitere zwölf der insgesamt 16 Eurostaaten überschreiten ebenfalls bereits das Maastricht-Limit, darunter auch Deutschland. Auf einem Wirtschaftsgipfel im Kanzleramt Anfang Dezember, bei dem er zur Abwehr einer Kreditklemme einen Eigenkapitalhilfsfonds der Banken für Mittelständler vorschlägt und 300 Millionen Euro dafür bereitstellt, warnt der Schweizer vor tickenden »Zeitbomben«.

Eine Woche später explodiert die erste von ihnen. Am Dienstag, dem 8. Dezember 2009 kurz vor halb zwei am Nachmittag, blinkt auf Tausenden von *Bloomberg*-Terminals in Finanzinstituten rund um die Welt die Nachricht auf, dass die Ratingagentur Fitch die Kreditwürdigkeit Griechenlands in die B-Klasse herabgestuft hat. Eine Kettenreaktion beginnt. Die anderen Ratingagenturen folgen Fitch, die Investoren ergreifen die Flucht. Versicherungen und Pensionskassen müssen griechische Staatsanleihen pflichtgemäß abstoßen, sie sind zu riskant geworden. Die Zinsen für neue Schuldpapiere aus Athen schießen in die Höhe.

Im Januar legt die Regierung in Athen einen Plan vor, wie das Land bis 2012 wieder die Maastricht-Regeln erfüllen soll. Doch die Finanzmärkte wollen jetzt keine Pläne mehr, sie wollen Taten sehen. Spätestens bis Ende Mai muss Griechenland 25 Milliarden Euro refinanzieren. Es ist fraglich, ob Athen am Kapitalmarkt noch frisches Geld bekommen wird. Rasches Handeln ist gefragt.

Aber Europa ist sich über das Vorgehen uneins. Die EZB schließt ein Eingreifen zugunsten Griechenlands, etwa durch den Kauf von Staatsanleihen, aus. »Die Notenbank wird ihre Prinzipien nicht ändern«, so Jean-Claude Trichet. Die deutsche Regierung wehrt sich strikt gegen staatliche Finanzhilfen. Zur Begründung verweist sie auf die Verträge zur Währungsunion. Diese untersagen in der sogenannten Nichtbeistandsklausel eine solche Hilfe für andere Mitgliedsländer. Vor allem aber sieht sie sich mit dieser Haltung auf einer Linie mit der Volksmeinung. Der *Focus* drückt diese mit einem Titelblatt aus, auf dem die Venus von Milo den Griechen den Mittelfinger zeigt.

Josef Ackermann denkt da völlig anders. Er fühlt sich Griechenland eng verbunden. In der Schule hat er fünf Jahre lang die Sprache Homers gelernt und oft das Land bereist, eine seiner Jugendlieben war Griechin. Seit Anfang Februar 2010 lässt er hinter den Kulissen an einer Lösung für das Land arbeiten. Er weiß, die Investoren auf den Finanzmärkten brauchen bald ein starkes Signal.

Ende des Monats fliegt er selbst nach Athen, um Regierungschef Papandreou den Plan seiner Experten vorzustellen: Zuerst sollen sich die Griechen unzweideutig zur Konsolidierung ihres Haushalts verpflichten. Im Gegenzug könnten die bundesdeutsche KfW und ihr französisches Pendant, die Caisse des Dépôts, dann jeweils für fünf Milliarden Euro und private Investoren bis zu 20 Milliarden griechische Staatsanleihen kaufen. Ackermann hatte die Bereitschaft einiger großer Investoren bereits testen lassen – mit positivem Ergebnis.

Papandreou ist mit dem Vorschlag einverstanden. Noch am selben Tag kündigt er, wie gewünscht, öffentlich »brutale Maßnahmen« zum Defizitabbau an.

Als der Deutsche-Bank-Chef jedoch Kanzlerberater Jens Weidmann, heute Chef der Bundesbank, über seinen Plan informiert, lehnt dieser rundheraus ab. Auch wenn die Zahlung nicht direkt aus der Staatskasse erfolge und der größere Teil des Geldes von Privaten kommen solle, so argumentiert er, verstoße das Geschäft gegen die europäischen Währungsverträge. Außerdem würde man dadurch letztlich nur erneut mit Steuergeldern für die Banken die Kohlen aus dem Feuer holen. Nach den 500 Milliarden für den Soffin sei dies den Bürgern nicht mehr zu vermitteln. Was er nicht sagt: Vor den wichtigen Landtagswahlen in Nordrhein-Westfalen im Mai will die Regierung eine weitere unpopuläre Hilfsaktion mit Steuergeld vermeiden.

Der Deutsche-Bank-Chef hält die Absage für einen schweren Fehler. Er weiß, dass die heraufziehende Staatsschuldenkrise keine Rücksicht auf Wahltermine in Deutschland nehmen wird. »In Berlin fehlt es am nötigen Problembewusstsein«, klagt er mir gegenüber. »Am Ende wird dadurch alles nur noch teurer.«

Der Schweizer hatte sich nie der Illusion hingegeben, dass sein Plan die Krise verhindern könne. Dafür ist das Problem viel zu groß. Mit einer schnellen Reaktion will er jedoch Zeit gewinnen und einen weniger dramatischen Verlauf erreichen.

Wie zu erwarten, verschärft sich die Krise in den folgenden Monaten rapide. Athen fühlt sich von Europa im Stich gelassen und bringt den IWF ins Spiel. Ende April, Eurostat schätzt das griechische Budgetdefizit inzwischen bereits auf 13,6 Prozent, stuft die Ratingagentur Standard & Poor's die Kreditwürdigkeit des Landes gleich um drei Stufen herab. Die Kurse griechischer Staatsanleihen brechen ein. Und mit ihnen die Aktienmärkte in ganz Europa.

Nun zählen die zwei Monate zuvor vorgetragenen Einwände nicht mehr, Landtagswahlen hin oder her. Es gilt Schlimmeres zu verhüten, viel Schlimmeres. Zusammen mit dem IWF beschließen die Eurostaaten, Deutschland inklusive, Athen über die nächsten drei Jahre mit 110 Milliarden Euro unter die Arme zu greifen. EZB-Präsident Trichet ist nun auch bereit, griechische Staatsanleihen als Sicherheit zu akzeptieren.

Um im Parlament die Zustimmung von SPD und Grünen für das Hilfspaket zu bekommen und es so als Wahlkampfthema in NRW möglichst zu neutralisieren, drängt die Bundesregierung die Finanzbranche zu einem eigenen Beitrag. Obwohl vor einigen Wochen noch schnöde von Berlin abgewiesen, verweigert sich Josef Ackermann der Bitte nicht und wirbt bei seinen Kollegen um Unterstützung. Schon wenige Tage später kann er gemeinsam mit Bundesfinanzminister Schäuble ein Stillhalteabkommen gegenüber Griechenland verkünden. Es sieht vor, dass Deutschlands Banken und Versicherungen bestehende Engagements »nach aller Möglichkeit« aufrechterhalten und sich nicht zurückziehen.

SPD-Chef Sigmar Gabriel qualifiziert die Hilfe der Finanzbranche als »absolute Nullnummer« ab. Dabei sollte die Zusage allein die Deutsche Bank am Ende 400 Millionen Euro an Abschreibungen kosten. Gerade für ein globales Unternehmen, das etwa zur Hälfte ausländischen Aktionären gehört, war der Einsatz alles andere als selbstverständlich.

Natürlich wird Josef Ackermann auch in Sachen Griechenland nicht selbstlos tätig. Schließlich muss er sein Tun den Eigentümern der Bank gegenüber rechtfertigen können. Er geht jedoch von Anfang an davon aus, dass eine sich dramatisch verschlechternde Lage in Griechenland ganz Europa und damit auch sein Institut in Mitleidenschaft zieht, obwohl es dort direkt nur 500 Millionen Euro im Feuer hat. Im schlimmsten Fall droht sogar ein Zerfall der Währungsunion und damit ein gravierender Standortnachteil für Europas führende Investmentbank. Grund genug für den Chef der Deutschen Bank, sich zu engagieren.

Das erste Rettungspaket für Griechenland zeigt nicht die gewünschten Folgen. Für zehnjährige Griechenland-Anleihen verlangt der Markt bald 20 Prozent Zinsen. Deutsche Papiere kosten derweil nur drei. Auch spanische und portugiesische Anleihen kommen unter Druck. Die Ansteckungsgefahr erweist sich als real. Europas Banken leihen sich untereinander kaum noch Geld, die Zeiten erinnern bald an die schlimmsten Tage der Finanzkrise im Herbst 2008.

Wie damals ein Stabilisierungsfonds für die gesamte Branche nötig geworden war, muss jetzt ein Rettungsschirm für die gesamte Eurozone her. Am 10. Mai 2010 einigen sich die Mitgliedsstaaten und der IWF auf einen Fonds von 750 Milliarden Euro. Bereits tags zuvor hatte der europäische Zentralbankrat gegen die Stimmen der deutschen Mitglieder, Bundesbankchef Axel Weber und EZB-Chefvolkswirt Jürgen Stark, zudem beschlossen, künftig Staatsanleihen von Euroländern zu kaufen und so deren Wert zu stützen. Dieser Sündenfall der Notenbank zieht letztlich den Rücktritt zuerst von Weber, dann auch von Stark nach sich, trägt allerdings wesentlich zur Beruhigung der Märkte bei.

Wenige Tage danach ist der Deutsche-Bank-Chef wieder einziger Gast in der Talkshow von Maybrit Illner. Thema diesmal: Griechenland und der Euro. Die Sendung sollte einen politischen Wirbelsturm auslösen. Als die Gastgeberin Josef Ackermann fragt, ob es die Griechen denn jemals schaffen würden, ihre 300 Milliarden Euro Schulden im Ausland zurückzuzahlen, antwortet er, dies erfordere »unglaubliche Anstrengungen«. Ob das Land »über die Zeit wirklich in der Lage« sei, »diese Leistungskraft aufzubringen«, das wage er »zu bezweifeln«.

Die Äußerung des Schweizers betrachten viele Politiker wie seinerzeit den »Schämen«-Satz als Dolchstoß in den Rücken – als hätte er damit das von ihm selbst immer wieder geforderte europäische Rettungsprogramm als nutzlos erklärt.

Bundeswirtschaftsminister Rainer Brüderle (FDP) nennt die Aussagen »ärgerlich«, der parlamentarische Geschäftsführer der Unionsfraktion, Peter Altmaier, »unverantwortlich«. Die Kanzlerin hat dafür »null Verständnis«. Einige Tage später spricht sie Ackermann durch die Blume sogar so etwas wie eine öffentliche Kündigung als Berater aus. »Der Platz für ehrliche Ratgeber« aus der Finanzindustrie, so Merkel auf einer internationalen Konferenz im Berliner Finanzministerium, sei »noch relativ unbesetzt«.

Josef Ackermann kennt die selektive Wahrnehmung und Reiz-Reaktions-Muster der Berliner Republik inzwischen und regt sich darüber nicht mehr wirklich auf. Der Deutschbanker hatte Griechenland keineswegs abgeschrieben oder die Berechtigung des Hilfsprogramms für Athen in Zweifel gezogen – ganz im Gegenteil. Man müsse jetzt »alles tun, um Griechenland zu stabilisieren, Geld zur Verfügung stellen, aber gleichzeitig den Druck erhöhen«, hatte er bei Illner gesagt. Doch diese Passage war in den meisten Medienberichten über die Sendung einfach unter den Tisch gefallen. Sie beschreibt exakt die Politik, die Angela Merkel später einschlagen wird.

Die Kanzlerin verübelt dem Schweizer damals nicht nur seine Einschätzung der griechischen Leistungskraft. Sie hat neben dem »Schämen«-Satz und dem Hinweis auf das Abendessen im Kanzleramt kurz vor dem Wahltag im Vorjahr noch einen Vorstoß in schlechter Erinnerung, den der Deutschbanker kurz nach dem Wahlgang im November 2009 unternommen hatte.

Wie die Finanzkrise gezeigt hat, können Banken ab einer gewissen Größenordnung und Vernetzung nicht bankrottgehen. Die Staaten sind gezwungen, sie zu retten, weil ihre Pleite andere Institute in den Abgrund mitreißen, eine Kettenreaktion auslösen und das gesamte Finanzsystem zum Einsturz bringen würde. Sie sind im Fachjargon: too big to fail. Das wichtigste Disziplinierungsinstrument des Marktes und seine wichtigste Sanktion greifen bei ihnen nicht.

Josef Ackermann, durch und durch Marktwirtschaftler und Verfechter von Leistung und Wettbewerb, will den schwerwiegenden Systemfehler beseitigen oder zumindest seine Auswirkungen erheblich einschränken. Denn er bedeutet in der Konsequenz die Privatisierung der Gewinne und Sozialisierung der Verluste. Er fürchtet: »Das gefährdet die Akzeptanz unseres Wirtschaftssystems.«

Deshalb schlägt der Schweizer vor, in Europa einen von Banken und Staaten gemeinsam mit Kapital gespeisten Fonds einzurichten. Damit sollen von der Pleite bedrohte Banken restrukturiert und geordnet abgewickelt werden.

Ackermann ist dabei durchaus bewusst, dass die Geldhäuser einen solchen Fonds eigentlich alleine finanzieren müssten. Wichtiger aber erscheint ihm, dass er in überschaubarer Zukunft arbeitsfähig ist. Um in wenigen Jahren die notwendige Größenordnung zu erreichen, verfügen die krisengeschwächten Banken jedoch nicht über genügend finanzielle Ressourcen. Deshalb die Beteiligung der Staaten.

Später richtet die Bundesregierung zusammen mit einer Bankenabgabe selbst einen solchen Fonds ein, allerdings nur für Deutschland und nur mit Geld der Banken. Bis dieser in der Lage sein wird, selbständig auch nur eine mittelgroße Bank abzuwickeln, wird es allerdings Jahrzehnte dauern.

Der Vorschlag des Deutsche-Bank-Chefs löst wieder einmal einen öffentlichen Aufschrei aus: Die Vorstellung, dass der Steuerzahler weiter für Fehler von Banken zahlen soll, wird in der Politik weithin als Provokation empfunden und brüsk abgelehnt. Diesmal ist die Kanzlerin richtig sauer: »Manch einer, der im Finanzsektor arbeitet«, sagt sie in Anspielung auf Josef Ackermann, »riskiert schon wieder – lax gesagt – eine dicke Lippe.«

Wie schlecht die Stimmung zwischen der Regierungszentrale in Berlin und der Chefetage der Deutschen Bank nahezu das ganze Jahr 2010 über ist, zeigt sich noch im November des Jahres. Die Schuldenkrise in Irland hat sich gerade zugespitzt. Auf einer Pressekonferenz behauptet Regierungssprecher Steffen Seibert fälschlicherweise, Ackermanns Haus sei unter allen deutschen Banken am meisten davon betroffen. Als daraufhin der Börsenkurs deutlich nachgibt und Seibert sich weigert, seine Aussage unzweideutig zu widerrufen, weist die Deutsche Bank »die öffentlichen Mutmaßungen des Sprechers der Bundesregierung in aller Form als falsch und rufschädigend« zurück. Das Statement hat Seltenheitswert.

Erst die traditionsreiche Isny-Runde bringt das Eis zwischen Ackermann und Merkel wieder zum Schmelzen. Zu dem Treffen lädt der schwäbische Unternehmer Helmut Aurenz seit mehr als 30 Jahren Firmenchefs und Spitzenpolitiker in sein Landhotel Jägerhof im zu der Jahreszeit oft schon verschneiten Allgäu ein. Trotz vereinzelter gegenseitiger Spitzen erleben die handverlesenen Gäste dort eine Kanzlerin und einen Bank-Chef, die sich sichtlich bemühen, die jeweils andere Position zu verstehen und zum Wohle des Ganzen konstruktiv zusammenzuarbeiten. Die dramatisch verschärfte europäische Schuldenkrise lässt die beiden mächtigsten Personen des Landes wieder zusammenrücken.

Die Strategie des Schweizers zur Bewältigung der Krise ist von Anfang klar: Zuerst gilt es, Griechenland durch die Hilfe der anderen Eurostaaten vor dem Kollaps zu bewahren. Ziel: Zeit gewinnen. Diese Zeit muss das Land nutzen, sich selbst möglichst weitgehend zu sanieren. An eine vollständige Sanierung aus eigener Kraft ist ehrlicherweise nicht zu denken: Griechenland fehlt es schlicht und einfach an der wirtschaftlichen Wachstumskraft, um ein Defizit von über 300 Milliarden Euro (zuzüglich der Hilfsmilliarden) abtragen zu können. Mit Sparmaßnahmen allein, und seien diese noch so hart, ist dies nicht zu bewältigen. Als alle nur vom Sparen reden, verlangt der Deutsche-Bank-Chef deshalb auch schon früh eine Wachstumsstrategie für das Land.

Aber selbst damit wird sich nach seiner Meinung ein Schuldenschnitt zugunsten Athens am Ende nicht vermeiden lassen. Ackermann betrachtet einen solchen Schnitt zwar als unvermeidlich, sieht in ihm aber auch eine »Büchse der Pandora«. Denn damit hätten sich erstmals die Anleihen eines EU-Staates als nicht ausfallsicher erwiesen – mit möglicherweise gravierenden Folgen für Staatsfinanzierung, Anlageverhalten und Liquiditätspolitik von Banken.

Deshalb will er diese Büchse erst so spät wie möglich öffnen. Zum einen, um die Griechen zunächst zu maximalen Anstrengungen zu zwingen und den unvermeidlichen Forderungsverzicht der Gläubiger und damit auch den Ansehensverlust von Staatsanleihen möglichst gering zu halten. Zum anderen, um den Gläubigern Zeit zu geben, die zu erwartenden Verluste bilanziell zu verdauen. Vor allem sollen die anderen anfälligen Länder, besonders Spanien und Italien, notwendige Reformen einleiten und so die Ansteckungsgefahr reduzieren. Erst wenn das Vertrauen in die finanzielle Gesundung dieser Länder aus eigener Kraft groß genug ist und dort deshalb keine Forderungsverzichte drohen, kann Ackermann zufolge an einen Schuldenschnitt für Griechenland gedacht werden.

Exakt diesen Kurs wird später auch Angela Merkel steuern – und den Schweizer dabei als wichtigen Verbündeten an ihrer Seite haben. Mit keinem anderen Wirtschaftsführer, so denn auch die *Süddeutsche*, werde »hinter den Kulissen so eng kooperiert und vor der Öffentlichkeit so sehr die Distanz gesucht« wie mit dem Deutsche-Bank-Chef.

Im Juni 2011, seit Wochen tobt bereits eine heftige Diskussion über ein zweites Hilfspaket für Griechenland, wird dies für jedermann sichtbar: Auf einer Tagung der

Unionsfraktion zur Finanzmarktregulierung im Berliner Reichstag verspricht Ackermann der Kanzlerin, die Banken würden erneut ihren Beitrag leisten. »Wir sind uns unserer Verantwortung sehr bewusst«, so der Deutsche-Bank-Chef. »Wir wissen, dass die Bevölkerung in einigen Ländern nicht bereit ist, noch mehr Geld zu geben, ohne dass sich andere Gläubiger auch beteiligen. Das verstehen wir. Ich gehe davon aus, dass wir zu einer Lösung kommen werden.«

Tatsächlich verpflichtet sich Deutschlands Finanzbranche kurz darauf, »im Rahmen ihrer rechtlichen und wirtschaftlichen Möglichkeiten« über drei Milliarden Euro neu in auslaufende griechische Anleihen zu investieren. Vorausgesetzt, dass auch andere europäische Länder Ähnliches verabreden. Ein – zumindest an den Erwartungen gemessen – bescheidener Betrag, aber mehr ist zu diesem Zeitpunkt nicht zu holen. Schon dafür muss Ackermann kämpfen. Untreueklagen von Aktionären stehen zu befürchten.

In diesen Monaten sprechen wir viel über Europa und darüber, wie man unter den Deutschen wieder neue Begeisterung für das europäische Projekt entfachen könnte. Josef Ackermann ist ein überzeugter Verfechter der wirtschaftlichen und politischen Integration des Kontinents. Die Staatsschuldenkrise sieht er als Chance, dabei einen großen Schritt voranzukommen. In der öffentlichen Debatte um Griechenland und den Euro vermisst er »die größere Perspektive«. Deutschland, so sagt er, müsse seinen finanziellen Beitrag »im Lichte der künftigen Rolle Europas in der Welt« sehen.

Obwohl Schweizer und damit kein EU-Bürger, betrachtet er die Vertiefung der Union als Muss, wenn der Kontinent auch in der Welt von morgen noch eine Rolle spielen und sich zwischen den großen Blöcken USA und China, aber auch gegenüber anderen aufstrebenden Ländern wie Indien, Brasilien oder Russland behaupten will. »Man muss den Bürgern klarmachen«, sagt er, »dass alle europäischen Staaten ohne die EU in einigen Jahren politisch wie wirtschaftlich nur noch Randfiguren in der Weltpolitik sind, dann lässt sich auch die Krise wesentlich besser bekämpfen.«

Ein Staatsbankrott Griechenlands, so Ackermanns Sorge, würde andere finanzschwache Länder in Europa ebenfalls ins Wanken bringen, womöglich den Euro sprengen, damit den wichtigsten Integrationserfolg der Gemeinschaft zunichtemachen und deren Zerfall einleiten. Auch für seine Heimat wäre dies nach seiner Ansicht eine Katastrophe: »Die Schweiz kann in einer Art Bergfestung, umgeben von einem wirtschaftlich und sozial prekären und instabilen Umfeld, auf Dauer auch nicht glücklich leben.«

So wird der Deutsche-Bank-Chef endgültig zum Grenzgänger zwischen Wirtschaft und Politik. Der Mann, der seinen Posten in Frankfurt als Banker angetreten und dann in der Finanzkrise immer mehr politische Verantwortung übernommen hatte, entwickelt sich in den letzten beiden Jahren seiner Amtszeit im Kampf um die Rettung Griechenlands und des Euro immer mehr zum Staatsmann.

Manche, auch im eigenen Hause, sehen darin einen Ego-Trip, sprechen von »Joe-Show« und werfen dem Deutsche-Bank-Chef sogar vor, darüber die Führung seines Hauses zu vernachlässigen. Die Kritiker vergessen dabei allerdings, dass das politische Engagement des Deutsche-Bank-Chefs in der besten Tradition des Hauses steht. Ackermanns legendärer Vorgänger, Hermann-Josef Abs, hatte für Bundeskanzler Konrad Adenauer mit den Alliierten nach dem Zweiten Weltkrieg das Londoner Schuldenabkommen verhandelt, das die Reparationszahlungen für Deutschland regelte. Und Alfred Herrhausen hatte einst einen Schuldenerlass für die Dritte Welt vorgeschlagen.

Mehr noch aber: Bei der Lösung der europäischen Schuldenkrise geht es letztlich um nichts weniger, als die Grundvoraussetzung für eine global bedeutende Rolle der Deutschen Bank auch in der Zukunft zu sichern.

Josef Ackermann lässt sich denn auch nicht von seinem Engagement abbringen. Auf dem EU-Sondergipfel in Brüssel am 21. Juli 2011 verzichten die in Griechenland engagierten Finanzinstitute unter seiner Führung auf ein Fünftel des Werts ihrer ursprünglichen Forderungen. Sie tragen so 37 Milliarden Euro zu dem zweiten Hilfspaket für das Land in Höhe von insgesamt 159 Milliarden Euro bei.

Die französischen Banken waren ursprünglich nur zu 15 Prozent Verzicht bereit, doch der IIF-Präsident hatte sie überrumpelt. Unmittelbar vor dem Gipfel hatte er das Angebot kurzerhand auf 20 Prozent aufgestockt und dies den Kontaktmann der Eurogruppe zu den Banken, den italienischen Finanzstaatssekretär Vittorio Grilli, wissen lassen.

Bei seinen französischen Kollegen kommt das gar nicht gut an. Für sie geht es um viel Geld. Allein die größte Bank des Landes, BNP Paribas, hat in Griechenland fünf Milliarden Euro und damit den größten Betrag unter allen ausländischen Geldhäusern im Feuer. Die Franzosen wissen: Hinter Ackermanns Angebot kommen sie nun nicht mehr zurück.

Der Deutsche-Bank-Chef wäre auch bis 50 Prozent gegangen. Sein Institut hatte das ohnedies geringe Griechenland-Engagement bereits voll auf Marktwert abgeschrieben.

Und 50 Prozent sollten es am Ende auch werden. Die Lage in Griechenland verschlechtert sich weiter, das Land braucht immer mehr Geld. Die Euroländer verlangen von den Finanzinstituten einen größeren Beitrag. Mitte Oktober 2011 beginnen neue Verhandlungen zwischen IIF und Eurozone. »Trotz teils heftiger Kritik« an dem Deutsche-Bank-Chef, so berichtet *Bild*, zähle die Bundesregierung »erneut auf dessen Verhandlungsgeschick«.

Als die europäischen Staats- und Regierungschefs am 26. Oktober zu dem entscheidenden Gipfel zusammenkommen, hat Ackermann seinen Verband so weit, auf nominal die Hälfte ihrer ausstehenden Forderungen gegenüber dem griechischen Staat zu verzichten. Der Schweizer ist kurz zuvor von Brüssel nach Moskau abgereist, um ein lange geplantes Treffen mit dem russischen Präsidenten Dimitri Medwedew wahrzunehmen und die Wiedereröffnung des Bolschoi-Theaters mitzufeiern. In der entscheidenden Verhandlungsnacht steht er in seiner Suite im Ritz-Carlton-Hotel in der russischen Hauptstadt aber telefonisch ständig in Verbindung mit Charles Dallara, dem IIF-Geschäfts- und Verhandlungsführer in Brüssel. Morgens um drei Uhr Ortszeit Moskau gibt er grünes Licht für den historischen Schuldenschnitt.

Die anschließenden Verhandlungen über die konkrete Ausgestaltung des Abkommens ziehen sich noch Monate hin. Am 21. Februar 2012 können sich die Finanzminister der Eurostaaten und der IIF schließlich auf eine finale Lösung einigen. Zuvor hatte der Deutsche-Bank-Chef auf der Münchener Sicherheitskonferenz noch einmal vor dem »Sicherheitsrisiko« Griechenland gewarnt. »Wir müssen alles tun, um Europa zusammenzuhalten.« Anschließend war er direkt nach Athen geflogen, um die stockenden Umschuldungsverhandlungen mit der dortigen Regierung voranzutreiben.

Am 7. Februar, seinem 64. Geburtstag, sitzt er mit Lucas Papademos, dem damaligen Ministerpräsidenten des Landes, in dessen Amtssitz zusammen, während sich draußen die Demonstranten Straßenschlachten mit der Polizei liefern. »Politiker können schon einem ungeheuren Druck ausgesetzt sein«, sagt er mir nach seiner Rückkehr, »wir machen uns das in der Wirtschaft nicht immer genügend klar.«

Die privaten Investoren tragen am Ende 106 Milliarden Euro freiwillig zum Abbau der griechischen Staatsschulden bei, deren Verhältnis zum BIP dadurch von über 165 auf immerhin gut 132 Prozent sinkt. Dazu kommen weitere 30 Milliarden Euro an gesparten Zinszahlungen. In der Kombination aus nominalem Schuldenschnitt vorab und niedrigen Zinsen für die Anschlussanleihen bedeutet dies einen Forderungsverzicht von insgesamt über 70 Prozent. Dennoch ziehen weit über 80 Prozent der privaten Gläubiger freiwillig mit. Eine enorme Leistung, die die Aussichten für eine Lösung der europäischen Staatsschuldenkrise wesentlich verbessert und an der Josef Ackermann entscheidenden Anteil hat.

Doch das politische Engagement des Deutsche-Bank-Chefs für Europa beschränkt sich nicht bloß aufs Finanzielle. Landauf, landab, wo immer Josef Ackermann in diesen Monaten auftritt, geht es ihm um »die Schicksalsfrage dieses Kontinents«, plädiert er für eine Stärkung der europäischen Institutionen und vertiefte Integration: beim Jahrestreffen der Bilderberg-Konferenz, einer informellen Versammlung einflussreicher Personen aus Politik, Wirtschaft, Wissenschaft, Militär und Medien, in St.Moritz; vor einem deutsch-französischen Freundeskreis im Europaparlament in Straßburg; auf der Sicherheitskonferenz in München; selbst bei dem traditionsreichen Stiftungsfest der Bremer Eiswette, einem Zusammenschluss von Kaufleuten der Hansestadt, der unter anderem Rettungseinrichtungen für schiffbrüchige Seeleute unterstützt. Josef Ackermann gehöre, so Klaus

Schwab, Gründer und Chef des Weltwirtschaftsforums in Davos, der in seinem Leben viele Top-Manager erlebt hat, »zu den wenigen Unternehmensführern, die in globalen Zusammenhängen denken«.

Kurz nach der Einigung auf den Schuldenschnitt ist der Schweizer, wie schon im Jahr zuvor in Seoul, Gast beim G20-Wirtschaftsgipfel 2011 in Cannes. Das Treffen an der Côte d'Azur findet parallel zu und verschränkt mit dem Gipfel der G20-Staats- und Regierungschefs statt. Erneut wird ihm dort schmerzhaft bewusst, wie schwer ein vielstimmiges Europa es hat, in der Welt Gehör zu finden. Investoren fehle wegen der unzureichenden institutionellen Verfassung derzeit das Vertrauen in den Kontinent, sagt Ackermann dort, »wir müssen die Institutionen Europas erheblich verstärken«.

Von Cannes reist er nach Paris. Dort steht im ehrwürdigen Palais de Beauharnais, der Residenz des deutschen Botschafters in Paris, eine Rede vor über hundert geladenen Gästen aus der politischen, wirtschaftlichen und gesellschaftlichen Elite des Landes zur europäischen Staatsschuldenkrise an. Der Deutsche-Bank-Chef münzt sie in ein Plädoyer für eine engere Zusammenarbeit zwischen Deutschland und Frankreich zur Vollendung der politischen Union um. »Wir können nicht einfach nur in die Asche schauen, wir müssen eine neue Flamme der Begeisterung entzünden«, so Ackermann. Es gehe heute in Europa weniger um Krieg und Frieden als um die Verteidigung des europäischen Gesellschaftsmodells, um Selbstbestimmung, also letztlich um »die Verteidigung unserer Freiheit«.

Die *Frankfurter Allgemeine Zeitung* und *Le Monde* drucken die auf Französisch gehaltene Rede in Auszügen nach. Der Korrespondent des *Handelsblatts* in Paris fragt: »Wann hat man einen Banker das letzte Mal so reden hören?« Und die Londoner *Financial Times* stellt fest, der Deutsche-Bank-Chef, »seit langem einer der anerkannten Elder Statesmen der Finanzindustrie«, werde auch »politisch immer einflussreicher«.

Zugleich tut Josef Ackermann in diesen Monaten vieles, um seinen Nachfolgern den Start zu erleichtern. Wo immer er kann, schließt er Rechtsstreitigkeiten mit Vergleichen ab; er verkauft die Pharmafirma Actavis, auf der die Bank in der Krise sitzen geblieben war, und nimmt dafür erhebliche Abschreibungen in Kauf; er versucht, wenig profitable Teile des Asset Managements, vor allem in den USA, und die mit Sal. Oppenheim übernommene BHF-Bank loszuwerden – allerdings vergeblich. Er baut beschleunigt Risikoaktiva ab, um so die Kapitalkraft der Bank zu stärken. Und anderes mehr.

Parallel dazu forciert der Deutsche-Bank-Chef seine Anstrengungen für einen Kulturwandel in seiner Branche. Auf der *Handelsblatt*-Bankentagung Anfang September 2011 übt er heftige Kritik am eigenen Gewerbe: Es habe »noch keine wirklich überzeugenden Antworten« auf die Kritik gefunden, die den Geldhäusern selbst aus der »bürgerlichen Mitte der Gesellschaft« entgegenschalle. Sie müssten nach seiner Überzeugung ihre »gesamte Tätigkeit in allen Bereichen noch einmal gründlich daraufhin überprüfen«, ob sie damit ihren »genuinen Aufgaben als Diener der realen Wirtschaft gerecht werden«.

Die *Zeit* konstatiert eine Abrechnung mit den Auswüchsen in der eigenen Zunft, »die auch von einem Sprecher der Occupy-Bewegung hätte stammen können«. Die *Börsenzeitung* stellt die Rede unter die Überschrift »Ackermanns Damaskus« und sieht »Saulus auf dem Weg zum Paulus«.

Nach außen spielt der Schweizer sein politisches Engagement eher herunter. Die Finanzmärkte seien zuletzt »hochpolitisch« geworden, sagt er. Darauf müssten sich Bankchefs einstellen, wenn sie ihren Job gut machen wollen.

Doch es ist mehr als nur eine Anpassung an die Zeitläufte. Ackermann sieht sich in der Tradition der Bilderberger. Sie hatten einst die europäische Bewegung stark vorangetrieben und die Grundlage für die 1957 als früher Vorläufer der EU geschlossenen Römischen Verträge geliefert. Und er ist überzeugt, dass Europa an einer historischen Wegscheide steht. Als führender Banker des Kontinents spürt er, dass er wesentlich Verantwortung dafür mitträgt, welchen Weg in die Zukunft dieser nimmt.

Dass sein Eintreten für eine vertiefte Europäische Union dem Nicht-EU-Bürger ein Herzensanliegen ist, spüren auch seine Gesprächspartner in Brüssel – und sind ihm dafür dankbar. José Manuel Barroso, der Präsident der Europäischen Kommission, bescheinigt dem Schweizer zu dessen Abschied, »viele Jahre lang eine der führenden Persönlichkeiten in der europäischen Wirtschaftspolitik« gewesen zu sein. Ackermanns »zuverlässige Unterstützung« habe »der EU dabei geholfen«, durch die Finanzkrise zu steuern. Herman van Rompuy, Präsident des Europäischen Rats, erklärt zu demselben Anlass, »wie so viele andere, das Wissen und die Ratschläge« des Deutsche-Bank-Chefs während der Staatsschuldenkrise »stets als hilfreich empfunden« zu haben.

Und so wird die weitere Integration Europas zum Ceterum Censeo von Ackermanns letzten Monaten als Banker. Wie der römische Staatsmann und Feldherr Cato der Ältere jede seiner Reden als Senator mit der Forderung begann, Karthago müsse zerstört werden, gibt es bald keinen öffentlichen Auftritt des Bankers Josef Ackermann mehr ohne die Forderung nach einer vertieften europäischen Einigung.

In einer Rede über »Markt und Moral und die Verantwortung von globalen Unternehmen« bei der traditionsreichen Versammlung des Ehrbaren Kaufmanns zu Hamburg appelliert der Deutsche-Bank-Chef im November 2011 an sein Publikum, »über die Friedens- und Versöhnungsidee der Vergangenheit und auch über die bloße Wohlstandssicherung hinaus« neue Begeisterung für ein wahrhaft geeintes Europa zu wecken. »Es geht um unser Wirtschafts- und Gesellschaftssystem. Es geht um unsere Identität und darum, wie wir künftig in dieser Welt zusammenleben wollen. Es geht darum, ob unsere Kinder noch über ihr eigenes Schicksal entscheiden können oder fremdbestimmt leben müssen.« Die Zeit sei gekommen, »öffentlich intensiv darüber zu debattieren, was uns verbindet, was wir als Europa gemeinsam erreichen wollen, welche Institutionen es dazu braucht und welche Kompetenzen wir bereit sind, dafür an die europäische Ebene abzugeben. Wir alle, die wir Führungsverantwortung tragen, werden von unseren Nachkommen eines Tages daran gemessen werden, ob wir unserer Verantwortung gerecht geworden sind.«

Doch der dramatische und für einen Banker ganz und gar ungewöhnliche Appell verpufft. Der Grund dafür: Nach etwa zehn Minuten wird Ackermann jäh von Zwischenrufen eines Dutzends Occupy-Anhänger unterbrochen. Er sei »einer der skrupellosesten Bankmanager der Welt«, seine »Moralpredigt« sei »zynisch«. Zum Erstaunen des schockierten Publikums in der Industrie- und Handelskammer und zum Schrecken seiner Bodyguards, die sich sofort hinter ihm postieren, bietet der Schweizer den Störern seelenruhig an, nach vorne zu kommen und mit ihm zu diskutieren.

Als einer von ihnen mit Guy-Fawkes-Maske, dem Erkennungsmerkmal der Bewegung, eine sogenannte Anklageschrift zu verlesen beginnt, fordert er ihn allerdings auf, die Maske abzunehmen: »So viel Mut muss man schon aufbringen, dass man sein Gesicht zeigt. Etwas hinter einer Maske vorzulesen, finde ich feige.« Nach einigem Hin und Her und dem Versprechen, später ihr Anliegen vorbringen zu können, nehmen die Aktivisten wieder im Publikum Platz. In der anschließenden Fragerunde haben sie außer dem Vorwurf, Ackermanns »irrwitzige Renditevorgaben« hätten wesentlich zur Finanzkrise beigetragen, nicht viel vorzubringen. Der Deutschbanker hat leichtes Spiel mit ihnen.

Nicht nur Ackermanns eindringlicher Appell, mit neuer Kraft für ein vereintes Europa einzutreten, sondern auch sein Bekenntnis zu einer ebenso werte- wie leistungsorientierten Unternehmensführung geht über der spektakulären Protestaktion unter. Die Deutsche Bank, so der Schweizer, verstehe unter Leistung »nicht nur, ehrgeizige wirtschaftliche Ziele zu erreichen. Leistung misst sich nicht nur in Geld und Gewinn, Leistung bedeutet für uns auch mehr als sich bei all unserem Tun an Recht und Gesetz zu halten: Wir wollen alle unsere ökonomischen Ziele auf ehrbare Weise, also auf ethisch und moralisch vertretbare Art und Weise erreichen.«

Führungskräfte müssten »mehr sein als Experten ihres Fachs«. Sie brauchten darüber hinaus einen »ethischen Kompass, der sie sauber durch das Geschäftsleben leitet«. Sein Haus werde dies künftig »auch bei der Einstellung, Entwicklung und Beförderung« seiner Mitarbeiter berücksichtigen. »Und natürlich bei der Vergütung.« Diese müsse auf einem Verständnis von Leistung beruhen, »das genauso Wert auf das ›Wie‹ wie auf das ›Wieviel‹ legt«.

Anfang Dezember, beim Deutschen Wirtschafts-Forum der *Zeit* in der St. Michaelis Kirche, im Volksmund »Michel« genannt, kehrt Josef Ackermann wieder zum Thema Europa zurück: »Was braucht es noch, um die Menschen auf diesem Kontinent endlich wachzurütteln?«, ruft er den Versammelten zu. Jenseits von Europa gebe es gerade »für Deutschland keine Zukunft«. Ein »leidenschaftliches Plädoyer für ein geeintes Europa«, urteilt *Spiegel Online* diesmal, »so klar und eindringlich, wie es die deutsche Kanzlerin bisher nicht hinbekommen hat«.

Kurz vor Weihnachten wiederholt Josef Ackermann das Plädoyer vor 3000 Zuhörern beim Initiativkreis Ruhr in der Essener Philharmonie. »Es war eine große, vielleicht seine größte Rede«, schwärmt hinterher das *Handelsblatt*. »Der einstige Erzkapitalist tritt nun als Weltstaatsmann auf, als einer, der die Interessen seines Unternehmens vertritt, indem er über sein Unternehmen hinausdenkt.« Es habe immer Manager gegeben, »vor allem bei der Deutschen Bank«, die sich dem Gemeinwohl verpflichtet fühlten und die mehr im Sinn hatten als das »Wohl und Wehe ihres Instituts«. Hermann-Josef Abs gehöre dazu und Alfred Herrhausen. Mit dieser Rede und einigen Probeauftritten in den Wochen zuvor habe nun auch Josef Ackermann »bewiesen, dass er mehr kann als Geld verdienen«. Er sei »auch als Staatsmann aus dem Schatten seiner großen Vorgänger herausgetreten«.

Just zu dem Zeitpunkt, da der Schweizer für viele Bürger dem in der Erinnerung verklärten Alfred Herrhausen immer ähnlicher erscheint, wird auch auf ihn ein Sprengstoff-Attentat geplant. Den Übeltätern, italienischen Links-Anarchisten, gehen jedoch gottlob der konsequente Mordwille und die teutonische Präzision der Rote Armee Fraktion (RAF) ab. Josef Ackermann bleibt, dank aufmerksamer Mitarbeiter der Poststelle der Bank, unverletzt.

Um die Mittagszeit des 7. Dezember 2011 röntgen sie routinemäßig einen an den Bankchef »persönlich« adressierten braunen DIN-A5-Umschlag, schöpfen Verdacht und alarmieren die Polizei. Sprengstoffexperten des Landeskriminalamts in Wiesbaden holen die in Mailand aufgegebene Sendung ab. Wie sich rasch herausstellt, enthält sie eine funktionsfähige Briefbombe, die beim Öffnen schwere Verletzungen an Händen, Oberkörper und Gesicht hätte auslösen können.

In einem beigelegten Bekennerbrief ist von »Krieg dem Europa der Bankiers, Tod den Blutsaugern, die uns regieren«, die Rede. Marco Cuccagna, Generaldirektor der italienischen Steuereinzugsgesellschaft Equitalia in Rom, erhält eine ähnliche Sendung. Er ist weniger gut geschützt, verliert beim Öffnen einen Finger und muss an beiden Augen operiert werden.

Das oder Schlimmeres hätte auch Josef Ackermann oder einer seiner beiden Sekretärinnen passieren können, wäre die Sendung bis in sein Vorzimmer gelangt. Der Schweizer leert, ungeduldig wie er ist, durchaus auch schon mal selbst seinen Post-Eingangskorb.

Die Kunde von dem Attentatsversuch geht um die Welt. Das FBI schaltet sich ein, das New York Police Department verstärkt die Streifen vor dem Hauptquartier der Deutschen Bank an der Wall Street. Zeitungen bis hin nach Taiwan berichten von dem versuchten Anschlag auf Europas Topbanker. Aus dem Mann, der zu Beginn nichts anderes sein wollte als ein Banker, ist nolens volens der politischste Bankchef geworden, den die Deutsche Bank in ihrer bald 150 Jahre langen Geschichte gekannt hat.

KAPITEL 12
WAS BLEIBT

Der 31. Mai 2012 ist ein schwül-warmer Tag in Frankfurt. Eine sommerliche Hitze hat sich vorzeitig zwischen den Bankentürmen in Deutschlands Finanzzentrum eingenistet. Die ersten Besucher, die sich am Morgen zur Hauptversammlung der Deutschen Bank am Rande des Messegeländes aufmachen, begegnen Sprühwagen der Stadtverwaltung, die den Asphalt der Straßen mit Wasser kühlen.

Über 7000 Aktionäre, so viel wie nie zuvor, haben sich angemeldet, um das Ende einer Ära mitzuerleben, den letzten Arbeitstag von Josef Ackermann an der Spitze des größten Geldhauses der Nation. Schon zum Frühstück werden über 11 000 belegte Brötchen serviert. Aktionärsvertreter haben Kritik an dem Hickhack um die Nachfolge, zahlreiche Aktionsgruppen Protest angekündigt – gegen den Handel mit Agrarrohstoffen, Geschäfte mit Streubombenherstellern, die Verwahrlosung von geräumten Häusern in Amerika und manches mehr.

Globalisierungsgegner von attac schütten vor dem Eingang zur Festhalle übelriechende Gülle aus. Ein heißer, langer und turbulenter Tag steht bevor.

Seit Wochen hat Josef Ackermann diesem Tag in einer Mischung aus Ungeduld und Unruhe entgegengefiebert. Er will die Querelen um seine Nachfolge, die lange die Schlagzeilen über ihn dominiert hatten, vergessen machen, die Bilanz von zehn Jahren an der Spitze der Deutschen Bank ziehen. Es soll *sein* Tag werden. *Seine* Form der Abschiedsfeier.

Festivitäten zu seinem Abgang hatte der Schweizer nicht

gewollt. »Das passt nicht in die Zeit«, findet er. Und natürlich auch nicht zu den internen Reibereien der vorausgegangenen Monate. Ein privater »Apero« für enge Mitarbeiter und langjährige Wegbegleiter im Frankfurter Städel-Museum, ein Abschiedsessen im Kreise von Aufsichtsrat und Vorstandskollegen am Vorabend der Hauptversammlung in der Villa Sander, dem Gästehaus der Bank gleich neben den Doppeltürmen, das war's. Keine »Joe-Show«. Keine der zu solchen Anlässen üblichen Feierlichkeiten mit Honoratioren und Festreden wie kurz zuvor zur Verabschiedung des EZB-Präsidenten Jean-Claude Trichet. Sparkassen-Präsident Heinrich Haasis, der kurz darauf ebenfalls in den Ruhestand geht, braucht sich keine Sorgen zu machen, dass ihm der Deutschbanker die Schau stiehlt.

Ein Gefühl dafür, wie es auch hätte sein können, bekommen nur die Gäste eines festlichen Abendessens (Dresscode: Smoking), das die für ihre ausgeklügelten Gastmähler bekannte Industriellenwitwe Gabriele Henkel im März zum Abschied von Josef Ackermann in ihrer Villa in Hösel bei Düsseldorf veranstaltet. Dabei sind unter anderem der Entertainer Harald Schmidt, der Schauspieler Bruno Ganz, die Künstler Günter Uecker und Andreas Gursky sowie der Buchautor Peter Scholl-Latour. Der Abend endet mit einem minutenlangen Goldregen am dunklen Nachthimmel. Zum Abschluss des Feuerwerks steht »Alles Gute« am Firmament über Rhein und Ruhr. Und die Gastgeberin sagt zu ihrem Ehrengast: »Vergessen Sie Ihre deutschen Freunde nicht!«

Auf seine letzte Hauptversammlung hat sich Josef Ackermann besonders gründlich vorbereitet, immer wieder Veränderungen an seinem Redetext, den Schaubildern für die Großleinwand auf der Bühne und dem kurzen Film vornehmen lassen, in dem Menschen aus aller Welt ihre Meinung zu der Bank äußern. Noch penibler als sonst hat er die Sicherheitsmaßnahmen und die Einstellung des Teleprompters überprüft, um ja jede Störung und Panne auszuschließen.

Als der Versammlungsleiter Clemens Börsig an diesem Donnerstagmorgen kurz nach zehn das Aktionärstreffen eröffnet, ist die Halle, in der gewöhnlich Popkonzerte stattfinden, bis auf den letzten Platz gefüllt, sogar in den Fluren stehen die Menschen. Sie wollen den »umstrittensten und erfolgreichsten Banker Europas« (*Zeit*), den »Weltstaatsmann« (*Handelsblatt*) und »Pop-Star« (*New York Times*) ein letztes Mal live erleben.

Es ist auch Börsigs letzte Hauptversammlung bei der Deutschen Bank. Der Chefkontrolleur bedenkt den scheidenden Vorstandsvorsitzenden mit unerwartet warmen Lobesworten. Eine »Epoche« gehe zu Ende, sagt er, den »strategischen Entscheidungen« Ackermanns sei es zu verdanken, dass die Bank keine Staatshilfe gebraucht habe und »als Gewinnerin aus der Finanzkrise« hervorgegangen sei. Und, direkt an den Schweizer gerichtet: »Lieber Joe, dieser Erfolg wird immer mit Ihrem Namen verbunden bleiben.«

In dem Moment erheben sich die vielen Tausend Menschen in der Halle, um stehend Beifall zu spenden. Josef Ackermann ist freudig überrascht, strahlt übers ganze Gesicht und hebt abwehrend die Hände.

Als er später für seinen Rechenschaftsbericht selbst ans Rednerpult tritt, diesmal mit bordeauxroter statt der üblichen blauen Krawatte, zeigt auch er sich versöhnlich und lobt die Zusammenarbeit mit dem Aufsichtsratschef. Man spürt, diesen letzten gemeinsamen Tag in der Bank wollen die beiden Spitzenleute nicht belasten, sie ordnen ihr Ego dem Gesamtinteresse unter. Im Saal mag zwar so mancher denken: Welch schrecklich nette Familie! Die große Mehrheit der Aktionäre aber weiß die Disziplin zu schätzen.

Seine letzte Rede als Deutsche-Bank-Chef beginnt der Schweizer sehr persönlich und emotional: Der heutige Tag sei für ihn »ein Tag der Wehmut, vor allem aber der Freude«, sagt er. Er empfinde »Wehmut« beim Abschied von einem Land, das ihn »mit offenen Armen empfangen und stets mit Offenheit begleitet« habe. Vor allem aber freue er sich, weil er »eine gute Abschlussbilanz vorlegen« und die Bank »in guter Verfassung« in die Hände seiner Nachfolger übergeben könne.

Dann spricht der scheidende Bankchef gleich den für Aktionäre empfindlichsten Punkt seiner Bilanz an, den Kurs der Aktie. Zehn Jahre zuvor, als er an die Spitze des Instituts vorgerückt war, hatte er versprochen, das Haus wieder in die Gruppe der gemessen am Börsenwert zehn stärksten Banken der Welt zurückzuführen, der sie früher einmal angehört hatte. Dieses Ziel hat er jedoch weit verfehlt. Infolge der Finanzkrise und der europäischen Staatsschuldenkrise ist der Börsenwert seines Hauses um fast die Hälfte geschrumpft.

Einige Wettbewerber, die einst vor den Deutschen lagen, haben zwar noch mehr verloren. Auch wenn dies angesichts des aktuell niedrigen Aktienkurses »niemanden so recht glücklich machen« könne, »über die gesamte Dekade gesehen konnten wir die Konkurrenz überflügeln und Ihnen eine bessere Rendite liefern«, ruft Ackermann den Aktionären zu. Allerdings sind andere Geldinstitute aus boomenden Schwellenländern und durch die Finanz- und anschließende europäische Staatsschuldenkrise weniger betroffenen Regionen gleichzeitig an den Frankfurtern vorbeigezogen. Und das trotz der 25 Prozent Eigenkapitalrendite!

Josef Ackermann beschreibt den erfolgreichen Aufstieg der Deutschen Bank zu einer führenden Investmentbank, ihre Widerstandskraft in der großen Finanzkrise, den Kauf der Postbank und die stabilere Einnahmestruktur, die sie für die Zukunft noch besser gerüstet mache. Es ist, natürlich, ein Rechenschaftsbericht für die Menschen, die seinem Haus ihr Geld anvertraut haben.

Aber es ist mehr als das. Fast ein Drittel seiner Abschiedsrede an die Aktionäre widmet der Schweizer dem Thema gesellschaftliche Verantwortung. Er präsentiert die Gewinner des von ihm neugeschaffenen Mitarbeiterpreises für soziales Engagement, die er zu der Hauptversammlung eingeladen hatte, und lobt: »Diese drei Deutschbanker leben unser Motto ›Leistung aus Leidenschaft‹ in seiner vollen Dimension beispielhaft vor.« Ackermann spricht seinen Beitrag zur Rettung der Hypo Real Estate und Abwehr einer finanziellen Kernschmelze an, zur Reform des Finanzsystems und Bewältigung der europäischen Staatsschuldenkrise, den Rückzug aus Geschäften mit Streubombenherstellern und das Moratorium für Anlagen in Grundnahrungsmitteln.

Und er bekennt, dass sein Haus »in den Jahren des allgemeinen Überschwangs vor der Finanzkrise« dem von ihm seit Jahren stets wiederholten Grundsatz, wonach kein Geschäft es wert sein dürfe, den Ruf und die Glaubwürdigkeit der Bank aufs Spiel zu setzen, »nicht immer voll gerecht« geworden sei.

Dennoch sei er »stolz auf das gemeinsam Erreichte«. Man habe »eine neue Deutsche Bank gebaut«, eine Bank, die »sowohl im Hinblick auf Gewinn wie Stabilität und soziale Verantwortung zur Weltspitze gehört«.

Als der Schweizer seine Rede beendet, erheben sich die Aktionäre, die auch zwischendurch schon oft applaudiert hatten, zum zweiten Mal von ihren Sitzen und spenden stehend lange Beifall. Viele in der Halle sind bewegt. Auch und gerade der sonst immer so coole »Joe«. Seine Augen werden feucht. Er muss die Tränen unterdrücken.

Mir fällt in dem Moment sein Lieblingsvers aus Goethes Faust ein: »Wer immer strebend sich bemüht, den können wir erlösen.«

Josef Ackermann sieht sich erlöst. Am Ende hat er schließlich doch noch bekommen, worauf es ihm immer auch besonders ankam: die Anerkennung der Deutschen. Sie honorieren nicht nur seine Leistung als Banker, sondern auch seine Einsicht in eigene Fehler und seine ernstgemeinten Bemühungen, sie wiedergutzumachen. Selbst die schärfsten Kritiker drehen bei: Von einem »misslungenen Abschied« hatte die *Welt* noch am Morgen der Hauptversammlung in einem Vorbericht geschrieben. Tags darauf ist in dem Blatt von »Ovationen für den Vorstandschef« zu lesen.

Schon in den Wochen vor der Hauptversammlung hatte sich nach vielen negativen Berichten im Zusammenhang mit dem Nachfolge-Hickhack und Aufsichtsrats-Zickzack wieder ein positiver Tenor in den Medien durchgesetzt. Dem scheidenden Bankchef wird sein unermüdliches Engagement im Kampf gegen die europäische Staatsschuldenkrise und für Reformen in seiner Branche hoch angerechnet. Ihm wird zugutegehalten, dass er seinen Nachfolgern den Start erleichtern will und in den letzten beiden von ihm zu verantwortenden Quartalen noch über anderthalb Milliarden Euro an Altlasten in Form von Abschreibungen und Rückstellungen für Rechtsrisiken auf seine Kappe und damit entsprechend schlechtere Ergebnisse in Kauf nimmt.

Je näher sein letzter Arbeitstag rückt, desto mehr erscheint auch Josef Ackermanns Gesamtleistung über eine ganze Dekade im Blickfeld. »Die Ära Ackermann wird als eine stolze in die Geschichte der Deutschen Bank eingehen«, so das *Handelsblatt*. Seine Nachfolger, bilanziert *Bild*, »treten in große Fußstapfen«. Die *Zeit* meint, es sei gut möglich, dass der Schweizer den Deutschen »vielleicht gar fehlen wird«. Die *Frankfurter Allgemeine am Sonntag* vermag sich eine Welt ohne Ackermann »noch kaum vorzustellen. Er war der Mr.Wirtschaft. Nie langweilig, stets für eine Schlagzeile gut.« Ackermann habe sich »von den gefährlichen Machenschaften im Investmentbanking distanziert«, lobt der *Spiegel*. Und selbst die in der Nachfolgefrage so Ackermann-kritische *Welt am Sonntag* findet: »Ackermann war der richtige Vorstandschef in einem denkbar schwierigen Jahrzehnt.«

Am Abend der Hauptversammlung, als alles vorbei ist, gibt der Vorstandsvorsitzende wie immer bei diesem Anlass Auszubildenden der Bank und Aktionären noch eine Autogramm-Stunde. Diesmal will die Schlange der Wartenden fast kein Ende nehmen. Die Festhalle ist längst leer und teilweise abgedunkelt, die Handwerker sind schon dabei, die Aufbauten zu demontieren, als Josef Ackermann schließlich zu den Mitarbeiterinnen und Mitarbeitern in einem Seitenraum stoßen kann, die die Veranstaltung vorbereitet und begleitet haben, um mit ihnen wie üblich ein Bier zu trinken. Alle sind froh darüber, wie der Tag gelaufen ist, die Anspannung der vergangenen Wochen ist abgefallen.

Spät am Abend gehen wir in einem Steakhaus in der Nähe von Ackermanns Wohnung im Westend noch etwas essen. In bester Stimmung blickt der Schweizer bei einem Glas Rotwein zurück: Haben sich all die Mühen gelohnt? Die 80- bis 100-Stunden-Arbeitswochen? Das Leben aus dem Koffer in Jets und Hotels? Der nahezu vollständige Verzicht auf Privatleben? Der Raubbau an der Gesundheit? War es die vielen Anfeindungen wert?

Alles keine Frage! »Es war eine tolle Zeit«, sagt er. Die letzten, »politischen Jahre« seien »die wichtigsten« in seinem gesamten Berufsleben gewesen. In diesen Jahren habe er am meisten erreicht: für die Bank, die Gesellschaft und auch für sich. Im Nachhinein sei er froh, dass aus seinem 2009 geplanten Rückzug nichts wurde. Josef Ackermann weiß: Ein Platz nicht nur in der Geschichte der Deutschen Bank und der Finanzbranche, sondern auch in der Wirtschafts- und Finanzgeschichte dieses Landes und Europas ist ihm sicher.

Was wird im kollektiven Gedächtnis der Deutschen von dem Schweizer einmal bleiben?

Ist es das Victory-Zeichen? Die 25-Prozent-Rendite? Dass er der Finanzkrise durch seinen Ehrgeiz und sein Erfolgsstreben den Boden mitbereitet hat? Die Verfehlungen von Mitarbeitern seines Hauses in seiner Ära?

Oder dass er Deutschlands größtes Geldhaus zu einem globalen Spieler geformt, es sicher durch die größte Finanzkrise seit Menschengedenken gebracht und dann unter anderem durch den Kauf der Postbank weniger abhängig vom Investmentbanking gemacht hat? Dass er sich geschämt hätte, Steuergeld in Anspruch nehmen zu müssen? Sein Beitrag zur Rettung von IKB und Hypo Real Estate und damit zur Rettung des Finanzsystems vor dem Kollaps, zur Reform seiner Branche, der Schuldenschnitt für Griechenland und sein Engagement für Europa? Die Reue, die er für die Exzesse seiner Branche gezeigt hat, und die Bereitschaft, am Ende einer langen, erfolgreichen Karriere noch einmal umzudenken und umzusteuern?

Bleibt vor allem der Banker oder der Staatsmann, der Sünder oder der reuige Büßer? Saulus oder Paulus?

Es wird wohl ein Sowohl als auch sein. Der Staatsmann ist nicht ohne den Banker denkbar, der Büßer nicht ohne den Sünder, Paulus setzt Saulus voraus.

Unter dem Schweizer habe die Deutsche Bank zunächst »bei riskanten Investitionen mitgemischt«, sich aber »später wieder mehr auf das Kundengeschäft« besonnen, fasst die *ARD* in den *Tagesthemen* die Ära Ackermann am Abend seines letzten Arbeitstages kurz zusammen. »Ackermann steht sowohl für die Gier der frühen ›Nuller-Jahre‹ wie auch für die neue Verantwortungsethik«, urteilt die *Süddeutsche.*

Der Journalist und Buchautor Andrew Ross Sorkin hat in seinem Bestseller über die Finanzkrise (»Too Big To Fail«) deren Ursprung wie folgt charakterisiert: Sie sei »letztendlich ein menschliches Drama«, eine »Geschichte über das Versagen von Menschen, die sich selbst für zu groß hielten, um zu versagen«.

Für Josef Ackermann gilt dies nicht. Sein Ego und seine Eitelkeit sind gewiss nicht klein, aber als jemanden, der sich für unfehlbar hält, habe ich ihn nie wahrgenommen. Davor haben den Schweizer schon seine Herkunft und Familie, aber dann auch die tiefgreifende Erschütterung durch den Mannesmann-Prozess bewahrt.

Die Krise an »Gier und Hybris« festzumachen, sei ohnedies »zu simpel«, schreiben die Verfasser des Berichts der Nationalen Kommission zur Untersuchung der Ursachen der Finanzkrise in den USA (»The Financial Crisis Inquiry Report«). Das Problem sei nicht menschliche Schwäche gewesen, »sondern menschliche Schwäche nicht einkalkuliert und entsprechend Vorsorge getroffen zu haben«. Gemeinsam, wenn auch sicher nicht einstimmig, habe die Welt »ein System, ein Regelwerk hingenommen bzw. unterstützt, das zu den bekannten Problemen geführt hat«.

So ist es. Was wir heute nahezu einhellig ablehnen, haben gestern noch viele positiv oder zumindest neutral gesehen. Auch Werturteile sind zeitbedingt. Nicht alle, aber viele.

Das vergessen wir leicht, wenn wir über die Vergangenheit urteilen.

In seiner bemerkenswerten »Berliner Rede« zur Finanzkrise hat Bundespräsident Joachim Gauck darauf hingewiesen, dass sich »auch Führende« als »Verführte« erweisen können. Top-Manager werden von der Öffentlichkeit immer als Treiber wahrgenommen. Und so stellen sie sich ja auch selbst gerne dar. Aus der Nähe betrachtet sind sie aber selbst Getriebene. Das gilt auch für so starke Führungspersönlichkeiten wie Josef Ackermann.

Der wahre Treiber in unserem marktwirtschaftlichen System ist der Wettbewerb. Globale Unternehmen wie die Deutsche Bank müssen um die Gunst der globalen Kapitalanleger, allen voran der sogenannten institutionellen Investoren, kämpfen und für diese attraktive Renditen erzielen, wenn sie nicht untergehen wollen. Was weithin übersehen wird: Hinter diesen Investoren (Lebensversicherungen, Kapitalanlage-Gesellschaften oder Pensionsfonds) stehen letztlich oft normale Bürger, Arbeiter und Angestellte, die für ihr Alter sparen und einen möglichst hohen Ertrag wollen.

Gier und Hybris kommen sowohl bei Anlegern wie bei Unternehmensführern vor. Der Mensch ist nun einmal, wie er ist. So berechtigt es sein mag, seine Schwächen stets aufs Neue zu geißeln und nach Kräften dagegen anzukämpfen – entscheidend ist am Ende etwas anderes: Moralisches Versagen, Grenzüberschreitungen und Regelverstöße werden sich nie ganz verhindern lassen. Sie kommen aber in der Breite erst richtig zum Tragen, wenn die sogenannte Rahmenordnung, also die politische und wirtschaftliche Ordnung des Gemeinwesens inklusive vor allem der Rechtsordnung, nicht stimmt. »Alle moralischen Appelle helfen nichts«, so Josef Ackermann, »wenn die Anreizstrukturen falsch sind oder die Moral des ehrbaren Kaufmanns von einem weniger ehrbaren Wettbewerber ausgebeutet werden kann.«

Gesellschaftlich erwünschtes Verhalten, ehrbare Kaufleute und Banker können wir verlässlich nur erwarten, wenn allgemeingültige Spielregeln dafür sorgen, dass ehrbare Kaufleute und Banker auch unter den Bedingungen einer (globalen) Wettbewerbswirtschaft erfolgreich sein können. Alles andere droht die Menschen, die an der Spitze von großen internationalen Banken und Unternehmen stehen, zu überfordern. Schon um an die Spitze zu gelangen, müssen sich solche Top-Manager gegen scharfe Konkurrenz behaupten und laufen dabei Gefahr, moralisch abzustumpfen.

In seinem Standardwerk »Grundsätze der Wirtschaftspolitik« schreibt Walter Eucken, Gründervater der Sozialen Marktwirtschaft, von den Menschen dürfe »nicht gefordert werden, was allein die Wirtschaftsordnung leisten kann: ein harmonisches Verhältnis zwischen Eigeninteresse und Gesamtinteresse herzustellen«. Eine Ethik, die vom Einzelnen verlangt, systematisch gegen sein Eigeninteresse zu verstoßen, ist wirkungs- und damit nutzlos. Oder wie es der im Februar 2013 zurückgetretene Papst Benedikt schon als Kardinal Joseph Ratzinger ausgedrückt hat: »Eine Moral, die die Sachkenntnis der Wirtschaftsgesetze überspringen zu können meint, ist nicht Moral, sondern Moralismus. Also das Gegenteil von Moral.«

Das heißt nicht, dass individuelle Tugendhaftigkeit und persönliche Moral nicht zählen. In einer dynamischen Welt können nicht alle Eventualitäten vorhergesehen und in der Rahmenordnung berücksichtigt werden. Schon deshalb ist ein ethischer Kompass, ist moralische Selbstverpflichtung für Unternehmensführer wichtig. »Nationalökonomisch dilettantischer Moralismus«, so Wilhelm Röpke, ein anderer der Gründerväter der Sozialen Marktwirtschaft, sei »ebenso abschreckend wie moralisch abgestumpfter Ökonomismus«.

Aber politische Versäumnisse bei den Spielregeln für

das Wirtschaftsgeschehen lassen sich durch individuelle Tugend nicht ausgleichen. Eine »ethische Besserung des Menschen« könne »die Schäden der Ordnung« nicht beseitigen, so Eucken. Diese müsse vielmehr so sein, »dass sie den Menschen das Leben nach ethischen Prinzipien ermöglicht«. Tugend muss sich ebenso lohnen wie Leistung. Besser noch: Sie muss integraler Bestandteil derselben werden.

So unmoralisch und verabscheuungswürdig wir manche Verhaltensweisen von Bankern finden mögen, die zur Finanzkrise beigetragen haben: Moral hängt in der Marktwirtschaft nicht vom guten Willen des Einzelnen ab. »Der Wohlstand aller ist nicht im Wohlwollen der Akteure begründet«, so der renommierte Wirtschaftsethiker Karl Homann (»Ethik in der Marktwirtschaft«), der das Moralverständnis von Josef Ackermann stark beeinflusst hat. Es zeuge von »Blindheit und Selbstgerechtigkeit, wenn ausgerechnet Politiker von den Banken verlangen, die Versäumnisse der Politik durch individuelle Tugenden wie Mäßigung zu kompensieren«.

Wir ziehen also die falschen Lehren aus der Jahrhundertkrise, wenn wir uns auf moralische Tribunale kaprizieren und in Banker-Schelte erschöpfen, statt das weltweite Bankensystem gebührend umzubauen und ihm den richtigen Ordnungsrahmen zu geben.

Wirtschaftlicher Wettbewerb ist ein Mittel, kein Zweck. Sein Zweck ist es, Fortschritt und Wohlstandsgewinne für alle zu erreichen. Darin, und nur darin, findet er seine moralische Rechtfertigung. Ohne diese Finalität begründet er nur die Herrschaft des Starken über den Schwachen und wird ruinös – auch ethisch-moralisch.

Markt und Wettbewerb führen nun aber nicht selbsttätig zum Gemeinwohl. Sie brauchen Regeln, damit weder das unternehmerische Gewinnstreben noch das Renditestreben von Anlegern in Gegensatz zur Moral gerät. Dabei kann es in einer freiheitlichen Gesellschaft nicht darum gehen, das Eigeninteresse zu fesseln. Es gilt vielmehr, dieses in eine Richtung zu lenken, die auch das Gemeinwohl fördert. Die Moral muss in den Spielregeln verankert sein, der Wettbewerb weiter in den Spielzügen stattfinden können, wie Homann es ausdrückt.

Josef Ackermann ist ein überzeugter Anhänger von Marktwirtschaft und Wettbewerb. Die Finanzkrise hat ihn schmerzlich daran erinnert, dass weder Menschen noch Märkte vollkommen sind. Sie hat ihm den moralischen Kompass ins Bewusstsein zurückgerufen, den sein Vater ihm einst mit auf den Weg gegeben hat, und ihn nach einer langen Phase der Deregulierung die Bedeutung der staatlich gesetzten Rahmenordnung neu entdecken lassen. Der Schweizer erkannte zunehmend, dass das Ordnungssystem der Finanzmärkte erhebliche Mängel aufwies, die in manchen Bereichen seiner Branche eine Kultur der Verantwortungslosigkeit und ruinösen Wettbewerb nach sich gezogen hatten. Er sah die Notwendigkeit, diese Mängel zu beseitigen, und darin zugleich die Chance, sein eigenes berufliches Handeln wieder in Einklang mit der väterlichen Maßgabe zu bringen.

Im März 2009, wenige Monate nach dem Höhepunkt der Finanzkrise, hält der Deutsche-Bank-Chef in der Evangelischen Akademie Tutzing am Starnberger See einen Vortrag. Sein Thema: »Profit und Moral – ein Zielkonflikt?« Seine Antwort: »Profit und Moral können, sie müssen aber kein Gegensatz sein. Damit sie es nicht werden, bedarf es vor allem eines Ordnungsrahmens, der unmoralisches Verhalten, wenn schon nicht ganz verhindern kann, so doch wenigstens entmutigt und moralisches Verhalten belohnt.« Ein solcher Ordnungsrahmen müsse immer wieder neu gefestigt werden. »Das ist die moralische Verpflichtung, vor der wir nach den Versäumnissen der vergangenen Jahre jetzt alle stehen.«

Die Welt hat seit der Finanzkrise einige, wenngleich lange noch nicht ausreichende Fortschritte in dieser Hinsicht gemacht. Josef Ackermann hat daran tatkräftig mitgewirkt.

Macht das seine früheren Fehler wieder wett? Nein, an seiner Mitverantwortung für die Finanzkrise ändert das nichts. Sünden lassen sich auch durch tätige Reue nicht ungeschehen machen. Aber sie lassen sich leichter vergeben.

»Die meisten Menschen bewohnen nur das Untergeschoss ihrer Seelen«, so der kolumbianische Philosoph und Schriftsteller Nicolás Gómez Dávila (»Neue Scholien zu einem inbegriffenen Text«). Die Seelen nähmen erst unter dem »Druck der Geschichte« Gestalt an.

Der Druck der Weltfinanz- und anschließenden europäischen Staatsschuldenkrise hat die Persönlichkeit von Josef Ackermann erst voll zur Entfaltung gebracht. Das Schicksal hat es gut mit ihm gemeint.

NACHWORT
BILANZ EINES SEITENWECHSELS

Als ich am Freitag, dem 1. Juni 2012, in meiner Wohnung im Frankfurter Westend aufwachte, sah ich durch die Baumkronen vor dem Fenster die Doppeltürme der Deutschen Bank in der Morgensonne leuchten.

Fünf Jahre, historische Jahre für die Finanzbranche, hatte ich für diese einzigartige Institution gearbeitet. An diesem Tag, dem ersten außer Diensten der Bank, schien es mir fast so, als hätte ich mein gesamtes Berufsleben dort verbracht. Die große Krise auf den Finanzmärkten ließ die Jahre offenbar, wie Hundejahre, ein Vielfaches zählen. Ich war gewissermaßen im Intensivkurs Deutschbanker geworden – und stolz darauf.

Daran vermochten auch die vielen Rechtsstreitigkeiten und Vorwürfe über zweifelhafte Geschäftspraktiken nichts zu ändern, die das Ansehen der Bank zuletzt immer mehr bedroht hatten. Zum einen waren sie nicht repräsentativ für das Haus als Ganzes. Noch wichtiger aber: Die Bank und allen voran ihr Chef hatten sich mit als Erste zu ihren Fehlern in der Vergangenheit bekannt, Bereitschaft zur Wiedergutmachung gezeigt und entschlossen Maßnahmen ergriffen, die eine Wiederholung in der Zukunft verhindern sollen. Der dadurch eingeleitete Kulturwandel im Hause war unumkehrbar geworden.

Obwohl auch meine frühere Tätigkeit als Chefredakteur harte Arbeit bedeutet hatte – im Vergleich zu dem Pensum, das ich bei der Deutschen Bank zu bewältigen hatte, war sie mir im Rückblick bisweilen fast wie ein Spaziergang vorgekommen. Dennoch hatte ich meinen Seitenwechsel keine

Sekunde bereut. Er bescherte mir die spannendsten Jahre meines auch zuvor schon alles andere als langweiligen Berufslebens. Ich hatte die größte Finanzkrise seit fast einem Jahrhundert, die große europäische Staatsschuldenkrise und einen zentralen Akteur aus nächster Nähe erleben und dabei exklusive Einsichten in die Welt der Hochfinanz und Politik gewinnen können.

Bei meinem Wechsel hatten manche mir prophezeit, nach Jahrzehnten im Journalismus mit der so ganz anderen, hierarchischen Welt von Großunternehmen nicht mehr zurechtzukommen. Jetzt, im Rückblick, durfte ich mit meiner Erfolgsbilanz gleichwohl zufrieden sein. Die Voraussetzungen und Umstände hätten allerdings kaum günstiger sein können.

Die Position als Kommunikationschef der Deutschen Bank war die letzte meines Berufslebens. Ich musste keine Karriere mehr machen. Zusammen mit einem längerfristigen und gutdotierten Arbeitsvertrag erlaubte mir das, von Anfang an auf Augenhöhe mit der Unternehmensführung zu operieren und stets offen und ehrlich meine Meinung zu sagen, mochte diese auch noch so unangenehm sein.

Hinzu kommt: Der Stellenwert von Kommunikation war bei Bankern durch die Finanzkrise sprunghaft gewachsen. Die Jahrhundertkrise hat mir so zwar einerseits viel Arbeit, diese zugleich aber auch wesentlich leichter gemacht.

Vor allem aber: Josef Ackermann und ich haben von Anfang an außerordentlich eng und vertrauensvoll zusammengearbeitet. Auch in dieser Hinsicht hatte ich es gut getroffen. Denn in der Kommunikation ist der Empfänger genauso wichtig wie der Sender. Nur was empfangen wird, zählt. Und der erste und wichtigste Empfänger für den Kommunikationschef ist der Unternehmenschef. Auch deshalb kann er auf Dauer immer nur höchstens so gut sein wie dieser.

Manche Kritiker hielten mir vor, ich hätte über den Chef die Institution zu kurz kommen lassen. Der Vorwurf geht an den Tatsachen vorbei. Die proaktive Kommunikation, die Öffnung zu Massen- und politischer Kommunikation sowie zu den neuen sozialen Medien, der massive Ausbau der internen Kommunikation, die Neuausrichtung von Corporate Social Responsibility sowie die Emotionalisierung des Markenauftritts der Deutschen Bank sprechen eine andere Sprache.

Vor allem aber: Ohne eine drastische Imageverbesserung von Josef Ackermann konnte sich auch das öffentliche Ansehen der Deutschen Bank unmöglich aufhellen. Auch einst als dröge verschriene Wirtschaftsmedien personalisieren längst ihre Artikel. Denn nichts interessiert Menschen so sehr wie Menschen.

Empirische Untersuchungen belegen überdies, dass Chefs etwa die Hälfte der Reputation ihres Unternehmens ausmachen. Für mich war daher von Anfang an klar: Josef Ackermann musste von einer Belastung für das Ansehen seines Hauses zu einem Aushängeschild werden.

Und das wurde er. Die Finanzkrise erwies sich dabei als Geschenk des Schicksals. Sie verlangte dem Schweizer alles ab und bot ihm damit zugleich die Chance, seine ganze Substanz zu zeigen. Er nutzte sie: Wie regelmäßige Messungen von Infratest im Auftrag der Deutschen Bank zeigen, hatten 2006 noch fast 60 Prozent der Deutschen eine negative Meinung von ihm. Bei seinem Ausscheiden 2012 waren es nicht einmal mehr 20 Prozent. Für den Chef der Deutschen Bank – zumal in diesen Zeiten – kam das fast schon einer Liebeserklärung gleich.

Die Imageverbesserung von Josef Ackermann wirkte sich auch positiv auf die Reputation seines Hauses aus. In den Jahren der Finanzkrise hat sie deutlich weniger gelitten als die anderer Institute, sich schneller wieder erholt und lag bei Ackermanns Abschied fast schon wieder auf Vorkrisen-Niveau, in der Kernzielgruppe sogar darüber.

Als Journalist war ich immer mal wieder eingeladen worden, Top-Managern renommierter Unternehmen bei Kaminabenden die Denk- und Arbeitsweisen meiner Zunft näherzubringen. Dabei war mir stets aufs Neue aufgefallen, dass viele Unternehmensführer Kommunikation nur als lästige Pflichtübung begreifen. Die PR-Abteilungen ihres Hauses betrachten sie offenbar als eine Art Lazarettwagen, Journalisten als eine besonders heimtückische Spezies von Wegelagerern, die es tunlichst zu meiden gilt.

Kommunikation ist für diese Manager Risiko statt Chance. Am liebsten würden sie gar nicht kommunizieren. Da das aber nicht geht, tun sie es notgedrungen und reaktiv. Und ärgern sich dann über die unbefriedigenden Ergebnisse.

Gut kann jedoch nur kommunizieren, wer dies aktiv, voller Überzeugung und gerne tut, wer Medien im wahrsten Sinne des Wortes als Medium versteht, als Möglichkeit, mit Anlegern, Geschäftspartnern und der Gesellschaft in Kontakt zu treten.

Nie war dies wichtiger und zugleich anspruchsvoller als heute. Mit der Globalisierung hat sich nicht nur der Wettbewerb verschärft und damit das Tempo von Innovationen und Veränderungsprozessen beschleunigt, sondern auch der Kreis der Adressaten von Unternehmenskommunikation erweitert und diversifiziert. Durch das Internet haben die Menschen zudem per Mausklick in Realzeit Zugang zu Informationen aus aller Welt, die sie sich früher – wenn überhaupt – nur mühsam und mit großem Zeitverzug beschaffen konnten. Kommunikation war nie eine Einbahnstraße. Aber zu keiner Zeit herrschte auf der Gegenspur mehr Verkehr als heute.

Die in Vorstandsetagen immer noch weitverbreitete defensive Grundhaltung und antagonistische Einstellung zu Medien war für mich seit jeher das Kardinalproblem der Unternehmenskommunikation. Josef Ackermanns Angebot, die Seiten zu wechseln, habe ich daher seinerzeit nur angenommen, weil ich wusste, dass seine Einstellung (seit Mannesmann) eine andere (geworden) war. Zugleich gab es mir die Möglichkeit, in der Praxis zu beweisen, was ich am Kamin immer gepredigt hatte.

Ebenso wie der Fokus auf Josef Ackermann stand für mich von Anfang an fest, dass das Hauptaugenmerk meiner Arbeit auf Deutschland gerichtet sein musste.

Zwar ist die Deutsche Bank längst ein globales Institut geworden. Sie macht etwa drei Viertel des Geschäfts im Ausland, ihre wichtigsten Wettbewerber sitzen in New York und London, nicht in Frankfurt. Das Aktionsfeld der Kommunikation musste somit selbstverständlich ebenfalls global sein.

Ich stellte mir dieses Feld als Fußballfeld vor – mit Deutschland als Torraum der Bank. So wie im Fußball eine Mannschaft nur befreit stürmen und Tore schießen kann, die in der Deckung sicher steht, so kann nur ein Unternehmen weltweit gute Geschäfte machen, das über eine sichere Bastion im Heimatmarkt verfügt. Und wer zu Hause eine schlechte Presse hat, bekommt sie früher oder später auch draußen in der Welt. Umso mehr, wenn er den Namen des Heimatlandes in seinem Firmennamen trägt und dort eine besondere politische und gesellschaftliche Rolle spielt.

Die Deutsche Bank ist nicht nur ein Geldinstitut, sie ist, wie Josef Ackermann erst schmerzhaft lernen musste, »das Baby aller Deutschen«. Um dies kommunikativ zu bewältigen, sind nicht nur *Financial Times* und *Wall Street Journal, Frankfurter Allgemeine Zeitung, Handelsblatt* und

Börsenzeitung, sondern auch *Süddeutsche* sowie »*Bild* und Glotze« wichtig, wie Ex-Bundeskanzler Gerhard Schröder die für ihn entscheidenden Medien einmal nannte. Und inzwischen natürlich längst auch das Internet.

Bis heute habe ich vor Augen, wie ungläubig mich meine damalige Assistentin anstarrte, als ich ihr in meiner ersten Woche in Frankfurt auftrug, auch die *Bild* in den Stapel an Zeitungen und Zeitschriften aufzunehmen, den sie mir morgens auf den Schreibtisch legte. Erst nach mehrmaligem Nachhaken begriff sie endlich, dass es mir ernst damit war.

Der dritte Schwerpunkt meiner Arbeit lag auf dem Thema gesellschaftliche Verantwortung. Schon als Journalist hatte ich immer wieder festgestellt, dass Manager ihr Handeln nicht mit moralischen und sozialen, sondern fast durchweg ökonomischen, technischen oder rechtlichen Argumenten begründen. Im öffentlichen Diskurs geraten sie dadurch meist ins Hintertreffen. Gerechtigkeit und Solidarität ziehen nun einmal mehr als Effizienz und Wettbewerbsfähigkeit.

Ich wollte, dass die Bank nicht nur den Kopf, sondern auch das Herz der Menschen anspricht. Dass sie nicht nur betriebswirtschaftlich, sondern auch politisch, sozial und moralisch argumentiert. Dass sie überzeugend begründen kann, warum ihr Geschäft, richtig praktiziert, zu den Kräften des Guten in dieser Welt gehört.

Auch dabei kam mir die Finanzkrise entgegen. Ebenso wie Herkunft, Erziehung und Persönlichkeit meines Chefs. Kein anderer deutscher Unternehmensführer hat sich in den vergangenen Jahren so intensiv mit dem Thema Markt und Moral auseinandergesetzt und die Bedeutung von gesellschaftlichem Verantwortungsbewusstsein und Ethik in Unternehmen betont wie Josef Ackermann.

Sicher geschah dies nicht zuletzt auch unter dem Druck

der Ereignisse. Aber das ändert nichts an der Tatsache selbst. Ackermann hat eine Transformation der Unternehmenskultur seines Hauses eingeleitet, an die seine Nachfolger nun anknüpfen können.

Obwohl mir bei weitem nicht alles gelang, was ich mir vorgenommen hatte, so konnte ich mich im Ganzen gesehen doch nicht beklagen. Das Glück war mir gleich in vielfacher Hinsicht hold gewesen. Das wurde mir an diesem Freitagmorgen, an dem ich die Bilanz meines Seitenwechsels zog, noch einmal richtig bewusst. Better be lucky than smart!

Von einer Urlaubsreise nach Macao hatte ich vor Jahren das Plakat für eine Ausstellung historischer Bilder mitgebracht, die Schüler der einstigen Missionarsschule in der ehemaligen portugiesischen Kolonie auf chinesischem Territorium gemalt hatten. Neben seiner Farbenpracht hatte mir daran vor allem der Titel der Ausstellung gefallen: Exílio Dourado, goldenes Exil. Er schien mir gut zu meiner Situation zu passen. Seitdem hatte das Plakat meine kleine Wohnung in Frankfurt geschmückt.

Exil bleibt Exil, auch wenn es selbstgewählt, abwechslungs-, lehrreich und komfortabel war. Und so wich meine Retrospektive auf die vorausgegangenen fünf Jahre an diesem Freitagmorgen im Juni 2012 bald der Vorfreude auf meine Heimkehr. Endlich konnte ich wieder mit meiner Familie zusammen sein, wieder mein eigenes Leben leben – und einen lange gehegten Wunsch in die Tat umsetzen: mich der Kalligraphie zu widmen.

Doch schon auf dem Heimweg, wenige Kilometer hinter Frankfurt auf der Autobahn kurz vor dem Wiesbadener Kreuz, gerade waren die Bankentürme von Frankfurt im Rückspiegel verschwunden, spürte ich, dass mich die vergangenen Jahre so schnell nicht loslassen würden. Dafür hatte ich einfach zu viel erlebt.

Der Journalist in mir meldete sich mit Macht zurück und drängte danach, die Öffentlichkeit an meinen Erlebnissen, Erfahrungen und Erkenntnissen, soweit möglich, teilhaben zu lassen. Und den Menschen aus der Nähe zu beschreiben, der unter dem Stereotyp Ackermann bekannt ist.

Daraus ist dieses Buch entstanden. Die Kalligraphie musste noch einmal warten.

LITERATUR

Bartiromo, Maria: The Weekend That Changed Wall Street, New York 2010

Deutscher Bundestag: Protokoll der 15. Sitzung des HRE-Untersuchungsausschusses, Berlin 28. Juli 2009

Ellis, Charles D.: The Partnership – The Making of Goldman Sachs, New York 2008

Eucken, Walter: Grundsätze der Wirtschaftspolitik, Tübingen 1990

Gómez Dávila, Nicolás: Auf verlorenem Posten. Neue Scholien zu einem inbegriffenen Text, Wien 1992

Greenspan, Alan: The Age of Turbulence, New York 2007

Hoffmann, Hilmar: Die großen Frankfurter, Frankfurt am Main 2012

Homann, Karl: Ethik in der Marktwirtschaft, München 2007

Institute of International Finance: Response To The Global Financial Crisis 2007–2012, Washington D.C. 2012

Le Bret, Hugues: Die Woche, in der Jérôme Kerviel beinahe das Weltfinanzsystem gesprengt hätte, München 2011

Lewis, Michael: The Big Short, New York / London 2010

Meck, Georg: The Deutsche – Investmentbanker an der Macht, Frankfurt am Main 2012

Müller, Leo: Ackermanns Welt, Reinbek 2006

Nolmans, Erik: Josef Ackermann und die Deutsche Bank – Anatomie eines Aufstiegs, Zürich 2006

Oermann, Nils Ole: Tod eines Investmentbankers – Eine Sittengeschichte der Finanzbranche, Freiburg 2013

Paulson, Hank: On The Brink, New York 2010

Pohl, Manfred: Josef Ackermann – Leistung aus Leidenschaft, Frankfurt am Main 2012

Reinhart, M. Carmen / **Rogoff**, Kenneth S.: This Time is Different – Eight Centuries of Financial Folly, Princeton 2009

Röpke, Wilhelm: Jenseits von Angebot und Nachfrage, Düsseldorf 2009

Sandel, Michael J.: Was man für Geld nicht kaufen kann – Die moralischen Grenzen des Marktes, Berlin 2012

Schiffrin, Anya: Bad News – How America's Business Press Missed the Story of the Century, New York 2011

Schopenhauer, Arthur: Aphorismen zur Lebensweisheit, Leipzig 1921

Shiller, Robert: Irrational Exuberance, Princeton 2005

Simmel, Georg: Die Philosophie des Geldes, Frankfurt am Main 1989

Smith, Greg: Die Unersättlichen, Reinbek 2012

Sorkin, Andrew Ross: Too Big To Fail – Inside The Battle To Save Wall Street, London 2009

Steinbrück, Peer: Unterm Strich, Hamburg 2010

Tett, Gillian: Fool's Gold, London 2009

United States Financial Crisis Inquiry Commission: The Financial Crisis Inquiry Report, New York 2011

United States Senate Subcommittee on Investigations: Wall Street and the Financial Crisis – Anatomy of a Financial Collapse, Washington D.C. 2011

Vogl, Joseph: Das Gespenst des Kapitals, Zürich 2010

ABBILDUNGSNACHWEIS

© action press/HENNING SCHACHT: Bild Nr. 32
© AFP/Getty Images: Bild Nr. 18
© Daniel Biskup: Bild Nr. 12, 26
© Marc Darchinger www.darchinger.com: Bild Nr. 10
© Deutsche Bank: Bild Nr. 20, 22, 30
© dpa: Bild Nr. 31, 24, 35
© dpa-Report: Bild Nr. 34
© HHL Leipzig Graduate School of Management: Bild Nr. 21
© Wolf P.Prange/BRAUCHITSCH: Bild Nr. 11
© Privat: Bild Nr. 1, 2, 3, 4, 5, 6, 7, 8, 9, 13, 14, 15, 16, 19, 23, 25, 27, 28, 29, 33
© Marco Urban/www.marco-urban.de: Bild Nr. 17

Wir danken allen Rechteinhabern für die Erlaubnis zum Abdruck der Abbildungen. Trotz intensiver Bemühungen war es nicht möglich, alle Rechteinhaber zu ermitteln. Wir bitten diese, sich an den Verlag zu wenden.

Hinter verschlossenen Türen

Neil Irwin · **Die Alchemisten**
Die geheime Welt der Zentralbanker
ca. 400 Seiten · Hardcover mit Schutzumschlag
€ [D] 26,00 · € [A] 26,80
ISBN 978-3-430-20126-1

Ihre Aufgabe ist sensibel, ihre Macht ist groß. Ein unbedachtes Wort kann weltweit Krisen auslösen. Irwin gewährt seinen Lesern atemberaubende Einblicke in die Welt der Zentralbanker in Zeiten der internationalen Finanzkrise.

»Irwin scheint mit jedem gesprochen und die wichtigsten Abweichler in der Bundesbank, der EZB, der FED und der Bank of England interviewt zu haben.«
New York Times

»Eine detail- und temporeiche Darstellung der gefährlichen Krisenjahre«
Wall Street Journal

Econ